KB071309

우리는 어디로 가고 있는가

±15 60

우리는 어디로 가고 있는가

정구현 지음

청림출판

2027년,
한국경제의 기회와 위험

1953년 한국전쟁 휴전 이후 지난 60년에 걸쳐 한국은 놀라운 속도로 발전을 했다. 한국은 경제성장을 바탕으로 정치가 민주화되고 사회가 발전하면서 국민의 창의력이 발현되고 문화가 꽃피는 계단폭포와 같은 모습으로 발전해왔다.

한국의 눈부신 성공의 이면에는 지정학적 우연이 자리하고 있다. 한반도의 남쪽에 시장경제와 민주주의가 도입되어 성공적으로 정착되고, 이런 제도들이 한국인의 학습동기 및 과업몰입work commitment과 결합되면서 민족의 에너지가 폭발한 것이다. 경제정책 면에서는 산업화 초기부터 시도해온 국제경쟁력을 갖추기 위한 노력이 주효했고, 1990년 이후에는 과감한 개방정책을 통해 한국은 세계적인 수준의 제조업 기반을 갖춘 통상국가로 성장했다. 1987년 이후 민주주의가 본격적으로 정착되기 시작했고 시민사회도 활발해졌으며, 이를 바탕으로 한국은 자유롭고 창의적인 사회로 탈바꿈해왔다.

그러나 경제와 정치발전 수준에 비해 삶의 질에 대한 국민의 만족도
는 아직 낮은 편이다. '공부'와 '일'에 매달려온 한국인은 상대적으로 가
정생활이나 여가에 소홀할 수밖에 없었고, 특히 끊임없는 경쟁으로 인
한 스트레스에 시달리며 고단하게 살아왔다. 한국인은 한국의 눈부신
성공을 위해 삶의 질을 희생한 셈이다.

지난 60년간의 한국의 성공은 시장경제와 민주주의라는 제도가 한
국인의 학습동기 및 과업몰입이라는 가치관과 결합된 결과였다. 이 성
공방정식에서 가장 중요한 변수는 한국인의 가치관이다. 한국의 성공은
성과주의라는 가치관에 바탕을 두고 있다. 한국인은 더 열심히 하고 더
잘하는 사람에게 더 많은 보상이 따른다고 믿었기 때문에 치열하게 공
부하고 부지런히 일했다. 한국 성공의 원동력은 부지런히 일하고 치열
하게 공부하면 성공한다는 국민의 믿음과, 과감한 베팅을 하고 활발하
게 사업을 하면 돈을 벌 수 있다는 확신이었다.

대한민국의 성공방정식은 여전히 유효한가

그렇다면 대한민국 성공방정식은 2013년 오늘에도 여전히 유효한가?
2012년의 두 차례 선거에서 핵심 화두가 되었던 경제민주화와 사회복
지 확대는 성공방정식의 기반인 성과주의 가치관의 약화 조짐을 보여
준다. '보편적 복지'나 '동반성장'과 같은 평등주의적 접근방법과 이를
위한 시장에 대한 정부 개입의 확대는 한국인의 도전정신과 성과주의
가치관에 긍정적인 영향을 주기는 어려울 것으로 보인다. 더욱이 고도

성장의 시대도 서서히 끝나가는 것으로 보인다.

1997년 외환위기를 거친 후 2001년부터 2012년까지 한국의 연평균 경제성장률은 4.0퍼센트로 1986년부터 1996년까지의 연평균 경제성장률 8.7퍼센트의 절반에도 미치지 못하고 있다. 선진국들의 경험에 비춰보면 대체로 1인당 국내총생산GDP이 2만 달러를 넘으면 성장 속도가 둔화되었고, 이는 한국경제도 예외가 아닌 듯하다.

경제가 발전할수록 인구는 고령화하고 자본의 한계생산성은 낮아질 수밖에 없다. 성장률도 점차 하락한다. 따라서 지난 60년간의 대한민국 성공방정식을 계속 유효하게 하려면 한국인의 성과주의 가치관을 잘 유지하는 것이 핵심 과제다. 지금 우리에게 가장 시급한 것은 성과주의 가치관이 지속될 수 있도록 사회 분위기를 조성하고 정치 및 경제제도를 정립하는 일이다.

이런 관점에서 보면 2013년은 우리에게 매우 중요한 해다. 2013년에 출범한 새 정부는 정치 및 경제제도를 조정하면서 동시에 한국의 성장동력인 국민의 성취동기를 훼손해서는 안 되기 때문이다.

앞으로 15년, 한국의 미래를 위협하는 것들

지난 60년간의 성취는 향후 15년간 한국이 무엇을 하는가에 따라 '완전한 성공'으로 거듭날지 혹은 '미완의 추억'으로 그칠지 판가름 날 것으로 보인다. 왜 하필 2027년일까? 앞으로 15년은 세계경제의 지도가 근본적으로 바뀌고 한반도에 지정학적 변동이 일어날 것이며 한국경제의 내적 동력이 변화되는 시기가 될 것으로 예상되기 때문이다. 물론 이런 변화들은 점진적으로 이루어지기도 하고 급격한 충격으로 갑작스럽게 발생할 수도 있다. 하지만 2027년이라는 특정한 시점을 언급하는 것은 지금부터 앞으로 15년의 시간을 염두에 두기 위한 것이다. 우리는 향후 15년을 지난 60년의 성취가 완성되는 기간으로 삼아야 한다.

세계경제는 앞으로 15년간 몇 가지 큰 환경 변화가 있을 것으로 전망된다. 우선 중국이 경제력의 성장과 함께 미국의 패권에 도전할 것이며, 세계경제의 중심이 선진국에서 신흥국으로 이동할 것으로 전망된다. 셰일가스혁명은 에너지시장의 지각변동을 가져오면서 미국과 중국의 G2group of two로서의 위치를 더욱 확고하게 다져줄 것이다. 초연결사회의 확산은 생활패턴을 급격하게 변화시키면서 사회적 · 정치적 변화까지 초래할 것이다.

이런 가운데 한국은 향후 15년간 세 가지 커다란 도전에 직면할 것이다. 첫째는 중국의 급성장이다. 중국은 경제 규모에서는 2017년, 경제력에서는 2027년 즈음에 미국과 대등한 수준에 도달할 것으로 전망된다. 이로 인해 한국은 안보 및 경제협력의 구도를 수정해야 할 것이다. 둘째는 인구의 고령화다. 저출산 현상이 지금처럼 진행된다면 한국은 2017년에 고령사회로, 2026년에는 초고령사회로 진입할 것이다. 이로 인해 경제성장은 둔화되고 사회복지비용이 급격히 증가해 재정건전성의 악화가 초래될 수 있다. 셋째는 북한의 체제불안정이다. 북한은 경제적 자립이 불가능한데도 모든 자원을 핵과 미사일 개발에 투입하는 도박을 계속하고 있다. 북한은 당장은 남한에게 군사적 · 안보적 위협을 가하지만, 중장기적으로는 체제 변화의 가능성이 커지면서 우리에게 엄청난 부담을 주게 될 것이다.

진짜 두려운 것은 시스템의 위기

우리는 과거의 경쟁 상대이자 추격 대상이었던 일본을 타산지석으로 삼아야 한다. 1980년대 초중반에 일본은 세계를 제패할 듯한 기세였다. 그런 일본이 1991년 버블 붕괴 이후 20여 년간 침체를 벗어나지 못하는 이유는 무엇인가? 고령화도 하나의 원인이지만 가장 중요한 것은 일본의 정치와 경제제도가 제대로 작동하지 못했기 때문이다. 1960년부터 1990년까지 30년간 전 세계가 주목할 정도로 성공적이던 일본시스템이 왜 갑자기 삐걱거리게 되었는가? 성공 속에 실패의 씨앗이 잉태해 싹텄기 때문이다. 일본시스템의 고장 원인은 폐쇄성, 이익집단의 고착화 그리고 사회적 의사결정 구조의 마비 때문이다.

일본의 사회와 기업은 1990년 이후 디지털화와 글로벌화에 대해 매우 소극적이었다. 농업 로비그룹은 경제개방을 저지했고, 의료부문과 같은 이익집단은 필요한 개혁을 필사적으로 저지했다. 이익집단의 고착화를 깨뜨리는 역할을 해야 할 정치인들은 이런 이익집단의 일원이었다. 기업 경영진과 금융산업의 기관장들은 지나치게 관료화되어 과감한 투자나 구조 개혁을 단행하지 못했다. 일본의 30년 성취를 이끌었던 성공방정식이 1990년 이후 20년간 더 이상 작동하지 못했던 것이다.

한국도 지금 일본과 유사한 실패를 답습할 수 있는 위험에 처해 있다. 지난 60년간의 성장은 다양한 이익집단의 고착화를 초래했다. 의료나 금융산업의 경우, 민간 이익집단과 정부부처가 제휴해 개혁을 저지하는 난공불락의 요새를 구축해놓고 있다. 공공부문이나 공기업은 강력한 노조가 임기가 한정된 전문경영자나 기관장을 압박해 필요한 구조조정을 저지하고 있다. 그나마 그동안 강력한 노조에 대한 견제 역할을 하던 자본의 힘이 약화되면서 한국경제는 고인건비와 고비용구조의 늪에서 벗어나기 힘들게 되었다.

한국은 일본보다 더 적극적인 개방정책을 추진하고 있고, 5년 단임 대통령제가 일본의 평균 1년 임기의 내각책임제보다 더 긍정적인 면이 있다. 그러나 한국도 정치권이나 정부가 필요한 개혁을 주도하지 못하고 인기영합주의에 편승하는 바람에 기업경쟁력을 약화시키는 입법과 규제를 양산할 위험이 갈수록 커지고 있다. 대한민국 60년의 성공방정식은 앞으로 가동이 정지될 위험성이 크다.

키워드는 경제 불균형 바로잡기

더 늦기 전에 한국경제의 전면적인 리모델링을 시작해야 한다. 한국의 경제제도는 영미식, 대륙식 그리고 동아시아적 특징이 섞여 있는 혼합형이다. 자본시장은 가족자본주의의 성격이 강하면서 영미식 자본시장의 규율을 일부 도입한 형태다. 정규직 중심의 경직된 체제를 비정규직이 보완해주는 노동시장은 양극화가 고착되어 있다. 제조업의 경쟁력을 바탕으로 세계적인 기업이 된 소수의 기업과 다수의 내수 중심의 서비스업이 공존하며, 특히 영세자영업자의 비중이 커 경제가 이중, 삼중 구조화되어 있다. 1997년 외환위기 이후에 불안한 대외균형을 원화가치의 저평가로 대처하면서 경제의 불균형 구조는 더욱 심화되었다.

경제의 이중, 삼중 구조를 완화하려면 수출과 내수, 제조업과 서비스업, 대기업과 중소기업 간의 좀 더 균형 있는 성장이 필요하다. 그러나 영세자영업의 문제는 경제정책보다는 사회복지 차원에서 접근해야 경제의 효율성을 해치지 않을 것이다.

고령화와 노동인구 부족에 대처하려면 여성의 취업 확대, 정년제도의 폐지 혹은 정년연장과 청년층의 사회 진출 시기를 앞당겨 고용률을 70퍼센트 이상으로 향상해야 한다. 출산율을 높이기 위해서는 국가가 만0~5세 아동의 보육에 대한 책임을 지는 정책이 필요하다. 비정규직을 없애려 할 것이 아니라 기간제 및 시간제 일자리를 늘려 근로의 유연성을 높이되, 이들에 대한 사회복지 혜택을 확대하는 정책을 채택해야 한다.

한국의 청년실업 문제는 교육시스템과 산업 수요의 부조화 문제로서 대학교육의 질을 높이고 대학의 수를 줄이는 방법으로 해결해야 한다. 재벌의 지배구조는 정부의 개입을 최소화하면서 자본시장의 움직임에 의존하는 것이 바람직하다. 사회복지제도는 노인빈곤을 포함한 생계부조에 초점을 맞추되 인구의 고령화가 진행되어도 지속 가능하도록 만들어야 한다.

고령화, 민주주의, 사회복지의 치명적인 결합이 재정건전성을 위협하지 않도록 엄격한 재정준칙도 세워야 한다. 국민부담률이 점진적으로 높아지는 것은 불가피하겠지만, 단기적으로는 조세감면 축소와 세원 발굴을 통해 세입을 늘려야 하며, 고령화와 남북통합에 대비해 간접세의 세율인상 여지를 확보해야 한다.

혁신과 창조는 전적으로 민간기업의 몫

향후 15년간 한국은 연평균 3퍼센트대의 경제성장을 달성해야 하며, 특히 박근혜정부는 4퍼센트대의 경제성장률 달성을 목표로 해야 한다. 한국의 제조업은 기술력의 향상과 정보통신IT기술을 통한 효율화의 달성으로 국제경쟁력이 강화되고 있으나, 중국 기업의 추격이 만만치 않다. 앞으로 한국의 경제와 기업은 '빠른 모방자fast follower' 전략과 본원적인 혁신전략을 병행해나가야 한다.

그런 의미에서 새 정부의 '창조경제'라는 슬로건은 적절하나, 혁신과 창조는 근본적으로 민간기업의 몫이라는 분명한 인식이 필요하다. 경제 혁신을 이루기 위해서는 과학기술에 대한 투자 확대만으로는 불가능하며 가치사슬 전체의 혁신이 요구된다. 창조경제의 성공을 위해서는 기업가정신의 함양이 필수적이다. 우수한 인재들이 창업을 하고 혁신을 할 수 있도록 사회 분위기를 조성하고, 벤처캐피털과 같은 제도를 보완해 아이디어와 자본 그리고 경영역량이 결합되도록 시스템을 구축해야 한다.

창업은 '대박'의 희망이 있어야 활성화될 수 있으며, 기본적으로 기업가의 기대수익이 높아져야 한다. 현재와 같이 창업보다는 취업의 기대수익이 훨씬 높은 구조에서 대학졸업자가 창업을 하도록 유도하는 정책은 무책임하고 현실성이 떨어진다. 창업이 활성화되고 창조경제가 꽃피우려면 기업의 자유를 더 확대하고 조세 부담을 줄여주는 동시에 기업의 인건비 부담을 축소해줘야 한다. 한편으로는 창조경제를 이야기하면서 다른 한편으로는 규제를 양산하고 기업의 임금 및 조세 부담을 높이는 정책으로는 경제 활성화를 기대하기 어렵다.

기업은 해외, 특히 동아시아의 지적 및 인적자원을 적극 동원해 경쟁우위를 만드는 새로운 글로벌전략을 시도해야 한다. 서비스산업의 성장동력화를 위해서는 서비스업이 제조업과 동등한 대우를 받도록 제도를 보완하고 진입규제를 대폭 없애는 서비스업의 빅뱅이 필요하다. 이를 위해서는 해당 산업의 이익집단과 정부부처의 공생 및 개혁에 대한 저항을 타파할 강력한 정치적 의지가 필요하다.

민간기업이 가진 자원, 인재, 창의력을 최대한 동원할 수 있는 친기업 분위기 조성과 경제민주화로 집약되는 대기업에 대한 감시와 규율 강화라는 모순되는 두 가지 과제를 달성하는 것이 새 정부가 당면한 난제다. 경제성장과 사회복지를 모두 달성하는 소위 '포용적 성장정책'을 달성하려면 어떻게 해야 하는가?

이를 위해서는 지금까지 한국경제의 발전이 인센티브가 제대로 부여되었기에 가능했다는 인식이 절대적으로 필요하다. 더 열심히 하고 더 잘하는 사람과 기업에게 보상이 제대로 돌아가야 경제가 발전한다. 그것이 가능하려면 시장이 제대로 작동되게 하되, 그로 인해 생기는 소득 불균등을 조세와 사회복지로 완화하는 제도를 설계해야 한다. 이 점에서 독일과 북유럽 국가들이 노동시장을 더 유연하게 하고 사회복지를 보완하는 식으로 개혁하고 있는 점을 주목해야 한다.

앞으로도 한국의 번영은 유리한 지정학적 여건에 크게 의존할 것이다. 동아시아의 여건이 한국의 발전에 순기능을 하게 하려면 이 지역에 집단안보체제와 경제협력체제를 공고히 하는 것이 긴요하다. 한국은 아세안ASEAN+6이 참여하는 새 경제협력체제인 역내포괄적경제동반자협정Regional Comprehensive Economic Partnership; RCEP이나 환태평양경제동반자협정Trans-Pacific Partnership; TPP과 같은 아시아태평양경제협력기구에 적극적인 참여를 도모할 필요가 있다. 미국과 중국이 모두 참여하는 역내 집단안보체제를 만드는 데도 한국이 주도권을 가져야 한다. 이 지역에 공고하게 구축된 집단안보체제와 경제협력체제는 앞으로 필연적으로 다가올 북한체제의 변화에 대처하는 데 가장 좋은 보험이 될 것이다. 아울러 남한의 풍부한 인력과 재정적인 여유도 성공적인 남북한 통합을 위한 필수적인 준비 요소다.

북한체제는 이제 한계에 다다랐다. 통일비용만 강조할 것이 아니라 통일이 가져다줄 긍정적인 효과를 눈여겨볼 필요가 있으며, 정부가 나서서 남한 주도의 남북한 통합의 불가피성을 국민에게 이해시켜야 한다. 1953년 휴전 이후 지난 60년간 한국이 이룬 눈부신 성취는 남북한이 성공적으로 통합되는 21세기 중반의 어느 시점에 '한민족의 위대한 성공'으로 기록될 것이다.

대한민국이 앞으로 15년간 겪어야 할 변화와 도전은 결코 만만치 않다. 그러나 어떤 위험이 닥치더라도 체제가 견고하고 리더십이 확고하면 한국은 이를 극복할 수 있다.

이 책은 전체 4부로 구성되어 있다. 제1부에서는 지난 60년(1953~2012) 동안 한국이 이룩한 큰 성취를 설명하고 성공요인을 파악함과 동시에 앞으로 15년(2013~2027)의 세계정세와 경제여건의 변화를 바탕으로 한국과 한국인의 가치관 변화를 전망한다. 이런 미래 전망을 전제로 진단한 한국경제의 중요한 정책과 제도가 이어지는 제2부와 제3부에 각각 제시된다. 제2부에서는 한국경제의 성장동력을 재가동하기 위한 정책들이 논의된다. 경제 전반의 혁신, 서비스산업의 빅뱅 그리고 새로운 글로벌전략 등이 제시될 것이다. 제3부는 주요한 경제제도의 재정립을 중점적으로 다루며, 여기에는 노동시장, 자본시장(재벌과 기업 생태계)과 사회복지제도가 포함된다. 마지막으로 제4부는 북한체제의 변화에 대비하기 위한 정책을 논의하면서, 2027년 한국경제의 성공적 안착을 위한 정부의 역할 정립과 효율화 방안을 제안한다.

PART 2

경제 활력
되찾기

PART 3

경제제도
개선하기

PART 4

남북한
통합시대

PART

1

지난 60년과
향후 15년

1
장

우리는

지금

어디에

서 있나

해방이 되고 몇 년간의 혼란기를 거친 후에 곧바로 전쟁의 참혹함에 빠졌던 한국. 2013년은 휴전된 지 꼭 60년이 되는 해다. 지난 60년 동안 한국은 어엿한 중견국가middle power가 되었으며 어떤 분야에서는 세계적으로 선도적인 위치에 우뚝 서게 되었다.

얼마 전, 미국 워싱턴에 있는 한 연구소의 소장과 이야기를 나눈 적이 있다. 그는 대학을 졸업한 직후인 1970년대 중반에 한국에서 2년 정도 머문 적이 있었는데, 당시와 비교했을 때 지금 한국의 발전을 이런 식으로 표현했다. "그때는 한국이 미국보다 더 좋다고 생각되는 게 하나도 없었는데, 이제는 한국이 미국보다 좋은 점이 더 많은 것 같아요."

미국이나 유럽 사람들은 요즘 서울에 오면 가장 먼저 인천공항을 보고 놀라고, 지하철역의 깨끗한 모습과 역마다 설치된 스크린도어, 버스정류장의 디지털 버스정보시스템 등 눈길 닿는 곳마다 감탄을 금하지 못한다. 지방에 가더라도 말끔히 정비된 도로망과 공항 그리고 KTX로 대표되는 철도 및 역 시설 등이 모두 한국의 훌륭한 사회간접자본을 여실히 보여준다.

그러나 한국의 성취는 겉으로 드러난 것보다 그동안의 경제 및 정치 발전에서 더 눈부시게 나타나고 있다. 경제 면에서는 규모가 커지고 소득이 크게 늘어났으며, 특히 제조업과 정보산업은 세계적인 수준의 경쟁력을 갖추게 되었다. 이를 바탕으로 한국은 세계 10위권에 속하는 제조업 강국이자 통상대국으로 거듭났는데, 에너지나 천연자원이 거의 없는 나라가 번영하기 위해 꼭 필요한 선택을 한 셈이다. 시장경제도 어느 정도 틀이 잡혔고, 정부와 기업이 모두 제대로 작동되는 비교적 효과적인 경제제도도 만들어졌다.

민주주의도 상당히 성숙되고 있다. 선거를 통한 정권 교체도 있었고, 과거 운동권이나 친북 성향의 단체까지 제도정치권으로 끌어들인 것도 하나의 발전이라 할 수 있다. 국민의 기본적인 인권이 보장되고 법치 역시 조금씩 자리를 잡아가고 있다.

〈표 1〉의 한국의 국가발전지표를 살펴보면 삶의 질이나 행복지수는 경제 수준에 비해 아직 낮지만, 한국은 세계 10위권의 경제력, 20위권의 정치 및 사회 발전 수준을 기록하고 있다. 한국은 이제 명실공히 아시아에서 가장 성공적인 민주주의 시장경제 국가가 되었다고 해도 과언이 아니다.

1970년대 초만 해도 많은 국민들은 "굶어 죽는 사람이 없고, 이유 없이 끌려가 억울하게 얻어맞는 사람이 없는 나라가 되었으면 좋겠다"는 아주 소박한 꿈을 가지고 있었다. 그런데 불과 한 세대 만에 그 이상으

표 1	한국의 국가발전지표(2011~2012년)

항목	세부사항
경제적 성취	• 1인당 국민소득: 2011년 구매력평가지수 PPP 기준으로 3만 달러가 넘어 일본의 90퍼센트 수준 • 무역 규모: 2011년 수출입 합계가 1조 달러가 넘어 세계 9위 수준 • 세계 500대 기업: 2012년 〈포천 Fortune〉 선정 '세계 500대 기업'에 한국 기업이 13개사가 포함되어 세계에서 18번째로 많은 기업이 포함된 나라 • 과학기술 투자에서 세계 5위권 • 소득분배(지니계수): 시장소득 불평등은 경제협력개발기구OECD 평균보다 적고 세금과 소득 이전으로 교정된 가처분소득 불평등은 OECD 평균 수준으로 소득분배 수준이 대체로 양호(〈그림 5〉 참조). • 경제자유: 헤리티지재단 The Heritage Foundation에서 발표하는 경제자유지수에서는 세계 30위 수준
정치 민주화	• 〈이코노미스트 The economist〉가 발표하는 2011년 세계 민주주의지표 Democracy Index 중 '완전한 민주주의 Full Democracy' 기준 세계 22위 • 프리덤하우스가 발표하는 2012년 자유지표 Freedom Index에서 정치적 권리는 1등급, 시민적 자유는 2등급 • 투명성 지표: 국민의 부패인식 정도를 나타내는 투명성 지표에서 세계 180개 국가 중 39위. 정부의 반부패 노력이 효과적이지 않으며, 정당-의회-경찰-공무원-사법부-교육 순으로 부패했다고 평가
사회 발전	• 2011년 유엔의 인간개발지수 Human Development Index 기준 187개국 중 15위 • 2011년 OECD의 삶의 지표 '더 나은 삶 Better Life Initiative' 지수에서 34개 회원국 중 26위로, 교육, 직업, 치안, 정치참여 면에서는 평균을 상회하나 주거, 환경, 일과 삶의 조화, 공동생활 등에서 하위권 • 2012년 유엔의 세계행복보고서 순위에서 행복도는 세계 56위, 만족도는 54위를 기록해 국민의 삶의 만족도가 낮은 편
문화적 성취	• 최근 음악, 게임, 방송 등 대중문화에서 크게 발전(한류) • 올림픽과 다른 스포츠에서도 뛰어난 기록
국제적 위상	• 1996년 말 선진국 클럽인 OECD 회원국이 되었고, 2009년 OECD 산하 개발원조위원회DAC 회원이 되어 원조수혜국에서 원조공여국으로 위상 제고 • 2010년 G20 의장국이었고, 2006년에 반기문 씨가 유엔사무총장에 선출된 후 2011년에 재선

로 발전한 나라가 되었으니 국민 모두가 자랑스럽게 생각해도 된다.

그렇다고 한국이 완벽한 나라가 되었다는 말은 아니다. 세상에 '완벽한 나라'는 없다. 우리가 이상적이라 생각하는 스웨덴이나 덴마크, 스위스 등과 같은 유럽의 작은 나라들은 국민의 삶의 질이 매우 높은 것이 사실이다. 그러나 나라마다 처한 여건이 다르다. 한국은 우선 인구가 5,000만 명에 달하고, 자원이나 국토여건이 좋은 것도 아니며, 게다가 북한과 대치 상태에 있어 군사비에 많은 자원을 투입하고 있고 항상 안보 리스크가 있다. 산업화의 역사도 다른 선진국들에 비해 100년 가까이 뒤졌다.

그런 여건을 가진 나라가 60년이라는 짧은 기간 안에 이런 놀라운 성과를 이루었다는 것은 대단한 일이다. 이 기간에 한국이 발전해온 궤적을 봐도 그렇고, 같은 기간에 다른 나라들이 이룬 발전의 정도에 비교해보면 더욱 그러하다. 한마디로 "지난 60년간 세계에서 가장 큰 발전을 한 나라는 한국이다"고 주장해도 지나치지 않을 것이다.

지금 시점에서 중요한 것은 이러한 발전의 원동력이 무엇인지를 규명하는 일이다. 지난 60년간 한국은 단순히 운이 좋았던 것일까, 아니면 줄을 잘 섰던 것일까? 우리는 도대체 무엇을 잘했던 것일까? 누구의 노력으로 성장할 수 있었던 것일까?

발전의 원동력을 제대로 파악하지 못한다면 우리는 이러한 성취를 계속 유지할 수 없다. 그래서 이 책에서는 한국의 발전 원동력을 지정학적 요인, 정치제도의 발전, 산업화와 개방정책, 국민의 학습능력과 과업몰입 등의 네 가지 요인으로 나누어 접근해보려 한다.

해방 전에는 남한과 북한의 삶이나 제도에 큰 차이가 없었는데, 해방 후에 이런 격차가 벌어진 것은 분단으로 인해 남한이 선택할 수밖에 없었던 조건이나 제도 때문이 아닐까? 남한 발전의 원동력은 결국 '국민'일 것이다. 한국은 어떻게 온 국민이 교육과 학습에 목숨을 건 나라가 되었을까? 산업화와 경제성장의 요인은 무엇일까? 민주주의는 한국의 발전에 얼마나 기여했을까?

한 나라나 민족의 발전과 같은 복잡한 현상을 설명하려는 것은 어쩌면 무모한 일일지도 모른다. 그러나 우리의 성취가 지속 가능하기 위해서는 발전의 원동력이 무엇인지를 규명해야 할 것이다.

세계적인 모범국가 vs. 실패한 불량국가

대런 애쓰모글루Daron Acemoglu 매사추세츠공과대학MIT 교수와 제임스 로빈슨James Robinson 하버드대학 교수는 《국가는 왜 실패하는가Why Nations Fail》라는 저서에서 정치 및 경제제도가 국가의 성패 원인이라고 주장한다.[1] 애쓰모글루와 로빈슨에 따르면 문화나 국민성, 기후 등의 다른 요인은 그다지 중요하지 않다. 그 증거로 그들은 남한과 북한을 예로 든다.

---

1 대런 애쓰모글루 · 제임스 로빈슨 지음, 최완규 옮김, 《국가는 왜 실패하는가》, 시공사, 2012.

1945년에 일본의 식민통치에서 해방되었을 때 남한과 북한은 하나의 체제였고, 공장과 천연자원은 남한보다 북한에 오히려 더 많았다. 그런데 60여 년이 지난 지금 남북한을 비교해보면 모든 면에서 비교가 되지 않을 정도로 남한이 우세하고 그 격차는 매우 극심하다. 한 지역은 '세계적인 모범국가'가 된 반면, 다른 지역은 '실패한 불량국가'가 되었다. 무엇으로 이 현격한 차이를 설명할 수 있을까?

답은 간단하다. 남한은 시장경제와 민주주의를 택한 반면, 북한은 계획경제와 개인숭배의 일당 독재체제라는 가장 퇴행적인 정치체제를 선택했기 때문이다.

남한에서는 노력과 능력에 따라 그에 상응하는 보상을 받고, 그 결과로 얻은 재산을 국민 모두가 자유롭게 소유할 수 있다. 반면 북한에서는 노력에 상관없이 모두 비슷한 배급을 받고, 사유재산도 인정받지 못하며, 국가의 모든 자원을 김씨 가족과 일부 간부들이 독차지하는 체제가 유지되고 있다.

최근의 한 언론보도에 따르면 북한의 경제개혁이 실패하고 있는 이유를 김정은은 "인민들이 열심히 일하지 않고 기회만 되면 속이려 들기 때문"이라며 개탄했다. 열심히 일해봐야 자신에게 돌아오는 것이 없는 체제에서 누가 열심히 일하려 하겠는가. 생각해보면 너무나 당연한 결과다.

남북한의 이러한 체제 차이는 남한과 북한의 선택이라기보다는 두 지역에 운명적으로 주어진 조건이 달랐다는 점에서 '운'이라고 할 수도 있다. 극단적으로 가정해 만약 1945년에 남한에 소련이 주둔하고 미국이 북한을 점령했다면 오늘날 남북한은 정반대의 성취를 보였을 수도 있다. 이는 지금의 성과가 두 지역에 사는 주민이 자발적으로 선택한 제도의 차이에서 비롯된 것은 아니라는 뜻이다.

남북한의 운명은 1945년부터 1990년까지 계속된 냉전시대에 두 지역이 어느 캠프에 줄을 섰는가에 의해 판가름 났다. 북한뿐 아니라 구舊소련의 중앙계획경제를 채택한 나라들도 하나같이 비효율과 경제적 실패를 경험했다.

그렇다면 한국의 성취에 대한 설명은 여기서 끝나는가? 그렇게 간단하지는 않다. 1945년 이후 많은 개발도상국이 시장경제제도를 채택했는데, 그중에서도 한국이 유독 더 큰 성공을 거둔 이유를 단순히 어느 캠프에 속했는가 하는 것만으로 설명할 수는 없다.

한국의 지난 60년 성취에는 미국 편에 줄섰다는 한 가지 사실보다 좀 더 복합적인 지정학적 요인이 있었다고 볼 수 있다. 그럼에도 불구하고 남한이라는 하나의 '정치경제단위political and economic entity'의 성과에 가장 큰 영향을 미친 나라가 미국인 것만은 분명하다. 미국은 남한의 제도를 만들어주고 보호해주는 역할을 했다.

미국은 시장경제와 민주주의라는 두 가지의 탁월한 제도를 완성해 1945년 이후 줄곧 세계 질서를 유지해온 패권국가다. 18세기 후반 제1차 산업혁명 이후에 영국이 세계 질서를 주도했으며 이러한 '팍스브리타니카Pax Britannica'는 19세기 말까지 계속되었다. 미국은 19세기 말에 이미 산업 생산이나 국부國富에서 영국을 앞서가기 시작했지만, 세계적으로 리더십의 임무를 떠맡은 것은 제2차 세계대전 후였다.

이러한 '팍스아메리카나Pax Americana'에 대해 소련이 주도하는 공산권은 계속 도전했고, 한국전쟁은 미국체제에 대한 공산권의 첫 번째 도전이었던 셈이다. 제2차 세계대전 후에 남한을 접수하게 된 미국은 1950년부터 1953년까지의 전쟁에서 북한의 침공으로부터 남한을 지켜주었으며, 그 후에는 경제 및 정치제도의 틀을 제시해주었다.

미국이 단순한 선의에서 한국을 도와주기 위해 이런 일을 했는지 여부는 중요하지 않다. 중요한 것은 1945년 이후 미국 주도의 세계 질서에서, 특히 냉전체제에서 한국이 공산권과의 대립 최전선에 있었다는 점이다. 그런 위치에 있었기 때문에 한국이 다른 개발도상국보다도 미국의 더 많은 관심과 지원을 받았을 것임은 분명하다.

그런 의미에서 남한의 지정학적 위치는 매우 중요했다. 제2차 세계대전 후에 독립해 자유진영에 속한 개발도상국이 많았지만 한국과 미국의 관계는 조금 특별했다. 갓 자리 잡기 시작한 미국의 헤게모니에 대한 첫 번째 도전이 한반도에서 벌어졌고, 미국은 이에 성공적으로 대응했다. 그러한 과정에서 한국은 미국에게 좀 더 특별한 우방국가가 되었으며, 남한의 성공은 전 세계에 미국체제의 우수성을 보여주는 상징성이 있었다.

다음으로 일본은 35년간 한반도를 식민지화했던 나라로서 남한의 발전에 직간접적으로 큰 영향을 끼쳤다. 1950년대 중반 이후 일본은 한국에게 자극제이면서 역할모델이었고, 자본과 기술의 공급자였다. 일본에 의한 한반도의 식민지화는 한국인에게 깊은 상처를 안겨주었고, 이러한 한국인의 수치심은 해방 이후 지금까지도 한국인을 자극하는 하나의 요인이 되고 있다. 축구경기든 기업 간 경쟁에서든 한국인은 '일본에게는 결코 질 수 없다'는 오기를 갖고 있다.

동시에 한국은 1955년부터 1990년까지 35년간 일본 경제가 달성한 엄청난 성공에서 많은 것을 배울 수 있었다. 이 기간에는 한국의 정부나 기업 모두 발전의 모델로 일본을 항상 염두에 두었으며, 일본의 많은 정책과 제도를 답습했던 것이 사실이다. 또한 일본은 제철, 조선, 자동차, 화학 등과 같은 중화학공업에서 한국에 많은 자본과 기술을 공여했다.

그런 면에서 한때 일본이 한반도를 강점했던 역사와 지리적으로 한국에 가장 가까운 나라라는 사실은 한국의 발전에 상당한 영향을 주었다. 물론 1991년 이후 일본 경제가 장기 침체에서 벗어나지 못하게 되면서 이제 한국에게 일본은 본받아서는 안 될 반면교사로 바뀌었다. 특히 세계경제가 글로벌화되면서 한국경제에서 일본이 차지하는 비중이 낮아진 것도 사실이다. 그러나 1955년부터 1990년까지 한국의 근대화 과정에서 일본이 한국에 미친 직간접적인 영향은 지대했다는 점을 부인할 수 없다.

한국의 발전에 있어 북한은 대체로 부정적인 역할을 했다. 1953년 휴전 후에도 평화가 제대로 정착되지 않아 북한의 존재는 한국경제에 끊임없이 안보 리스크를 제공했다. '코리아 디스카운트Korea Discount'라는 표현에서 알 수 있듯 북한은 한국의 자산가치를 떨어뜨리는 역할을 했다.

굳이 북한의 긍정적인 역할을 찾는다면 두 가지를 꼽을 수 있다. 첫째는 1970년대 중반까지는 남북한이 경쟁관계였다는 점이다. 박정희 대통령의 '부국강병富國强兵' 정책은 일본의 영향도 있었지만 오히려 북한의 위협에 대처하고 북한을 앞서려는 의도가 더 강했다. 박 대통령이 1970년대 초부터 적극 추진한 중화학공업을 중심으로 한 산업화는 경제 발전을 달성하면서 동시에 군수산업을 일으키려는 목적도 있었다.

둘째는 북한의 위협과 남북의 군사대결은 남한 사람들로 하여금 한시도 마음 놓지 못하고 항상 긴장하게 만들었다. 상시적으로 주변국의 군사적 위협에 처해 있는 이스라엘과 비슷한 상황이다. 남북한의 군사적 대치로 인해 남한은 60만 명이 넘는 상비군을 유지했으며, 거의 대부분의 남자가 군복무를 한 것은 한국 사회를 조직화하고 한국 기업이 일사분란한 조직과 명령체계를 갖는 데 기여했다.

적어도 1990년까지 한국의 발전 과정에서 중국의 역할은 거의 없었다고 할 수 있다. 그러나 중국과 수교를 맺은 1992년 이후에는 한국에 대한 중국의 영향력이 점차 커졌다. 이제 중국은 경제적으로 한국에게 가장 중요한 파트너가 되었으며, 앞으로 전개될 수 있는 북한의 변화와 한반도의 통일에서도 미국과 더불어 가장 큰 영향력을 행사할 나라가 될 것이다.

중국은 앞으로 한국에 대해 끊임없는 자극제가 될 것이며 동시에 중요한 시장의 역할을 할 것이다. 또한 중국은 향후 수십 년간 경제적으로 일본보다 더 큰 영향을 미칠 것이며, 안보 및 군사 면에서도 미국에 못지않은 영향력을 갖게 될 것이다.

종합해볼 때, 지난 60년간 한국의 발전에 있어 지정학적 요소의 영향은 매우 컸다. 미국은 무엇보다도 한국의 경제 및 정치제도의 틀을 제공한 점에서 가장 큰 영향을 미쳤다. 일본은 한국의 경제 발전에 자극제인 동시에 멘토 역할을 했다. 북한은 적어도 전후 30년 동안은 경쟁자였으며 한국을 항상 긴장하게 만들었다. 중국은 뒤늦게 등장했지만 점차 그 역할과 비중이 커지고 있으며, 앞으로 한국과 한반도의 미래에 상당히 큰 영향력을 갖게 될 것이다. 한국은 지정학적 변수를 마음대로 조정할 수는 없지만, 환경의 변화를 읽고 이에 효과적으로 대응하는 전략적 유연성을 갖추는 것이 필요하다.

저신뢰사회의 경제와 정치 발전의 원동력

▊한국이 지금처럼 비약적 성장을 하게 된 것은 산업화와 민주화의 두 축이 크게 발전했기 때문이다." 현재의 한국인들은 대체로 이 주장을 수용하고 있다. "산업화는 박정희 대통령이 주도했고 기업들이 노력한 결과 큰 성과를 거두었다. 민주화는 특히 1972년의 유신체제 이후 운동권의 희생과 노력으로 1987년부터 꽃피우게 되었다.

따라서 현재의 한국이 있기까지는 산업화 세력과 민주화 세력의 역할이 똑같이 중요했다." 대체로 이런 주장이다.

한국의 민주화 과정과 민주주의의 긍정적인 역할에 대해서는 더 길게 언급할 필요가 없을 것이다. 그러나 정치제도의 발전을 논의할 때, 상대적으로 소홀하게 다루어지는 부분이 규율과 기강이다.

경제가 발전하려면 인센티브시스템이 제대로 자리 잡아야 하고, 이를 위해서는 사유재산권이 보장되어야 하며, 계약이 제대로 준수되어야 한다. 따라서 법치가 정착되어야 한다. 계약과 약속이 제대로 지켜지는 사회가 신뢰가 있는 사회이며, 높은 신뢰 수준은 경제 발전의 필수불가결한 조건으로 '사회적 자본social capital'이라고도 불린다.

프랜시스 후쿠야마Francis Fukuyama를 포함한 많은 연구자가 한국을 신뢰 수준이 낮은 나라라고 평가한다. 그렇다면 신뢰 수준이 낮은 나라가 어떻게 이 정도로 발전할 수 있었을까? 계약 준수나 법치의 수준이 낮은데도 경제가 발전한 원동력은 무엇일까?

개인이나 기업이 계약을 위반하거나 법을 어겼을 때, 벌칙이 매우 엄한 서구사회의 법치는 사람들로 하여금 가능하면 법과 계약을 준수하는 것이 유리하다고 믿고 행동하게 만든다. 독일을 포함한 북구 국가들은 대표적으로 법치가 잘 자리 잡은 나라들인데, 독일이나 스위스의 시민 고발 관행은 우리가 보기에 다소 지나치다 싶을 정도다. 반면 동양에서는 법치의 기반이 조금 다르다. 일본에서 사회규범이 잘 지켜지는 것은 사회적 압력이 크게 작용하기 때문인 것으로 보인다. 조직의 규범에서 벗어난 행동을 하는 사람은 사회가 '왕따'를 시킨다.

그렇다면 한국에서는 어떻게 규범이 지켜지고 규율이 유지되었을까? 한국에는 아직도 법치가 제대로 자리 잡지 못하고 있다. 사회규범을 무시하고 법을 어겨도 용인되는 경우가 많다. 떼를 쓰고 억지를 부리고 약속을 지키지 않아도 그대로 넘어가는 경우도 많다. 이것이 한국의 약점이다. 그런데도 어떻게 우리는 경제 발전을 할 수 있었을까?

첫째는 사회적 신뢰를 '가족의 신뢰'로 대신했기 때문이다. 한국인은 가족의 기대에 어긋나는 행동을 하지 않고 가족이 잘되기를 바라는 마음으로 열심히 일한다. 이러한 가족 내에서의 신뢰관계는 좀 더 확대해 보면 친척이나 지역으로까지 넓힐 수 있다. 신뢰관계가 친척이나 지역으로 확장되면 연고주의가 되는데, 사실 연고주의는 양면성을 가지고 있다. 그 안에서는 서로 용인해줘야 하지만 동시에 배신하지 않아야 한다. 배신하지 않을 거라고 믿는 것이 바로 신뢰다.

가족의 신뢰에 의해 움직이는 것이 바로 한국의 기업이다. 기업의 경우, 오너체제가 기강과 규율을 유지시키는 역할을 했다. 오너들은 기업이 '자기 것'이므로 열심히 지키려 했고, 장기적인 시각에서 투자를 하고 사업을 키워왔다.

가족기업은 '주인 없는 기업'이 갖기 쉬운 전문경영자의 자기 이익 챙기기와 도덕적 해이를 어느 정도 줄일 수 있었다. 이 때문에 한국은 사회 전체의 규율은 약하고 법치가 제대로 자리 잡지 못했지만, 근대화와 산업화에서 가장 중요한 두 조직 중 하나인 기업이 그런대로 규율과 기강을 유지할 수 있었던 것이다.

둘째는 관료제도 때문이다. 조선시대부터 과거시험제도가 있었던 것은 물론 고시제도를 통해 우수한 인재가 고위공무원이 되어 행정을 하게 되면서 중앙정부도 어느 정도 기강과 질서를 유지할 수 있었다. 정치권의 부침에도 불구하고 관료들은 일정 수준 제도적으로 지속성과 연속성을 가질 수 있었기 때문에 정책적 일관성도 유지될 수 있었다.

셋째는 한국 사회가 기본적으로 실력주의meritocracy에 기반했기 때문이다. 실력주의사회에서 국민들은 열심히 노력하면 보상을 받는다는 믿음을 가지고 있었고, 이러한 실력주의가 법치를 보완해주었다.

한국이 과연 저신뢰사회인지, 또 그렇다면 어떤 기제가 이를 보완해왔는지는 더 연구되어야 할 것이다. 다만 한국의 가족기업 형태, 엘리트 공무원제도, 실력주의 등이 서양식의 법치와 계약 준수의 질서 부재를 어느 정도 보완해 지금과 같이 한국이 발전할 수 있었던 것만은 분명하다.

민주주의의 발전은 어떤 영향을 미쳤을까? 1987년 이후 민주화로 인권이 신장되고 정치 권력이 분산되었으며, 시민사회가 활성화된 것을 우선 지적할 수 있다. 특히 대통령 임기가 5년 단임으로 제한되고 대통령 직선제 이후에 6명의 대통령이 선출되었으며, 진보와 보수 간의 정권 교체도 두 번이나 있었다.

경제적 측면에서는 무엇보다도 노동운동의 활성화를 꼽을 수 있다. 민주화 이후 노동운동이 활성화되면서 노동소득분배율 상승과 정규직 과보호라는 두 가지 효과가 있었다. 노동소득분배율은 1987년 52.1퍼센트에서 1996년 62.6퍼센트까지 상승한 후 2011년 59퍼센트에 이르렀다. 강력한 노조가 결성되면서 정규직에 대한 보장과 보상이 강화되었다. 그 결과 기업은 비정규직을 채용해 경기변동과 기술 변화에 대응하는 유연성을 갖추려 했으나, 이것이 지금은 노동시장의 이원화를 초래하고 있다.

민주화로 인한 또 하나의 영향은 지방자치제도의 발전이다. 광역시도부터 기초자치단체까지 단체장을 직접선거로 선출하게 되면서 단체장들은 당선과 재선을 위해 주민을 위한 사업을 추진하기 시작했다. 그결과 지방의 주거환경과 사회간접자본이 크게 향상되었고, 지방의 특색을 살리는 문화행사나 관광사업도 활성화되었다. 그러나 지방재정의 자립도가 낮고 중앙정부의 보조에 의존하다 보니 재정이 방만하게 운영되는 부작용도 발생했다.

특히 민주화와 관련해 중요한 것이 지역균형발전이다. 수도권 집중에 대한 대응정책으로 지역균형발전이 중요한 정책이 되었고, 드디어는 제2의 수도가 충청남도에 들어서게 되었다. 하지만 지역균형발전을 명분으로 한 혁신도시 개발, 주요 공공기관의 지방 이전, 행정수도 개발 등은 경제적인 효율 면에서는 바람직하지 않은 민주화의 비싼 비용이라 여겨진다. 인구 비중으로 보면 수도권과 비수도권이 거의 비슷하지만, 수도권 인구의 상당수가 지방에 있는 고향에 대한 연고와 애착이 있기 때문에 균형발전정책이 어느 정도 국민들의 공감을 얻을 수 있었을 것이다.

민주화에는 효용과 비용이 따르고 이는 불가피한 과정이다. 특히 앞으로 개인의 창의력이 발휘되고 문화가 싹트며 창업이 활성화되려면 한국의 민주화 수준은 더욱 격상될 필요가 있다.

산업화와 개방정책이
가져다준 것들

■한국경제가 이렇게 빠르고 큰 성장을 할 수 있었던 것은 투자와 인적자본을 효과적으로 동원한 경제정책의 성공 덕분이다. 구체적으로는 한국경제가 산업화정책과 개방정책을 조화롭게 선택했다고 말할 수 있다.

1960년대의 제도와 기반 다지기를 거쳐 1970년대에는 주로 중화학공업을 위한 투자가 이루어졌다. 중화학공업화정책은 박정희 정부가 나서서 국가의 자원, 특히 외국의 자본과 기술을 동원해 민간기업에게 몰아주는 정책이었다.

투자의 주체인 민간기업을 어떻게 선택했는가가 매우 중요한데, 박정희 대통령은 실적 위주로 선택한 것으로 평가된다. 대표적인 기업이 현대그룹으로, 정주영 회장의 창의적이고 도전적인 기업가정신과 박 대통령의 중화학공업화정책이 맞아떨어졌다. 삼성그룹의 이병철 회장은 중화학공업에 대한 투자에 신중했으며, 이로 인해 삼성은 1980년대에는 현대그룹에 비해 상대적으로 사세가 약했다. 중화학공업화시대에 정부는 유치산업 보호론에 의거해 수입과 외국의 다국적기업으로부터 국내 산업을 보호해주었다.

여기서 중요한 질문은 그런 보호를 받던 기업들이 어떻게 나중에 국제경쟁력을 갖추게 되었느냐 하는 것이다. 두 가지 이유가 있다. 하나는 투자 초기부터 국제경쟁력을 갖기 위한 '최소 경제 규모'의 달성을 목표로 한 점이다. 국내시장이 좁은데도 불구하고 정부는 철강이나 석유화학, 자동차, 조선산업 등에서 처음부터 원가경쟁력을 가질 수 있는 규모로 투자하도록 유도했다.

다른 하나는 기업도 투자 초기부터 수출을 염두에 두고 사업을 시작했다. 자동차가 좋은 예다. 현대자동차는 최초의 독자 모델인 포니를 만든 1975년부터 바로 수출을 시도했다. 그 후 현대자동차는 미쓰비시자동차Mitsubishi Motors의 기술을 도입할 때도 해외시장 진출을 제한하는 계약을 맺지 않았다. 결과적으로 현대는 최초 자체 모델을 만들고 10년 만에 미국시장에 진출하는 무모함(?)을 범했다.

중상주의적이고 폐쇄적인 경제정책에도 불구하고 국제경쟁력을 갖춘 산업화를 추구한 것이 박정희 정책의 묘미다.

그런 한국이 본격적으로 수입개방을 한 것은 1986~88년의 저유가, 저금리, 저달러의 소위 '3저低' 호황과 경상수지 흑자 덕택이었다. 부분적으로는 미국의 수입개방 압력도 작용했지만, 한국은 1988년의 성공적인 올림픽 개최와 빠른 경제성장으로 자신감을 갖고 1989년부터 수입자유화와 해외여행자유화라는 두 가지의 중요한 개방정책을 시행하게 된다. 이 시기는 1987년의 민주화 선언 및 16년 만의 대통령 직접선거와도 맞물린다. 지금 생각해보면 1987~89년의 3년은 정치적으로나 경제적으로 한국이 크게 도약하는 시기였다.

이후의 과정, 특히 1997년의 외환위기와 구조조정에 대해서도 간단하게나마 살펴보자. 1996년 말의 무리한 경제협력개발기구OECD 가입과 제대로 준비되지 않은 채 단행된 자본자유화로 인해 1997년에 한국은 심각한 외환위기에 내몰리게 되었다.

1997년의 소위 'IMF(국제통화기금) 외환위기'는 1990년대 초중반에 걸친 수년 동안의 경제정책의 실패에 기인한다. 민주화와 노동운동으로 인해 임금이 크게 상승하면서 기업들은 자동화를 포함한 설비투자에 집중했으며, 이 과정에서 국내외의 금리 차이 때문에 과다한 외화를 차입하게 되었다. 게다가 정부는 무리하게 OECD 가입을 추진하는 과정에서 자본자유화를 하면서 투기성 단기외화자금의 유입을 제대로 관리하지 못했다. 그런 가운데 정부가 경직적인 환율정책을 고수하면서 외환위기를 자초했다.

IMF 외환위기는 개방정책의 시행착오로 초래되었으나 그 결과 더 강한 경제개방이 이루어졌다. 주식시장에 대한 외국인 투자가 자유화되었고, 영미식의 자본주의가 도입되면서 주식시장을 통한 기업 규제가 강화되었다. 은행의 구조조정이 강도 높게 시행되었고, 대기업집단의 절반 이상이 문을 닫거나 주인이 바뀌었다. 결과적으로 1989년 이후의 개방정책은 한국경제를 크게 업그레이드시켰다.

2000년을 기점으로 위기에서 살아남은 기업은 재무구조도 견실해지고 기술과 품질 등 질적 경쟁력도 크게 향상되었다. 그 후 10년 동안 한국에서는 세계적인 기업이 배출되었고, 여러 분야에서 한국인의 높은 성과가 눈에 띄었다.

지금은 한국의 경제제도에 대해 다시 논쟁이 일고 있지만, 지난 60년간 한국경제는 당면한 환경 변화에 적응하면서 적절한 경제정책을 시행했기 때문에 매우 성공적이었다.

'공부'와 '일'에
매달리는 사람들

　한국의 발전 원동력은 누가 뭐라고 해도 '사람'이다. 한국인은 부지런하고 성취동기와 학습동기가 매우 강하다. 한국경제를 이끌어나가는 산업은 중화학공업과 IT산업이다. 그런데 이 두 산업의 공통점은 기술인력과 기능인력에 크게 의존하는 산업이라는 것이다. 중화학공업, 특히 기계, 자동차, 조선, 철강 등은 모두 유능한 엔지니어와 기능인력을 필요로 한다. IT산업도 마찬가지다. 관련된 하드웨어와 소프트웨어산업은 모두 엔지니어와 디자이너 등 전문인력을 필요로 한다.

　자원이 없는 한국이 경제를 일으키려면 당연히 인적자원에 기반한 산업을 발전시켜야 했을 것이다. 핵심은 산업이 요구하는 수요에 부응해 인적자원을 제때 공급해주는 것이다. 새로운 산업이 생겨나면 거기서 일할 새로운 인적자원이 필요한데, 한국의 교육시장과 노동시장은 이러한 인력을 제때 공급했다.

　인력 공급이 가능했던 것은 한국인이 학습동기가 강하고, 일에 매진해 필요한 기술과 기능을 재빨리 습득하기 때문이다. 그래서 한국의 인적자원을 설명하려면 한국인의 뛰어난 학습능력과 과업몰입에 대해 이해해야 한다.

　학습능력이란 '새로운 것을 빨리 잘 배우는 능력'이다. 2012년 런던 올림픽에서 한국 선수들은 펜싱이라는 종목에서 좋은 성적을 거두었다.

우리 선수들은 금메달 두 개를 포함해 모두 여섯 개의 메달을 땄다. 펜싱이란 전통적인 서양 스포츠인데, 한국인이 이런 생소한 종목에서 좋은 성적을 거둔 것은 놀라운 성과다. 학습능력 덕분에 골프나 다른 스포츠, 서양의 고전음악 분야에서도 한국인의 성과는 뛰어나다. 과학과 기술에서도 앞으로 한국인이 더 놀라운 성과를 낼 것이다.

이러한 학습능력은 소수의 전문인에게서만 발견되는 것이 아니다. 혁신이나 신제품이 전파되는 속도를 보면 한국인 전체가 새로운 것을 받아들이고 학습하는 속도가 매우 빠르다는 사실을 알 수 있다.

'혁신확산이론innovation diffusion theory'에 의하면 혁신을 먼저 받아들이는 계층인 혁신층 및 조기수용자early adopters는 전체 인구 중 일부에 불과하다. 그러나 한국에 대해서는 이 이론을 수정해야 한다. 한국에서는 혁신의 조기수용층이 매우 두터워 신제품이 급속하게 확산된다. 스마트폰이나 기타 혁신적인 IT제품을 보면 금방 알 수 있다. 스마트폰의 경우, 2009년 11월에 처음 시장에 소개된 지 2년 만에 2,000만 명이 가입해 전 국민의 40퍼센트, 경제활동인구의 80퍼센트가 이 신제품을 수용했다. 거의 대다수 국민이 혁신의 조기수용자인 나라가 한국이다. 이는 매우 특이한 현상으로 한국의 사회와 소비문화를 이해하는 데 필수적인 사항이다.

학습능력과 실력주의사회

이러한 학습능력을 어떻게 설명할 수 있을까? 한국인에게는 공부가 몸에 배어 있기 때문이다. 학습이 습관화되어 있는 것이다. 한국인의 경우, 어려서부터 공부, 학습, 과외가 일상화되어 있다. 요즘은 초등학교에 들어가기 전부터 학원을 다니지만, 20년 전에도 40년 전에도 한국 아이들은 항상 공부에 매달려 있었다.

이처럼 '장기간 · 장시간' 학습에 익숙한 탓에 한국인은 웬만한 훈련이나 교육에 견뎌내는 지구력이 뛰어나다. 한국의 젊은이들은 K팝K-Pop 스타가 되기 위해 하루 5~6시간씩 몇 년간 연습할 수 있고, 정상급 프로 골퍼가 되기 위해 하루 8시간씩 몇 년간 훈련받는 것도 견딜 수 있다. 좋은 학교에 가기 위해 장기간 · 장시간 공부에 견디는 뚝심이면 못할 게 없는 것이다.

그렇다면 한국인은 왜 이렇게 어려서부터 공부에 매달려왔을까? 많은 국민이 지식과 실력을 쌓는 것이 가장 확실하게 잘살 수 있는 길이라고 믿기 때문이다. 이것은 대단한 실력주의다. 실력이 있어야 잘살 수 있다는 믿음이 바로 한국 발전의 밑거름이다. 부모를 잘 만나거나, 좋은 집안에서 태어나는 것이 더 잘사는 길이 아닐까? 그럴 수도 있다. 그러나 신분이나 태생은 자기 마음대로 바꿀 수 없는 것이고, 그렇다면 현재 상태에서 실력을 쌓는 게 최선이라고 한국 사람들은 생각하는 것이다.

한국이 실력주의사회가 된 데는 두 가지 이유가 있다. 하나는 한국의 전통이다. 좁은 의미의 실력주의는 '공무원을 선발할 때, 연고나 다른 기준이 아니라 실력을 보는 것'이며, 여기서 실력이란 시험이었다. 조선시대 과거시험에서는 가정환경이 미천하더라도 장원급제를 하면 신분이 달라졌으며, 지금도 역시 집안배경과 관계없이 행정고시에 합격하면 간부급 공무원으로 바로 채용된다. 특히 유교적 전통이 강한 한국 사회에서는 장관 등 고위공무원이 되는 것이 최고의 출세라고 생각하는데, 출세하기 위한 가장 빠른 방법이 과거나 고시에 합격하는 것이었다. 이것이 실력주의사회가 된 첫 번째 이유다.

다른 하나는 20세기에 한국 사회에서 계급이나 신분이 없어졌기 때문이다. 한국은 20세기에 세 번이나 사회가 완전히 뒤집히는 변혁을 경험했다. 첫 번째는 일제의 식민지 지배로, 조선사회에 존재하던 양반, 상인 등의 신분 구분이 일제하에서 크게 약화되었다. 해방 후에는 농지개혁과 전쟁을 거치면서 그나마 남아 있던 지주계급의 기득권이 약화되었고, 특히 많은 이북 사람들이 남하하면서 기득권 없이 새로운 삶을 개척했다. 그러다 한국전쟁으로 인해 남한 사람들마저도 피난민이 되었고, 또 한 번의 민족 대이동이 있었다. 마지막으로 1960년대 초부터 시작된 산업화 과정에서 농촌에 살던 사람의 절반 이상이 도시로 이사하면서 농민들이 도시근로자로 탈바꿈하게 된다.

한국에서는 1910~80년에 이르는 70여 년의 짧은 기간에 기존의 사회계층이 모두 무너지고 새로운 질서가 자리 잡았던 것이다. 이러한 사회적 대변혁을 겪으면서 한국 사람들은 나와 내 자식의 미래를 보장하는 가장 확실한 방법은 실력을 쌓는 것밖에 없다는 믿음을 갖게 되었다.

공부를 잘해서 좋은 대학에 가고, 고시에 합격하거나 대기업에 취직하면 어느 정도 일생이 보장되던 사회 진출 공식은 외환위기 이후 다소 약화되었다. 또한 한국 사회와 경제가 지난 60년간 지속적으로 성장하고 안정화되면서 새로운 사회계층이 생겨나기 시작했다. 2013년의 시점에서는 이러한 새로운 사회 변화가 중요하다.

그러나 지난 60년간의 한국의 성취에서는 실력주의라는 가치가 한국인의 지배적인 가치이자 핵심적인 역할을 했음을 분명히 인식할 필요가 있다. 이 가치관 때문에 한국인은 공부와 일에 몰입하게 되었으며, 이러한 몸에 밴 학습능력이 한국 인적자원의 가장 큰 특징이다.

일몰입과 속도경영

한국인은 OECD 국가들 가운데 멕시코 다음으로 장시간 일하는 국민이다. 2010년 기준으로 한국인은 1년에 평균 2,193시간을 일해 OECD 평균 1,775시간에 비해 1년에 418시간, 일주일에 8시간, 5일 기준으로 하루에 1.6시간씩 더 일했다.

이처럼 한국인의 근로시간이 긴 데는 더 많은 돈을 벌기 위해 더 열심히 일한다는 것으로 충분한 이유가 될 것이다. 우리나라 근로기준법에 따르면 법정 근로시간을 초과하면 급여가 50퍼센트 증가되어, 하루 2시간 더 일하면 하루 소득이 38퍼센트 늘어나게 된다.

그러나 초과근무 수당을 받지 않는 샐러리맨들도 장시간 근로가 습관화되어 있다. 생산성이 낮아 더 오래 근무한다는 부정적인 설명도 있지만, 그보다는 한국인의 일에 대한 몰입을 반영하는 것이라 할 수 있다. 아직도 평균적인 한국인은 여가나 가정생활보다 직장과 일을 더 중시하며 가족들은 이를 이해한다. 이는 한국인의 가치관인 셈이다.

한국의 직장인들은 일을 맡으면 끝장을 보려 한다. 가능하면 빠른 시일 내에 일을 마치려 하다 보니 근로시간이 길어진다. 오후 5시나 6시가 되면 하던 일을 멈추고 퇴근하고 내일 다시 시작하는 패턴이 아니라

가능하면 야근을 해서라도 일을 어느 정도 마무리 지으려 하는 것이 한국인의 일하는 습관이다. 이를 '과업몰입' 혹은 '일몰입'이라 부를 수 있다. 요즘은 '일과 여가의 균형'이나 '일과 생활의 균형work-life balance'을 강조하지만, 한국인에게는 오랫동안 일이 바로 생활이었으며 일 이외의 다른 생활은 덜 중요했다.

한국 기업의 특징 중 하나인 '속도경영'은 이러한 한국인의 과업몰입의 덕을 많이 본 것이다. 한국 기업의 해외법인의 경우, 현지인들은 주말에 대개 쉬지만, 한국에서 파견된 주재원들은 토요일에도 출근해 일을 한다. 기업에서는 다양한 부서와 여러 사람의 협업이 필수적인데, 개개인의 일몰입의 효과는 이러한 협업 과정에서는 더 큰 위력을 발휘한다. 예를 들어 삼성전자가 세계 최고가 되고 최신 휴대전화 모델을 발빠르게 개발하는 데는 한국인의 장시간 근무가 상당한 기여를 했다.

한국 기업에게 속도경영을 가능하게 해준 학습능력과 과업몰입은 한국 기업의 강점인 '빠른 모방자' 전략을 유지하게 해주는 원동력이다. 후발산업국인 한국이 선진국과 선진기업을 따라잡은 원동력이 바로 한국인의 이 두 가지 특징이다.

그렇다면 왜 한국의 부모들은 소득의 많은 부분을 자녀교육에 투자하는가? 웬만한 중견 샐러리맨이나 중산층의 경우, 학교에 다니는 아이나 학생이 있으면 평균적으로 가계소득의 30~40퍼센트를 자녀교육에 쓰고 있다. 자녀를 조기 해외유학을 보낸 가정에서는 이보다 더 많은 소득을 아이를 위해 투자한다. 이것은 한국 사회의 분위기이고 문화다. 앞서 언급했듯 실력주의의 가치관이 지배하고 있기 때문이다.

외국의 문헌이나 지식인들은 세계가 이제 '지식기반경제knowledge-based economy'가 되었다고 하는데, 한국은 이미 수십 년 전부터 지식 중심 사회였다. 한국의 부모들은 1960년대부터 '실력만이 미래를 보장해준다'는 믿음으로 자녀교육을 위해 많은 부분을 희생해왔다. 가정에서 부인들이 남편들의 일몰입을 이해하고 돈 버는 일과 자녀교육이라는 부부 간 분업이 가능했던 것은, 자녀교육이 가장 중요한 부부의 과업이라는 공동의 인식 때문이었다. 이러한 문화와 가치관은 지금도 상당 부분 유지되고 있다.

우리는 왜
행복하지 않는가

지난 60년간 한국이 이룬 큰 성취는 몇 가지 요인이 복합적으로 작용한 결과였다. 남북 분단 이후 남한의 지정학적 위치가 시장경제제도를 받아들이게 했다. 또한 한국전쟁 후 냉전시대에 미국과의 특별한 관계와 일본이라는 또 다른 성취국가의 존재가 한국의 발전에 기여했다.

20세기를 지나면서 경험한 세 차례의 대변혁으로 인해 한국 사회는 계층이 사라지고 평등한 사회가 되었다. 그 결과 전통적인 실력주의가 더욱 강화되면서 한국은 고도의 학습사회로 변화하고 한국인은 일벌레가 되었다.

한편 민주화는 권력의 분산을 가져왔고 국민은 평등을 주장했다. 남한과 북한은 같은 민족이고 문화적인 유산은 비슷했지만, 지정학적 위치가 달랐고 정치적 자유의 경험 정도가 상이했다. 학습능력과 과업몰입 등의 가치관에서도 남북한은 큰 차이를 보였다.

결국 지난 60년간 지정학적 여건과 정치 및 경제제도의 차이는 뿌리가 같은 두 나라가 얼마나 다르게 발전할 수 있는지를 극단적으로 보여주었다. 남한의 제도는 남한 사람들의 성취동기와 결합해 매우 긍정적인 결과를 초래한 반면, 북한의 제도는 북한 사람들의 잠재력을 발휘하지 못하게 했고 결국 북한은 크게 실패한 나라가 되었다.

그럼에도 불구하고 한국인은 그다지 행복하지 않다고 말한다. 실제로 한국인의 삶의 질에 대한 만족도나 행복지수는 소득에 비해 낮은 편이다. 자살률도 세계적으로 높고, 최근에는 이혼율도 증가하면서 전통적인 가족 중심의 사회가 변질되고 있다.

세계가치조사World Values Survey에 따르면 1인당 국내총생산이 높을수록 대체로 삶의 만족도가 높다.[2] 소득수준이 높은 북유럽 국가의 국민은 저소득 국가의 국민보다 삶에 대한 만족도가 훨씬 높다. 세계가치조사의 국가별 분석에 따르면 상당한 빈곤 수준에서 보통의 경제적 안정 수준에 도달할 때에는 행복과 삶의 만족도가 가파르게 상승한다. 그러나 1인당 국민소득이 2만 달러 이상이 되면 소득과 삶의 질 사이의 상관관

---

2 구체적인 분석은 Ronald Inglehart, Roberto Foa, Christopher Peterson, and Christian Welzel, "Development, Freedom, and Rising Happiness A Global Perspective (1981~2007)," *Perspectives on Psychological Science*, Volume 3~4를 참조.

계가 약화된다. 결국 행복은 물질적인 성취에 반드시 비례하지만은 않는다는 의미다.

이제 한국인도 어느 정도 생활수준이 높아졌기에 웬만큼 돈을 벌거나 물질적인 성취를 해도 큰 만족을 얻지 못한다. 한국 사회와 경제가 이른바 성숙 단계에 있는 것이다. 세계가치조사를 보면 한국인의 행복도는 1990년 2.14에서 2005년 2.01, 삶의 만족도는 1990년 6.69에서 2005년 6.35로 각각 하락했다.

특히 한국인은 비슷한 소득을 가진 다른 나라나 심지어 소득이 낮은 국가의 국민에 비해서도 상대적으로 덜 행복하다. 국제연합UN의 2012년 〈세계행복보고서World Happiness Report〉에 따르면 한국은 삶 전체에 대해서는 10점 만점에 5점대 후반의 행복도를 보여 세계 150개국 중 56번째로 행복한 나라다. 아시아 국가들 중에는 싱가포르(33위), 일본(44위), 대만(46위) 등이 한국보다 더 높은 순위를 기록했다.

한국은 현 시점을 기준으로 조사한 행복도에서 세계 150개국 가운데 96번째에 불과하다. 현재를 기준으로 조사한 행복도란 감정emotions을 근거로 스스로의 행복 수준에 대해 응답한 지표를 말하는데, 세부적으로는 긍정적 감정(즐거움, 행복, 웃음)과 부정적 감정(걱정, 슬픔, 화, 우울)으로 구분된다. 한국 사람들은 다른 나라 사람들에 비해 긍정적 감정이 부족하고 부정적 감정은 높은 것으로 조사된 것이다.

높은 성취의 이면에 숨어 있는 높은 스트레스

한국인이 자신의 삶에 대해 불행하게 느끼고 삶의 만족도가 낮은 데는 여러 가지 이유가 있겠지만 고도성장과 무관하지 않다. 한국의 압축 성장은 빠른 변화와 치열한 생존경쟁의 결과다. 한국 사회는 마치 '압력밥솥' 같았다.

다른 나라에서 100년 이상의 기간에 일어난 변화가 한국에서는 그 절반이나 그보다 더 짧은 기간에 일어났고, 변화의 정도도 매우 극심했다. 고향을 떠나 새로운 환경에 적응하고, 급변하는 기술과 사회에 따라가고, 치열한 경쟁에서 살아남기란 결코 쉬운 일이 아니다. 지금의 한국인들은 그런 변화를 겪어왔다. 한국의 빠른 발전은 그만큼 국민에게 큰 압력과 스트레스를 주었던 것이다.

높은 성취의 이면에 숨어 있는 높은 스트레스는 마치 동전의 앞뒷면과 같지 않은가. 그래서 한국인은 평균적으로 스트레스에 잘 견뎌내지만 한편으로는 술에 의존해 스트레스를 풀거나 종교에 몰입하기도 한다. 심한 경우, 사회의 압력이 가정의 불화나 개인의 정신질환으로 나타나는가 하면 자살이라는 극단적인 선택을 하게 만든다.

더욱이 지난 10~20년간 한국 사회의 새로운 변화들이 우리의 삶을 더 각박하게 만들었다. 하나는 실력주의의 후유증이다. 1960~70년대만 해도 자녀교육에 올인했던 가정이 지금처럼 전체 가계의 80~90퍼센트는 아니었다. 1970년에 고교 졸업생의 대학진학률은 26.9퍼센트에 불과했으며, 당시에는 중학교나 고등학교 진학률도 상대적으로 낮았기 때문에 대학입학 연령인구 중에서 대학에 들어간 사람의 비율은 13퍼센트 수준에 불과했다. 당시에는 대학정원도 적었겠지만 모든 국민이 자녀교육에 몰입할 정도로 경제적인 여유가 없었다.

그러나 1990년 이후에는 전반적으로 소득도 증가하고 대학정원도 늘어나면서 이제는 고등학교 졸업자의 80퍼센트 가까이가 대학에 진학하고 있다. 모든 사람이 대학을 졸업하면 대학을 졸업했다는 사실은 별다른 우위가 되지 못한다. 또한 모든 젊은이가 어려서부터 공부를 하고 실력을 쌓고 스펙을 높여두었기 때문에 그만큼 생존경쟁은 더욱 치열해지고 있다.

모든 국민이 실력 쌓기에 매진하다 보니 취직하기도 살기도 더 팍팍하다. 실력과 학력의 상대적 가치가 하락한 것이다. 경제성장의 과정에서는 실력주의의 효과가 매우 컸지만, 이제는 모든 분야에서 경쟁이 심화되면서 부작용이 나타나고 있는 실정이다.

또 하나는 장기간의 성장과 사회 안정 때문에 사회계층이 생겨나기 시작한 점이다. 갈수록 젊은이들이 취직하고 사회에서 자리 잡기가 힘들어지면서 상대적으로 좋은 환경을 타고난 사람들이 가진 유리한 점이 더 부각되어 보인다.

현재 한국 사회의 상류층은 두 종류다. 하나는 기업가 계층이다. 크고 작은 기업의 '오너' 자녀들은 경제적인 여유가 있을 뿐만 아니라 새로운 사업을 시작하기도 쉽고, 가업을 물려받으면 젊어서부터 상당한 돈과 사회적 지위를 얻게 된다. 이러한 계층은 내부의 혼맥을 통해 구조화되면서 이제는 상당한 지속력을 갖게 되었다.

다른 하나는 전문가 계층이다. 의사나 변호사와 같은 전문직종 종사자 그리고 대기업이나 금융기관의 전문경영인과 같이 비교적 지속적으로 높은 소득을 올리는 전문가의 자녀들도 상당히 유리한 위치에서 사

회생활을 시작하게 된다. 민주화와 인터넷의 확산으로 인해 사회적으로
평등한 기회에 대한 요구가 높아지고 있기 때문에 오히려 기업가와 전
문가 계층의 고착화에 대한 사회의 불만이 커질 수밖에 없는 상황이 전
개되고 있다.

삶에 대한 만족도는 높이되 경제적 역동성은 유지해야

2013년의 시점에서 보면 지난 60년간 한국이 이룬 성취의 효용은 약화된
반면, 지속적인 성취를 하기는 어려운 국면으로 접어들고 있다. 경제학에
'효용체감의 법칙'과 '수확체감의 법칙'이라는 것이 있다. 효용체감이
란 같은 물건이라도 처음 소비하는 것이 더 효용이 크다는 이론이다. 경
제성장의 결과, 우리가 물질에서 얻는 만족은 점차 작아지게 된다. 처음
자동차를 장만했을 때의 기쁨과 흥분은 두 번째, 세 번째 차를 샀을 때
는 작아질 수밖에 없다.

　1인당 국민소득이 2만 달러를 넘으면 물질적인 소비에서 얻는 만족
은 점차 낮아지기 때문에 문화의 소비나 다른 정신적인 만족이 커져야
한다. 따라서 이제는 일몰입의 정도를 다소 줄일 필요가 있으며 가정이
나 삶과의 균형을 고려해야 한다. 근로시간을 줄이고 일 이외의 다른 영
역에서 삶의 만족을 찾도록 유도하는 정부 정책과 사회적 분위기의 변
화가 절실한 시점이다.

　수확체감이란 같은 액수를 투자해도 그 효과가 전보다는 줄어든다는
이론이다. 자본이 조금 축적되어 있을 때는 1,000억 원의 투자가 큰 효
과가 있지만, 자본 축적이 많이 되어 있다면 같은 액수를 투자해도 생산

의 효과는 떨어진다.

이제 한국경제는 불가피하게 저성장 국면으로 접어들 수밖에 없으며, 특히 인구의 연령별 구성이 지속적인 경제성장을 더욱 어렵게 할 것이다. 그렇다고 성장을 포기하자는 얘기는 아니며 질 좋은 성장을 해야 한다는 뜻이다. 그것은 더 부가가치가 높고 생산성이 높으면서도 좋은 일자리를 많이 만들어내는 성장을 의미하지만 이는 말처럼 쉬운 일이 아니다.

성장이 둔화되면서 공평한 분배에 대한 요구는 오히려 더 커질 것이다. 고도성장기에는 그나마 모두에게 조금씩 더 돌아갔기 때문에 나와 남의 소득을 심각하게 비교하지 않았다. 그러나 내게 돌아오는 것이 작아지거나 혹은 내 소득이 전혀 늘지 않으면 자꾸 내 몫과 이웃의 몫을 비교하게 된다.

2012년 총선과 대선에서 사회복지와 경제민주화가 최대 화두가 된 것은 지금 한국인이 느끼는 체제에 대한 불만을 정치인들이 제대로 포착한 것이다. 물질적으로는 나아진 듯하지만 우리는 행복하지 않으니 행복하게 해달라는 국민의 요구를 정치권은 복지와 경제민주화라는 정책으로 풀려 한 것이다.

그럼에도 불구하고 사회와 경제가 발전하려면 능력이 뛰어나고 더 많이 노력한 창의적인 사람들에게 충분한 보상이 이루어지도록 해야 한다. 그래야 경제가 계속해서 발전하게 될 것이다.

한국은 이제 국민의 삶에 대한 만족도를 높이면서 동시에 경제적 역동성도 유지해야 하는 도전에 직면해 있다. 일과 삶, 성장과 분배, 성취에 대한 보상과 기회균등 등 여러 상반되는 목표를 조정하면서 어떻게 사회의 질적 변화를 이룰 것인가? 새로운 시각과 정책이 필요한 시점이다.

가 까 운

미 래 전 망 과

한 국 의

선 택

인간의 미래를 내다보는 능력에는 한계가 있다. '미래학'이라는 분야는 있지만 이는 실증적인 연구가 불가능하므로 과학이 아니다.

미래를 보는 시각은 크게는 자원고갈론과 기술낙관론의 두 가지로 나눌 수 있다. 1798년에 출간된 토머스 맬서스Thomas Malthus의《인구론》에서 시작된 자원고갈론은 1972년에 로마클럽이 발표한 〈성장의 한계The Limits to Growth〉라는 보고서가 출간되면서 다시 주목을 받았다.

자원고갈론은 지구환경악화론과 결합되어 기후변화 등 지구 환경이 극도로 악화되어 인류의 미래가 매우 어둡다고 전망한다. 반면에 기술낙관론은 인간의 지혜와 기술의 발달로 자원고갈과 환경문제가 해결 가능하다고 본다. 이들은 지난 수백 년 동안 생산성 향상과 기술 진보 덕분에 인류는 더 적은 인구로 더 많은 농산품과 공산품을 생산하고 있으며, 이제는 많은 사람이 비교적 풍요로운 중산층이 되고 있다고 주장한다.

로마클럽의 보고서가 발표되고 40년이 지난 지금도 이 두 시각 중 어느 하나가 틀렸다고 단정짓기는 어렵다. 지난 40년 동안에도 이 두 트렌드가 공존해왔기 때문이다.

정보통신기술ICT이 발달하고 글로벌화가 진전되면서 산업생산성이 증가하고 개발도상국의 경제성장이 촉진되었다. 그 결과 많은 사람이 빈곤에서 벗어날 수 있었다. 그러나 신흥국의 경제성장으로 에너지 등 자원에 대한 수요가 증가하면서 원자재 가격이 급등했으며, 온실가스의 배출이 늘면서 기후변화가 더욱 심각해지고 있다.

앞으로도 당분간 이 두 트렌드는 함께할 것으로 전망된다. 지금으로선 지구적 변화에 대한 지속적인 관심이 필요하다. 그러나 이 책의 주된 관심 대상은 지구적인 큰 변화보다는 한국과 한반도를 둘러싼 정세 변화다. 이번 장에서 우리는 앞으로 15년이라는 가까운 미래에 한국을 둘러싸고 어떤 중요한 변화가 예상되고, 어떤 중요한 정책적 선택이 우리 앞에 놓여 있는지를 살펴볼 것이다. 가까운 미래에 세계정세와 한국에 일어날 몇 가지 중요한 변화는 다음과 같다.

1. 세계 패권의 변화

   미국의 패권국가 위상에 변화가 있을까?

2. 중국의 성장 전망

   중국경제가 과연 어느 정도나 성장을 지속할 수 있을까?

3. 세계 에너지시장

   에너지시장의 변화는 지정학적으로 어떤 변화를 가져올까?

4. 세계경제의 중심 변화

경제 중심이 지금의 선진국에서 신흥시장으로 옮겨갈까?

5. 한국의 인구동학

고령화 진전으로 사회가 어떻게 바뀔까?

6. 한국인의 가치관 변화와 성장동력

학습능력과 과업몰입의 가치관에 변화가 있을까?

7. 초연결사회의 등장

초연결사회는 경제와 사회에 어떤 변화를 가져올까?

8. 북한의 체제 변화

북한은 현재의 체제를 계속 유지할 수 있을까?

이 중에는 비교적 확실한 변화도 있고 상당히 불확실한 변화도 있다. 이들 질문은 서로 연관되기 때문에 여섯 가지의 주제로 정리할 수 있다.

중국의 성장과
세계경제 지도의 변화

21세기는 2001년 9월 11일의 미국에 대한 알카에다의 대규모 테러로 시작되었고, 이는 미국의 이라크와 아프간 침공으로 연결되었다.

그러나 21세기 첫 10년간 세계경제에서 가장 큰 변화는 중국의 성장이다. 2001년 일본 경제의 3분의 1 규모였던 중국은 지난 10년 동안 연평균 10퍼센트의 경제성장과 위안화의 가치상승에 힘입어 2010년에는 세계 제2위의 경제대국으로 등장했다. 이러한 규모의 경제에 못지않게 중요한 것은 중국이 2001년의 세계무역기구 WTO 가입을 계기로 제조업 수출이 급상승해 세계의 공장이 되었다는 점이다. 또한 무역 규모 면에서는 2013년 즈음 중국은 세계 최대의 통상국가가 될 것으로 전망된다.

이러한 중국의 성장은 세계경제 지도의 변화를 가져오고, 더 나아가 중국이 미국의 패권에 도전할 가장 강력한 후보가 되었음을 의미한다. 여러 예측기관에 따르면 중국의 경제 규모는 2016년경 GDP가 구매력 평가지수 PPP 기준으로 미국을 추월하고, 그로부터 10년 정도 지나면 경제력이 미국과 대등해져 패권국가인 미국에 대한 강력한 견제세력이 될 것으로 전망된다.[3]

중국의 미래에 대해서는 낙관론과 비관론이 동시에 제시되고 있다. 낙관론자들은 중국의 경제성장이 둔화되어 앞으로 10년간 연평균 7퍼센트 전후의 성장을 하더라도, 중국경제가 세계 최대 경제가 될 것은 거의 확실하다고 본다. 그리고 이들은 중국의 내부 모순이 심각하기는 하나, 중국공산당이 이 문제를 잘 알고 있기 때문에 점진적으로 해결되리라고 본다. 반면에 비관론자들은 중국의 내부 모순이 매우 심각하고 공산당의 대처 능력이 부족해 중국이 앞으로 심각한 사회적 갈등과 불안

---

3 〈글로벌 인사이트 *Global Insight*〉의 전망에 따르면 중국의 GDP는 PPP 기준으로는 2016년에 18.6조 달러로 미국을 추월하고, 시장환율 기준으로는 2021년에 24.3조 경상달러에 달하면서 미국의 GDP 규모를 앞지를 것이라 한다.

을 겪을 것으로 전망한다. 따라서 경제 상황도 훨씬 더 악화될 것이라 평가한다.

향후 15년 동안 중국은 과연 어떻게 변할까? 2012년 11월에 출발한 중국의 제5세대 지도부인 시진핑 체제의 앞날은 예측하기 어렵다. 중국의 내부 모순이 이제 어느 정도 한계에 도달한 것 같다.

중국은 극단적인 소득 불평등 상황에 직면해 있는 것으로 보인다. 중국국가통계국이 발표한 2010년 기준 지니계수는 0.481(2012년 기준은 0.474)이지만, 청두의 시난재경대학이 자체 조사한 지니계수는 0.61이다. 지니계수가 0.4를 넘으면 사회적 불안이 위험 수준에 다다르며, 0.5가 넘으면 폭동이 일어날 정도로 불만이 커진다는 것이 일반적인 평가다. 중국은 공식적인 수치 기준만으로도 이미 사회적 불안과 갈등 요소가 매우 크다.

소득 최상위 10퍼센트의 소득이 최하위 10퍼센트 소득의 몇 배인가를 나타내는 '10분위 소득배율'은 중국의 충격적인 소득 불평등 상황을 더욱 극명하게 보여준다. 베이징사범대학의 발표에 의하면 2012년 기준 10분위 소득배율은 중국은 23배, 미국은 15.9배, 한국은 7.8배다.[4]

중국행정학원에 따르면 2010년 중국 내에 각종 시위가 18만 건에 달했는데, 이는 매일 중국 전역에서 500건의 시위가 일어났다는 것을 의미한다. 중국의 도시와 농촌 간, 계층 간, 지역 간 및 산업 간의 격차가 심각한 수준에 도달한 것으로 보인다. 중국 지도부의 부패도 상상을 초

---

4 포스코경영연구소, 〈친디아저널〉, 2013년 2월호, 21쪽.

월하는 규모인 것으로 서방 언론이 보도하고 있다.

시진핑 체제가 과연 중국이 필요로 하는 경제개혁과 민주화를 추진할 수 있을까? 현재로서는 전망하기 쉽지 않지만 두 가지 경우로 나누어볼 수 있다. 하나는 시진핑이 중국 인민의 민주화 요구를 어느 정도 수용해 언론의 자유를 더 보장해주고 일정 수준까지 민주화를 용인하는 시나리오다. 2027년까지 중국이 공산당 일당 독재를 포기하고, 주석을 자유선거로 선출하는 수준까지는 가지 않더라도, 적어도 성장省長이나 4대 직할시의 시장市長을 직선으로 선출하는 민주화를 이룬다면 이는 대단한 성과가 될 것이다.

반대로 시진핑 지도부와 2022년에 집권할 다음 세대 지도부까지도 정치민주화와 경제개혁을 거부한다면 중국 내부의 불만이 심각한 사태로 발전할 가능성을 배제할 수 없다. 결국 향후 15년 이내에 중국은 상당 수준의 민주화를 하거나 아니면 심각한 사회불안과 내부 갈등을 경험하게 될 것이다.

중국이 상당한 사회불안을 겪는다 하더라도 경제성장의 동력은 크게 약화되지 않을 것이다. 중국은 거대한 내수시장을 가지고 있으며, 이미 여러 산업이 상당히 발전해 있기 때문이다. 중국은 자동차나 컴퓨터, 가전과 같은 내구 소비재에서 이미 세계 최대의 시장이므로, 세계의 모든 대기업은 결코 중국 시장을 무시할 수 없다.

중국의 민간기업의 기술 수준이 상당히 높고, 광동성 중심의 주강 삼각주나 상해시 중심의 장강 삼각주 등 경제 중심지에는 강력한 산업 클러스터가 형성되어 있다. 따라서 사회가 불안해져도 경제는 어느 정도

자체 엔진에 의해 작동할 가능성이 크다.

셰일가스혁명과
에너지시장의 변화

1970년대 이후 석유를 포함한 에너지의 가격과 수급은 세계경제에 중대한 영향을 주고 있다. 1973년과 1979년 두 차례의 석유파동을 거치면서 1970년대 초에 배럴당 2달러였던 원유 가격이 1980년대 초에는 35달러 이상으로 상승했다. 이 시기는 자원보유국의 '자원민족주의'가 극성을 부리던 시기였고, 특히 석유수출국기구OPEC라는 카르텔이 막강한 힘을 발휘했다.

원유 가격은 1980년대 중반 이후에는 다시 약세로 전환해 이러한 추세는 2000년대 중반까지 계속되었다. 20년간 가까이 계속된 에너지 가격 안정기는 2004년부터 다시 상승기로 접어들었는데, 중국을 위시한 신흥국의 경제가 급속히 성장하면서 석유 제품에 대한 수요 증가가 크게 작용했기 때문이다.

원유 가격은 한때 배럴당 150달러 가까이 상승했으며, 2008년 이후의 대불황에도 불구하고 지금까지 100달러 전후의 고가를 유지하고 있다. 그러나 앞으로 원유와 가스 가격이 다시 하락세에 접어들 가능성이 커지고 있다. 진흙이 쌓여 만들어진 퇴적암층(shale층)에 들어 있는 천연가스를 개발하는 기술이 1999년부터 상업화되었기 때문이다. 소위 '수

평시추·수압파쇄 기법'이 개발되면서 셰일가스가 대량으로 공급되기 시작했다.

셰일가스는 우선 미국에서 본격적으로 개발되기 시작했으며, 가격은 미국에서 단위당(MMBtu) 2008년의 8.9달러에서 2012년에 2~3달러로 크게 하락했다. 국제에너지기구IEA에 따르면 셰일가스의 잠재 매장량은 전 세계가 200년간 사용이 가능할 정도로 대규모이며, 확인된 매장량만도 전망기관에 따라 60~125년간 사용이 가능한 규모라 한다. IEA는 2030년경에는 가스가 석탄을 제치고 제2의 에너지 공급원이 될 것이라 예측하고 있다. 실제로 미국은 지금부터 2035년까지 신규 발전설비의 60퍼센트를 가스 발전으로 충당할 계획을 발표했다.[5]

셰일가스의 가장 큰 매력 중의 하나는 이 자원이 세계 여러 지역에 광범위하게 부존되어 있다는 점이다. 이는 원유가 중동 지역에 집중적으로 부존되어 있는 것과 대조를 이룬다. IEA의 추정에 따르면 셰일가스가 대량으로 부존되어 있는 국가는 중국을 필두로 미국, 아르헨티나, 멕시코, 남아공, 호주, 캐나다 등으로 현재의 주요 원유생산국과는 상당히 다른 모습을 보인다.[6]

특히 눈에 띄는 나라가 중국과 미국이다. 미국은 이미 셰일가스 개발이 활발한 반면, 중국은 전반적으로 지질 구조가 복잡하고 셰일가스 개발에 필요한 용수 공급과 파이프라인 등 인프라가 아직 확보되지 않아

---

5 경기개발연구원, 〈셰일가스, 세계경제 저성장 극복의 돌파구〉, 2013. 3. 27.
6 IEA, *World Energy Outlook 2011*, 2011.

다소 시간이 걸릴 것이라 한다.

그러나 중국도 최근에 정부가 직접 나서서 셰일가스 개발을 서두르고 있다. 중국은 2012년 3월에 셰일가스 발전 5개년 계획을 세웠고, 이미 중국의 3대 석유 국유기업은 로열더치셸Royal Dutch Shell, 브리티시페트롤리엄BP, 셰브론Chevron 등과 같은 국제 석유 메이저들과 중국 내의 셰일가스 공동 탐사 프로젝트를 진행하고 있다. 또한 중국의 석유 기업은 해외에서 셰일가스를 포함한 비전통 가스와 원유 자산을 대규모로 매입하고 있다.

셰일가스에 대한 비관론도 있다. 이들은 주로 셰일가스 개발에 따른 환경문제에 대해 우려를 표명하고 있다. 수압파쇄법은 기존의 시추방법에 비해 1,000배 이상의 용수가 필요해 개발 지역의 수자원을 고갈시킬 수 있고 지하수를 오염시킬 위험성도 있다. 또한 수평시추법은 지반 약화를 초래해 지진의 위험을 증가시킨다는 우려도 제기되고 있다.

이러한 비관론은 주로 서유럽에서 많이 제기되고 있는데, 이는 아무래도 이 지역이 인구밀집 지역이고 환경오염에 대한 우려가 크기 때문일 것이다. 그러나 독일, 프랑스, 영국, 스웨덴, 헝가리 등은 이미 셰일가스 개발을 시작했다. 특히 폴란드에서는 환경 규제가 상대적으로 약해 셰일가스 개발이 유럽에서 가장 활발하게 진행 중이라 한다.[7]

만약 중국이 셰일가스를 이용해 에너지 수요의 상당 부분을 자급자

---

[7] Paul Stevens, "The Shale Gas Revolution: Developments and Changes", *Chatham House Briefing Paper*, 2012.

족하게 된다면 이는 지정학적으로 큰 의미를 갖게 될 것이다. 중국은 급속한 경제성장으로 에너지 수요가 급증하고 있으며, 특히 1년에 2,000만 대씩 증가하고 있는 자동차의 석유 수요를 안정적으로 충족시키는 것이 중국 지도부의 가장 큰 고민 중 하나다.

중국은 수입 원유를 대부분 중동에서 조달하고 있는데, 이 원유는 말라카 해협을 통과하는 해상 경로에 의존하고 있다. 중국 지도부는 이 중동산 원유의 안정적인 수송에 대해 잠재적인 불안감을 항상 갖고 있다. 이 모든 해로를 미국 해군이 장악하고 있기 때문이다. 중국은 이러한 잠재적인 안보 위협을 해소하기 위해 미얀마에 건설 중인 파이프라인을 통한 수송, 카자흐스탄 등 중앙아시아의 원유 수입 등 다각적인 대안을 마련해왔다.

앞으로 셰일가스 덕분에 중국의 에너지 자립도가 증가된다면 이는 중국의 안보 및 외교정책에도 상당한 영향을 미치게 될 것이다. 특히 현재의 추정치를 기준으로 중국과 미국이 셰일가스의 세계 1, 2위 보유 국가라는 사실은 경제 규모와는 별도로 이 두 나라의 경제적 영향력이 앞으로 더욱 커질 것이라는 점을 암시한다.

셰일가스를 포함한 비전통 가스 및 원유의 공급 확대는 앞으로의 세계경제에 여러 가지 변화를 예고하고 있다. 우선 가장 중요한 변화 중의 하나는 태양광이나 풍력과 같은 신재생에너지의 상대적인 퇴조다. 2000년대 중반 이후 고유가시대가 시작되면서 신재생에너지가 각광을 받기 시작했고, 여러 나라가 이러한 산업 육성을 중요한 산업정책 목표로 제시했다.

그러나 태양광이나 풍력은 아직도 가격경쟁력을 갖추지 못하고 있으며, 특히 원가를 낮출 파격적인 기술 혁신의 가능성은 높지 않은 것으로 알려져 있다. 2013년 3월에 세계 최대의 태양광회사인 중국의 썬텍尚德電力이 파산하는 등 세계 태양광산업이 상당한 어려움에 처해 있는 것은 우연한 일이 아니다.

또한 석유 제품을 사용하는 내연기관 자동차를 대체할 전기차의 전망도 현재는 불투명하다. 전기차가 보급되려면 전국적인 배터리 충전시설이 필요할 뿐만 아니라, 여전히 고가인 배터리 가격이 전기차의 대중화를 어렵게 하고 있다. 그런 가운데 독일의 폴크스바겐Volkswagen과 같은 회사는 가솔린 연비를 획기적으로 개선한 새로운 엔진을 선보이고 있다. 더구나 앞으로 석유 가격이 하락한다면 전기차가 본격적으로 보급되는 시기는 더 멀어질 것으로 보인다.

미국의 가스 가격 하락은 신재생에너지산업뿐 아니라 전통 산업에서도 이미 변화를 가져오고 있다. 2012년부터 미국 기업들이 해외 생산기지를 본국으로 유턴(U턴)하는 현상이 나타나고 있다. 1970년대 초 이후 계속 증가되었던 미국 제조업의 해외생산(offshoring)이 감소되고, 다시 미국 내 생산이 증가하는 현상(reshoring)의 원인은 여러 가지가 있지만 미국 내 에너지 가격 하락도 영향을 주고 있는 것이다.

전기를 많이 사용하는 철강이나 알루미늄 제련 등과 같은 산업의 경우, 미국 내 생산이 다시 매력적으로 부각되고 있다. 앞으로 셰일가스의 영향을 더 크게 받을 산업은 석유화학산업이다. 그동안 원유(나프타)를 주원료로 사용했던 이 산업은 일부는 가스(에탄)로 전환되고 있으며, 이들 가스 기반 제품의 가격이 낮아지면서 산업 전체의 지각변동이 시작될 것이다.

천연가스의 가격 하락은 앞으로 원유 가격의 하락도 초래할 전망이다. 셰일가스전에서 원유가 부수적으로 생산되는 것도 이유지만, 앞으로 퇴적암에 들어 있는 셰일오일의 개발도 빠르게 진행될 것으로 기대되고 있기 때문이다. 미국에서는 2012~13년에 셰일오일 개발을 위한 시추가 전년 대비 6배 증가했다고 한다.

'셰일가스혁명'이라고까지 불리는 비전통 가스 및 원유의 공급 증가는 앞으로 세계경제의 활성화를 예고한다. 원유 및 가스 가격 하락은 전반적으로 제품원가의 하락을 초래하고, 동시에 소비자의 에너지 지출 부담을 줄여주면서 가처분소득의 증가를 가져올 것이다. 이는 2008년 이후 계속되고 있는 세계적인 경기침체가 다시 호황으로 반전될 수 있음을 암시한다.

그러나 셰일가스혁명은 각 나라에 매우 대조적인 영향을 미칠 것으로 보인다. 당장은 미국이 가장 큰 혜택을 볼 것이며, 러시아와 같은 재래 원유와 가스생산국은 타격을 받을 것이다. 실제로 러시아는 2012년부터 사할린과 극동에 부존되어 있는 천연가스의 판로 확보에 대해 상당히 우려하고 있고, 이를 타개하기 위해 일본과의 영토문제 해결과 북한을 통해 한국으로 연결될 가스 파이프라인의 개통에 심혈을 기울이고 있다.

유감스럽게도 한반도에는 셰일가스가 거의 없는 것으로 알려져 있다. 따라서 한국은 앞으로 전개될 셰일가스혁명에서 간접적인 혜택만을 보게 될 전망이며, 오히려 세계 산업구조의 변화에 대응해야 하는 압력을 받게 될 것이다. 또한 한국은 국내 천연가스 수요를 전량 LNG 형태로 수입하고 있는데, 수입원이 다변화되면서 도입 가격이 하락할 것이다.

미국은 과거에는 에너지 수출을 법률로 금지했으나, 이제는 수출을 허용해 현재 한국, 일본 등을 포함한 여러 나라와 LNG 수출 프로젝트를 협의하고 있다. 전문가들은 미국의 LNG가 수입되면 국내 천연가스 공급 가격이 2분의 1 수준으로 하락할 것으로 보고 있으며, 이러한 가격 변화는 국내 에너지 수급과 전력 발전 방식에도 영향을 미칠 것이다.

그러나 석유화학산업은 일부 제품의 가격경쟁력이 하락하면서 구조조정의 압력을 받을 것이다. 또한 철강산업과 같이 에너지 소비가 많은 산업도 영향을 받게 될 것이다. 특히 세계 경기의 호전과 에너지 가격 하락은 해운이나 조선, 플랜트 등 여러 산업에도 상당히 긍정적인 영향을 미칠 것으로 예상된다.

서구 선진국에서 신흥국으로
경제 중심의 이동

세계경제의 미래를 전망하는 데 있어 또 하나의 관심사는 과연 앞으로 세계경제의 축이 선진국에서 신흥시장으로 이동할 것인가 하는 점이다. 지금의 선진국 중에서 '일본 경제의 왜소화'는 기정사실이라 볼 수 있으며, 유럽연합EU도 현재의 회원국들의 국가부채 위기를 극복하더라도 저성장 국면에서 벗어나기는 어려울 것으로 전망된다.

일본은 이미 인구가 감소하기 시작했고, 기본적으로 사회와 경제를 폐쇄적으로 운영하기 때문에 앞으로 연평균 경제성장률이 2퍼센트를 넘기 어려우며, 세계경제에서 그 비중이 차츰 줄어들 것이다. EU도 기본적으로 고령화사회에 접어들었으며, 설령 2010~12년에 불거진 그리스 등 남유럽 국가들의 국가부채 위기를 잘 넘긴다고 해도 장기적으로 고도성장을 달성하기는 어려울 것이다.

따라서 지금의 주요 선진국 중에서 3퍼센트 전후의 경제성장을 지속할 수 있는 나라는 미국밖에 없다. 미국은 이민정책에 힘입어 인구가 계속 증가하고 있고, 셰일가스가 대량 상용화되면서 에너지 자립도도 크게 높아질 것으로 전망된다. 그러나 미국도 국가부채 문제가 심각해 2013년에 버락 오바마 대통령과 의회가 재정적자 문제를 어떻게 해결하는가에 따라 향후 경제성장이 제약을 받을 수 있다.

이렇게 볼 때, 세계 전체의 생산과 시장에서 선진국이 차지하는 비중은 앞으로 15년간 점차 감소할 것이다. 반면 브릭스BRICs와 다른 신흥시장의 비중은 커질 수밖에 없다.

이미 지난 10여 년간 신흥시장의 경제성장률은 선진국의 연평균 경제성장률보다 4퍼센트포인트 정도 더 높았다. 그리고 세계 총생산에서 신흥시장이 차지하는 비중은 구매력평가지수 환율 기준으로 이미 2012

년에 선진국과 비슷한 수준에 도달했다.[8]

물론 신흥국이 선진국의 생산 규모를 추월했다고 해서 경제주도권이 곧바로 신흥국으로 넘어가는 것은 아니다. 소득, 자본, 축적된 부富, 기술, 경영 노하우 등 경제활동의 다른 요소들에서 선진국이 차지하는 비중은 생산량보다 더 천천히 변할 것이다.

미국국가정보위원회의 미래예측보고서에 따르면 GDP, 인구, 군비지출, 기술투자의 4대 구성요소로 구성된 세계권력지수에서는 2015년 전후에 비OECD 국가가 지금의 선진국인 OECD 국가를 추월하는 것으로 나타났다.[9] 그러나 의료서비스, 교육과 지배구조를 포함하는 새로운 세계권력지수에서는 비OECD 국가가 2030년경에야 지금의 OECD 국가를 추월할 것으로 보인다. 한편 이 보고서는 4대 권력지수에서 중국이 미국을 추월하는 시기를 2030년경으로 추정하고 있다.

경제 규모가 더 커지면 자본이 축적되고 부가 창출되며, 기술투자가 늘어나고 경영 노하우도 향상된다. 특히 지금의 세계경제에서 기술과 지식을 가장 많이 축적하고 있는 글로벌 기업들은 앞으로 이익이 더 큰 시장에 투자하고 사업을 할 것이므로 이들이 신흥시장에 대한 기술과 지식의 전파자 역할을 할 것이다.

---

8 IMF 추정에 따르면 구매력평가지수 환율 기준으로는 선진국과 신흥시장의 GDP 규모는 2012년에 경상달러로 각각 41조 달러로 같아졌고, 2013년 이후에는 신흥시장의 비중이 더 커지면서 격차가 확대될 것으로 전망된다. 그러나 시장 환율 기준으로 보면 신흥시장의 GDP 규모는 2023년에나 지금의 선진국 규모를 앞설 것으로 추산된다.

9 미국국가정보위원회 지음, 이미숙 외 옮김, 《글로벌 트렌드 2030 Global Trend 2030》, 예문, 2013.

따라서 향후 15년은 세계경제의 중심이 서서히 선진국에서 신흥시장으로 이동하는 시기가 될 것이다. 많은 투자은행과 예측기관의 전망을 살펴보면 가장 유망한 시장으로 '인구가 젊고 가난한 사람이 많은 나라'를 꼽고 있다는 점은 흥미롭다. 지금의 선진국이 당면한 가장 큰 구조적인 문제가 인구의 고령화임을 잘 보여주는 대목이다.

신흥시장의 특징은 아직도 인프라가 미흡하고 여러 제도가 미비한 것인데, 역설적으로 이런 점에서 투자 수요가 많고 발전 잠재력이 큰 것이다. 글로벌 환경에서 개발도상국은 성장 잠재력이 크기 때문에 투자가 몰리고, 나아가서는 기술과 지식이 이전되면서 빠른 속도로 성장하게 된다.

앞으로 인도네시아, 베트남, 멕시코, 터키, 남아프리카공화국 등과 같은 나라들은 중국, 인도, 브라질 등과 더불어 점점 더 중요한 시장이 될 것이다. 그리고 전 세계 인구의 거의 절반이 아시아에 살고 있다는 점을 감안한다면 앞으로 신흥시장 중에서도 아시아의 성장 전망이 가장 밝다.

인구동향과
한국경제의 성장동력 약화

향후 15년간 아시아 개발도상국의 성장 전망이 매우 밝은 것에 비해 한국경제의 성장 전망은 그다지 낙관적이지 않다. 경제성장의 3대 요인 중 하나인 노동력의 증가를 더 이상 기대하기 힘들기 때문이다.

2011년 현재, 한국의 합계출산율은 1.24로서 세계적으로 낮은 수준인 반면에 평균수명은 계속 늘어나고 있으며 65세 이상 고령자의 비율은 빠르게 증가하고 있다. 전체 인구 중 65세 이상의 비율인 고령화율은 2017년에 14퍼센트, 2026년에 20퍼센트로 한국은 이 두 시점에 각각 고령사회와 초고령사회로 진입할 것으로 전망된다. 또한 15세부터 64세까지의 생산가능인구의 증가는 이미 정체되어 있으며, 2016년경부터는 감소하기 시작한다. 한국에는 이미 노동력 부족 현상이 나타나고 있다.

한편에서는 청년실업 문제가 심각하다고 하지만, 공식 통계만으로도 80만 명에 육박하는 외국인 근로자가 없이는 상당수의 기업이 문을 닫아야 할 것이다. 출산율이 단기적으로 크게 증가되기는 어렵고 외국인 이민을 대규모로 받아들이기도 어려운 상황이므로 노동력 부족 문제는 국내에 있는 잠재노동력의 활용 확대로 풀어야 한다. 이는 청년층의 노동시장 진입 연령을 낮추는 방법, 여성인력의 추가적인 활용과 중장년층의 고용 확대 등의 방법을 포함한다.

한국이 저성장시대로 접어드는 또 하나의 이유는 노동시장의 경직성 때문이다. 상당수의 직장에서 임금제도는 여전히 연공서열제가 주류를 이루고 있다. 연공서열제에서는 생산성이나 성과에 관계없이 임금이 매년 조금씩 오른다. 이러한 급여체계와 강력한 노동조합이 결합되면 기업의 임금은 고정비 성격이 되면서 인건비가 계속 상승하는 구조가 된다.

예를 들어 국내 시중은행의 경우, 인터넷 거래가 증가하면서 창구나 지점을 통한 거래는 크게 감소하고 있다. 그러나 사회적인 고용 증대의 압력과 강력한 노동조합 때문에 은행원의 수는 오히려 증가하고 있다. 정권이 바뀌면 이에 따라 주요 은행의 최고경영층이 바뀌고, 대개 임기가 단임으로 끝나는 이들은 강성 노조와 적당히 타협하면서 '조용히' 임기를 마치는 것이 현명한 것처럼 여겨지고 있다. 따라서 국내 은행의 구조조정은 거의 불가능한 상황이다.

이런 현상은 시중은행에만 국한된 것이 아니고 거의 대부분의 공기업과 정부 산하기관에서도 나타나고 있다. 강력한 노동조합과 단기적 시야를 가진 전문경영자가 결합된 많은 공기업 및 공공기관의 지배구조는 현재의 한국경제가 저성장일 수밖에 없는 치명적인 원인이다.

최근에 어느 대기업의 간부들이 모여 자신들도 생산직 근로자와 같은 대우를 해달라고 회사에 요구한 것은 지금의 한국 노동시장 문제를 적나라하게 보여준 사건이었다. 특히 한국 대기업의 경우, 대졸 초임의 연봉이 유난히 높아 신입사원과 간부들의 급여 차이가 다른 나라에 비해 상대적으로 적은 편이다. 이런 고임금으로 인해 기업은 국내 고용을 축소하고 해외로 진출하거나, 혹은 비정규직을 고용해 인력을 신축적으로 운영한다.

고임금으로 인해 국제경쟁력이 약화되면 기업의 국내 투자는 위축될 수밖에 없다. 앞서 미국의 경우, 최근에 해외로 나갔던 공장이 다시 국내로 돌아오는 경향을 보이고 있다고 했는데, 한국의 경우 현재로서는 이런 유턴을 기대하기 힘들다. 높은 국내 생산비와 저성장으로 인해 국내 생산으로는 기업의 경쟁력을 유지하기 힘들기 때문이다.

1997년 외환위기 당시 IMF가 강요한 구조조정을 한 지 15년이 지나면서 한국경제는 다시 타성에 젖어들고 있다. 이제 획기적인 구조조정이 필요한 시점이 다가오고 있다.

국민들의 가치관이 점진적으로 변화하고 있는 점도 한국의 성장동력을 약화시키는 요인으로 작용할 것으로 보인다. 한국경제의 비약적 성장의 토대가 되었던 학습능력과 과업몰입이라는 한국인의 가치관이 약화될 가능성이 크기 때문이다. 사회계층이 고착화되고 교육을 통한 신분상승의 기회가 줄어들면서 현재 중고등학생들의 공부와 대학 진학에 대한 열의가 약화되고 있다. 지금 30~35세 이하 세대는 미래를 위한 저축보다는 당장 일정 수준 이상의 소비를 하는 행태를 보이고 있는 것도 동일한 관점에서 이해할 수 있다.

지난 수십 년 동안 한국의 교육, 진학, 취업, 생산, 소비, 저축 등의 주축을 이루었던 1955~74년생들이 2013년을 기준으로 이제 40세에서 59세가 되었다. 이들은 2027년에는 54세에서 73세가 될 것이다. 2027년까지 향후 15년 동안 이들이 여전히 한국경제의 중추적인 위치에 있을 것이라 간주한다면 이는 분명 좋은 소식이다. 한편으로 지금의 35세 이하 세대는 2017년에는 40세 이하, 2027년에는 50세 이하의 경제활동 주력부대로 부상할 것이다. 이들 세대의 가치관이 얼마나 빨리 바뀔 것인가에 따라 앞으로 한국경제와 기업의 운영방식도 변해야 할 것은 당연한 일이다.

초연결사회와
빅데이터시대

세계경제는 18세기의 제1차 산업혁명 이후에 두 차례의 대번영기를 경험했다. 첫 번째 번영기는 1860년 무렵부터 제1차 세계대전이 발발한 1914년까지의 50여 년이었다. 두 번째 번영기는 제2차 세계대전이 끝나고 유럽과 일본의 경제가 다시 부흥하기 시작한 1960년경부터 지금까지의 50여 년이다. 이 두 시기를 우리는 제1차 및 제2차 글로벌화 시기로 부르기도 한다.

이러한 지속적인 평화와 번영의 시기는 세 가지 이유 때문에 가능했다. 첫 번째는 기술 변화가 거리와 시간을 단축시키고 생산성을 획기적으로 상승시켰다. 두 번째는 무역 및 자본이동의 자유화가 진행되어 국가 간의 교역과 투자가 크게 증가했다. 세 번째는 패권국가의 강력한 리더십으로 세계평화가 유지되고 국제관계에서 일정한 질서가 존중되었다.

먼저 기술 변화 측면을 살펴보면 18세기의 제1차 산업혁명 이후 19세기에 접어들면서 제조업과 운송업에서 획기적인 기술발전이 있었다. 섬유, 철강, 기계 등과 같은 제조업의 생산성이 크게 향상되었고, 해상운송과 철도기술의 진보로 인해 화물운송비가 대폭 하락했다.

제2차 세계대전 후에는 전쟁 기간에 개발된 기술이 상업화되면서 제조업은 물론 통신이나 기타 서비스업에서 생산성이 크게 향상되었다. 특히 1990년대 이후에는 정보기술의 발달로 통신비용이 획기적으로 낮아지면서 글로벌화가 촉진되었다. 그리고 두 시기에 영국과 미국이 각각 패권국가로서 평화유지에 기여했고, 무역 및 자본이동의 자유화를 위한 규범과 질서를 유지했다. 제1차 글로벌화 시기의 번영이 주로 지금의 선진국에 국한되었던 것에 비해, 제2차 글로벌화 시기에는 많은 개발도상국의 경제가 발전하면서 세계적으로 중산층이 확대되었다.

2010년대는 정보혁명이 일어난 지 30년이 지나면서 더욱 성숙되는 시기가 될 것이다. 어느 시기부터를 정보혁명으로 정의하는가에 대해서는 다양한 의견이 있을 수 있다. PC와 인터넷이 각각 본격적으로 보급되기 시작한 1980년대 초반과 1990년대 중반이 정보혁명의 기점이 될 수 있을 것이다. PC는 과거 메인프레임에서만 가능했던 여러 작업을 개인이 수행하게 해주었다. 인터넷은 이러한 능력을 가진 개인을 연결시켜 이전에는 없었던 새로운 네트워크사회의 출현을 가져왔다.

21세기에 접어들면서 소셜미디어social media가 확산되어 개인이 대중매체를 통하지 않고 자신의 의견이나 다른 콘텐츠를 널리 유포할 수 있게 되었다. 2007년에 애플Apple이 아이폰을 출시한 이후에는 개인에게 필요한 많은 서비스를 스마트폰이 모두 해결해주는 획기적인 기술 변화가 일어났다. 간단한 계산기 기능부터 카메라, 시계, 내비게이션, 일정 관리, 인터넷, 게임, 채팅, 지도 등의 일상생활에 필요한 많은 기능을 응용프로그램application을 통해 간편하게 이용할 수 있게 되었다.

스마트폰의 보급은 모바일혁명을 가져왔다. 요즘 지하철을 타면 승객의 절반 이상이 이어폰을 귀에 꽂고 스마트폰을 들여다보고 있다. 유튜브YouTube를 보거나 음악을 듣고 게임을 하고 메시지를 주고받고 있는 것이다. 심지어 청소년들은 스마트폰을 보거나 문자를 보내면서 걸어 다닌다.

모바일혁명과 소셜미디어의 등장은 사용자의 위치와 시간을 실시간으로 추적하거나 기록할 수 있게 하면서 개인의 행동에 대한 이해와 더불어 마케팅에 많은 변화를 가져오고 있다. 새로운 기술이 등장해 그에 관련된 제품과 소프트웨어가 나오고, 사람들이 이에 적응해 생활화하는 데는 대체로 30년이 걸린다고 한다. 그렇게 본다면 1980년대 초의 IBM PC, 1995년의 인터넷, 2007년의 애플 스마트폰으로 연결된 정보혁명은 아직도 진행형이다.

그러면 지금의 기술혁신을 18세기와 19세기에 일어난 두 차례의 산업혁명과 비교할 때 유사점과 차이점은 무엇일까? 통신비용이 제로(0)에 가깝게 낮아진 점은 거리와 시간의 단축이라는 과거의 혁명과 유사하다. 하지만 지금의 기술 변화는 단순히 비용이 낮아진 것뿐 아니라 인터넷과 모바일을 통해 모두가 연결된다는 점에서 훨씬 획기적이다. 과거에는 기계가 인간의 육체(노동력)를 대체해 동력을 제공했고 자동화를 통해 생산성이 크게 향상된 반면, 지금의 스마트혁명은 인간의 머리를 보완하거나 지능의 발달을 촉진시키는 일이 일어나고 있다.

정보혁명과 모바일혁명은 앞으로 더욱 무궁무진하게 진행되겠지만, 지금의 기술 변화의 가장 큰 특징은 개인의 힘을 강화시켰다는 것이다. 영어로 임파워먼트empowerment(역량강화)라는 표현이 적절할 듯하다. 개개인이 글로벌 네트워크의 일원이 되고, 이를 통해 여러 사람과 연결되면서 개인의 역량강화가 이루어진 것이다. 지난 수백 년간 권력이 교회에서 국가로 그리고 다시 기업으로 이전되어 왔는데, 이제 다음 단계로

권력이 개인에게 이동하는 변화가 온 것이다.

싸이의 '강남 스타일'이라는 유튜브 동영상을 몇 개월 사이에 세계 도처에서 15억 명이 봤다는 사실은 소셜미디어의 엄청난 위력을 보여준다. 이제 싸이뿐만 아니라 일반 사람들도 좋은 콘텐츠만 있으면 순식간에 세계적으로 유명인이 될 수 있다.

반면 좋은 콘텐츠뿐만 아니라 나쁜 일도 순식간에 퍼진다. 3년 전에 녹음된 한 직원의 막말이 회사 전체를 위기로 몰아넣은 '남양유업' 사건이 좋은 예다. 이 사건은 소셜미디어로 인해 약자의 힘이 더 세진 것을 상징한다. 시장 거래에서 갑을 관계는 좀처럼 균형을 유지하기 힘들다. 갑의 교섭력이 너무 강하기 때문이다. 그러나 약자인 을이 소셜미디어를 통해 갑에게 치명상을 줄 수 있다고 한다면, 원래의 갑을 관계도 변하게 될 것이다. 이런 현상으로 인해 사회적 신뢰가 더 약화될 수도 있으나, 일단은 소셜미디어로 인해 개인이나 약자의 힘이 더 강화되는 것은 사실이다.

소셜미디어는 개인 간의 단순한 정보공유를 넘어 쌍방형 의사소통을 통해 광범위하고 강력한 인적 네트워크의 수단이 되었다. 대중을 객체화해 일방적으로 정보만을 알려주는 신문, TV 등 전통적이고 공식적인 대중매체의 힘은 약화되었다. 이제 개인은 얼마든지 다중을 대상으로 자기의 주장을 펴고 억울함을 호소하고 항의를 할 수 있게 된 것이다.

또한 소셜미디어를 통해 개인은 공감대를 형성하면서 공간과 세대를 초월해 인적 네트워크의 범위를 크게 확대할 수 있게 되었다. 과거에는 소수의 친한 사람들만이 강한 유대를 가졌지만, 이제는 아주 많은 사람들이 소셜미디어를 통해 관계를 형성할 수 있게 되었다. 그야말로 '초연결사회super-connected society'가 등장한 것이다.

정보혁명은 초연결사회와 함께 빅데이터big data시대를 열었다. "현 세대는 영원히 지워지지 않는 기록을 지고 살아야 하는 첫 세대다." 최근에 한국을 방문한 에릭 슈미트Eric Schmidt 구글 회장이 언론 인터뷰에서 던진 말이다.[10] 그는 또한 미래는 거의 모든 정보가 공유되고, 대부분의 기록이 영원히 남는 시대가 될 것이라 예견했다. 빅데이터시대에 대한 예언이다.

도시에 사는 우리는 매일 수많은 CCTV에 찍히면서 살고 있다. 2013년 4월, 보스턴 마라톤 테러의 범인은 CCTV 화면 추적을 통해 밝혀졌다. 우리가 인터넷에 남긴 글과 모바일에서 주고받은 모든 문자는 기록되고 있다. 개인의 행동과 말이 모두 기록되면서 빅데이터가 생겨나게 되었다.

이제 개인의 동선이 파악되고 신용카드 사용과 더불어 소비 행태가 모두 기록되어 개인의 행동이나 소비 패턴에 대한 분석과 이해가 크게 강화될 것이다. 이는 뇌의 촬영기술 발전과 더불어 인간의 사고와 행동에 대한 지식의 획기적인 축적을 가능하게 할 것이다. 그러나 인터넷에 남긴 우리의 발자국, 소위 '디지털 발자국digital footprint'은 우리를 감시하고 있으며 심각한 프라이버시 침해를 가져올 수 있다.

과학저널 〈네이처Nature〉는 전문가 인터뷰 결과 향후 10년 이내 세상

---

10 〈조선일보〉, 2013. 5. 4.

을 바꿀 가장 중요한 기술이 빅데이터가 될 것이라 예견했다.[11] 기업들의 빅데이터 활용은 이제 막 시작되는 단계로서 앞으로 전개될 일은 상상을 초월할 수 있다.

초연결사회와 빅데이터시대의 혁명적 변화들은 사회문화적으로 부정적 효과도 초래하고 있다. 개인의 의도하지 않은 사소한 말실수나 행동을 과장해 집단적으로 사이버 테러를 가하는 마녀사냥이 횡행하고 있다. 소위 '지하철 개똥녀' 등 'ㅇㅇ녀' 시리즈가 대표적인 예다. 개인을 죽음으로까지 몰고 가는 심각한 악플과 루머들을 통제할 수도 없다. 개인의 수치심을 자극할 수 있는 사적인 기록들이 범죄 수단으로 악용되고 있고, 이른바 '신상털기'는 극에 달하고 있다. 초연결사회와 빅데이터시대가 가져올 수 있는 경제적 장점을 극대화하면서도 사회문화적으로 초래될 수 있는 부정적 파급효과를 최소화할 수 있는 제도적 장치가 필요한 시점이다.

검은 백조 북한의
체제 변화

한국의 향후 15년을 전망하는 데 있어 '검은 백조black swan'는 북한이다. 검은 백조란 일어날 확률은 낮지만, 그런 일이

---

11 함유근 · 채승병 지음, 《빅데이터, 경영을 바꾸다》, 삼성경제연구소, 2012.

일어나게 되면 모든 일에 엄청난 영향을 미치는 사건 혹은 현상을 가리킨다. 앞으로 15년 이내에 북한에 근본적인 체제 변화가 일어날 확률을 알기는 어렵다. 그러나 북한체제가 이미 한계에 달한 것은 분명하다.

1991년에 구소련권이 와해되고 구상무역barter trade에 의존하던 코메콘체제가 무너지면서 북한체제는 사실상 종말을 맞이할 수밖에 없었다. 그러나 북한체제는 1994년의 김일성 사망과 수십만 명의 아사자가 발생한 1995~97년의 대기근에도 불구하고 지금까지 유지되고 있다. 이는 한국전쟁 이후 북한이 지속적으로 김일성의 신격화와 인민에 대한 쇠뇌 및 감시를 철저히 한 결과일 것이다. 또한 중국의 지원이 북한체제를 지탱해주고 있다.

북한은 2011년 12월의 김정일 사망 이후 3대 세습을 정착시키려 노력하는 데 반해, 아직까지 개방이나 경제개혁에 대한 제대로 된 시도는 없으며 경제 상황은 별반 나아지지 않고 있다. 북한은 대륙간탄도탄이나 핵무기 개발을 서둘러 이를 생존의 수단으로 삼는 동시에 인접국을 위협해 원하는 자원을 획득하려는 전략을 추구하고 있다.

냉전과 구사회주의체제가 무너지고 20년이 지난 지금까지도 북한체제가 유지되고 있다는 것은 놀라운 일이지만, 시간은 북한 편이 아니다. 한반도에서 근본적인 구도 변화를 원하지 않는 중국이 당분간 북한의 생존을 위해 최소한의 식량과 에너지 자원을 공급해줄 가능성이 크므로 북한체제가 금방 와해되지는 않을 것이다. 그러나 앞으로 15년 동안에도 북한체제가 지금처럼 유지되기는 어려울 것이다.

향후 북한의 변화는 중국의 변화와 상호 영향을 주고받으며 일어날 가능성이 크다. 중국이나 베트남이 개방을 통해 경제 상황이 개선되는 것을 지켜보면서도 북한이 개방을 못하는 것은 체제유지에 대한 불안 때문이다. 개방을 하면 결국 현재의 김씨 일가의 독재체제가 무너질 것이라 생각하는 것이다.

그러나 사회주의체제는 이제 용도 폐기되었고 민주주의는 중동 지역에까지 확산되었다. 앞으로 중국과 베트남에서도 정치민주화의 요구가 늘어날 것이다. 자유와 사유재산을 추구하는 인간의 본성에 비춰볼 때, 이러한 요구는 불가피하다. 현재 북한의 비정상적인 체제는 결국 변화할 수밖에 없을 것이다. 문제는 북한이 언제 어떻게 변화하는가다.

남한 입장에서 최선은 북한이 스스로 경제를 개방해 남북한 간에 경제교류를 확대하고 나아가 인적교류도 하는 것이다. 그렇게 일정 기간 두 체제를 유지하는 동안 무역 및 투자에 필요한 인적교류를 확대하면서, 북한에 시장경제제도와 민주주의의 기반이 정착되면 남한 주도하에 흡수 통일을 하는 것이 가장 이상적인 시나리오다.

그러나 유감스럽게도 북한은 이러한 대안을 거의 포기한 듯하다. 북한의 핵무기와 대륙간탄도탄 개발은 방위와 생존이라는 두 가지 목표를 동시에 달성하려는 의도다. 즉 국력이 쇠잔해진 상황에서 재래식 무기로는 남한과의 군비경쟁이 되지 않으므로 핵무장으로 확실한 자위권을 확보하면서 동시에 미국을 포함해 한국, 일본에 위협을 가해 필요한 자원을 얻어 생존하겠다는 전략이다.

문제는 북한이 상당한 자원을 핵무장에 투입하다 보니 주민과 경제에 필요한 최소한의 식량이나 에너지 자원마저도 없다는 데 있다. 이제까지는 이러한 생존 자원을 중국이 지원해주고 있었다. 하지만 '대량살상무기는 자체 개발, 식량과 에너지는 중국 의존'이라는 북한의 생존공식이 앞으로 얼마나 더 유효할까? 이 질문에 대한 답은 일차적으로 중국에 달려 있다. 중국이 한반도의 현상유지를 원한다면 북한체제는 당분간 유지될 것이다.

따라서 북한체제의 변화는 주변 정세 변화보다는 내부 주민의 동요나 권력 암투에 따른 권력 공백과 같은 요인에 의해 촉발될 가능성이 크다. 북한의 변화 가능성은 여러 시나리오를 강구해 대처해야 할 것이며, 지금부터 국가 차원에서 철저한 준비와 노력이 필요하다.

종합해볼 때, 2013~27년까지 향후 15년간 한국과 한반도에 큰 영향을 줄 변수에 대한 전망은 다음과 같다.

1. 중국경제가 2020년 전후에 세계 최대의 경제가 될 것으로 보이나, 기술력과 산업경쟁력을 포함하는 종합적인 경제력에서 미국과 대등하게 되는 데는 그로부터 10년 정도의 시간이 더 필요할 것이다. 종합적인 국력에는 경제력 이외에도 군사력, 세계 거버넌스governance에의 참여와 영향력, 문화와 가치관, 국내 정치와 사회의 성숙도 등 소프트파워가 중요한데, 중국은 이 점에서는 당분간 세계의 리더가 되기는 어려울 것이다. 따라서 적어도 2030년까지 앞으로 20년 정도는 미국이 세계 패권국가의 지위를 유지할 것이다.

2. 중국이 부패와 빈부격차로 인해 사회적 불안을 겪는다고 해도 경

제성장의 모멘텀은 유지될 가능성이 크다. 중국의 경제성장이 둔화되고 경제가 내수 서비스 중심으로 전환된다면 중국은 더욱 매력적인 시장이 될 것이며, 또한 중국의 민간기업의 기술 및 종합적인 경쟁력은 더 강해질 것이다. 이 점에서 한국경제로서는 앞으로 세계 최대의 경제이자 시장인 중국과 전략적 동반자 관계를 유지하는 것이 필요하다.

3. 셰일가스를 포함한 비전통 가스와 원유의 개발은 세계경제에 심대한 영향을 끼칠 가능성이 크다. 셰일가스의 최대 부존국이 중국과 미국이라는 사실은 앞으로 이 두 경제의 영향력은 더욱 커진다는 것을 의미한다.

4. 세계경제의 중심은 서서히 선진국에서 지금의 신흥국으로 이동할 것이며, 상대적으로 일본과 EU의 침체가 더욱 두드러질 것이다. 특히 아시아는 인구가 많고 투자 수요가 풍부해 2050년 무렵까지 세계경제에서 차지하는 경제적 비중이 계속 커질 것이다.

5. 한국의 고령화는 피할 수 없는 현상이며, 이로 인해 여러 가지 사회 변화가 있을 것이다. 그러나 2020년 무렵까지는 고령화율이 지금의 선진국보다 낮을 것이므로 한국은 이 시기를 잘 활용해야 한다. 노동시장의 경직성과 임금제도 및 기업의 지배구조가 결합되면서 한국의 저성장 기조는 고착될 가능성이 크다. 한국인의 학습 능력과 과업몰입의 가치관이 급작스럽게 변하지는 않겠지만, 변화의 조짐은 이미 나타나고 있다.

6. PC, 인터넷, 모바일로 연결된 정보혁명의 가장 큰 수혜자는 개인

이다. 소셜네트워크서비스SNS 덕택에 개인이나 소그룹의 영향력
은 점차 커질 것이며, 특히 개인의 행동과 생각에 대한 이해가 증
폭되면서 빅데이터시대가 열릴 것이다.

7. 북한의 현재 체제가 향후 15년 동안에도 그대로 유지될 가능성은
매우 낮을 것으로 보인다. 남한으로서는 북한이 성공적으로 개방
과 개혁을 하는 것이 가장 바람직하겠지만, 모든 가능성에 대비하
는 것이 현명하다. 북한의 생존 여부는 중국의 손에 달려 있지만,
북한 내부에 급격한 변화가 있을 경우 중국의 영향력도 제한될 것
이다.

중국의 시대, 한국의 미래 전략

지난 60년간 한국은 세계사에서 유례없는 비약적
성장을 했고, 경제적 발전이 정치, 사회, 문화 등에 순차적으로 영향을
주면서 사회 전체가 점진적으로 발전해왔다. 경제 발전으로 형성된 중
산층이 정치적 자유를 원했고, 정치적 자유가 생기면서 비정부기구NGO
와 시민사회가 활성화되었다. 사회적 분위기가 자유로워지면서 창의적
활동들이 활성화되고 K팝이 나타난 것으로 보인다.

반드시 기계적이고 순차적으로 발전한 것은 아니지만 경제성장이 정
치민주화로 그리고 정치민주화가 사회와 문화의 발전으로 이어진 것은

부정할 수 없다. 이러한 한국의 발전을 '복합적 발전' 내지는 '축차적 발전cascading development'이라 부를 수 있을 것이다.

지정학적 요인, 경제정책, 정치민주화, 인적자원 등 한국경제 발전의 핵심 요인으로 지적한 네 가지 요인 가운데 가장 중요한 것은 지정학적 요인과 인적자원이라 여겨진다. 지정학적 요인은 인위적으로 만들 수 없는 것이고, 한국인의 교육과 학습에 대한 강한 동기부여는 그 원인과 결과를 제대로 규명하기 쉽지 않다. 이러한 '애매한 인과관계' 때문에 한국의 경제 발전을 다른 국가들이 모방하거나 재생하기는 쉽지 않다.

한국은 개방경제인 데다 지정학적 여건으로 인해 안보나 수출 혹은 경제성장이 독자적인 노력만으로 성공할 수 없는 특징을 가지고 있다. 따라서 한국의 미래 전략은 국내적, 국제적 변화 모두를 고려해야 제대로 세울 수 있다. 이 점을 염두에 두고 2013~27년까지 향후 15년을 내다보면 대내적인 도전과 대외적인 도전 모두가 만만치 않다.

대내적인 도전 과제로는 한국경제가 성숙화되어 저성장 국면에 접어들고 있는데도 불구하고 사람들의 기대 수준이 더 높아지는 것을 어떻게 충족시킬 것인가다. 여기에는 두 가지 과제가 내포되어 있다. 하나는 국민의 삶의 질에 대한 요구를 수용하기 위한 사회복지 확대를 포함하는 경제제도의 재구축 문제이며, 다른 하나는 사회복지 확충을 뒷받침할 재원을 조달하는 문제로서 한국경제의 지속적인 성장이라는 과제다.

대외적인 도전 과제로는 동아시아의 지정학적 변화 및 북한과 중국의 변화 가능성이다. 동아시아의 향후 15년은 지정학적 여건이 매우 불확실하고 불안한 시기가 될 것으로 보인다. 여기에도 두 가지의 도전이

도사리고 있다. 하나는 동아시아의 불확실한 안보 및 경제협력을 제도
화할 필요성이며, 다른 하나는 앞으로 있을 수 있는 북한체제의 변화에
대비하면서 또한 이를 유도하는 일이다.

과제 1_ 성장동력 재가동하기

한국경제는 지금부터 2027년까지는 연평균 3퍼센트대의 경제성장을
달성해야 한다. 경제성장을 통한 경제 규모 및 가용자원의 확대 없이는
사회복지도 통일에 대한 대비도 모두 어렵기 때문이다.

따라서 새로운 경제성장 모델을 만들어가야 한다. 수출을 계속 강화
하면서 내수를 확대해야 하며, 제조업의 경쟁력을 강화하고 업그레이드
하는 동시에 서비스업에서 대대적인 규제 완화를 해야 한다. 대기업의
투자를 촉진시키면서 동시에 기술집약적이고 혁신적인 중소기업이 지
속적으로 성장하도록 배려해야 한다. 수출과 내수, 제조업과 서비스업,
대기업과 중소기업의 동반성장 혹은 '과and의 성장'을 이루려면 국내
시장경제가 더욱 강력하게 작동되도록 기업에게 유리한 환경이 유지되
어야 한다.

과제 2_ 경제제도 재정립하기

무엇보다도 '지속 가능한 사회복지제도'를 확립하는 것이 가장 어려운
과제다. 재정적자와 국가부채를 일정 수준 이하로 유지하면서, 동시에
고령화와 북한체제 변화에도 대응할 수 있는 사회복지제도란 사실상
최소한의 사회복지 확대를 의미한다. 그런데 이미 2012년 대선에서 박

근혜 후보는 사회복지의 상당한 확대를 약속했다. 박근혜정부는 고령화율이 20퍼센트가 되었을 때도 지속 가능한 사회복지제도를 확립해야 하는 어려운 과제를 안고 있다.

과제 3 _ 집단안보체제와 경제협력체제 구축하기

가장 먼저 지역경제통합의 틀을 만들어가야 한다. 가장 큰 틀은 아세안 10개국과 한국, 중국, 일본, 인도, 호주, 뉴질랜드 등 16개국이 참여하는 역내포괄적경제동반자협정이다. 역내포괄적경제동반자협정이 타결되려면 핵심 국가인 한국, 중국, 일본이 3국 FTA를 체결해야 한다. 3국 간에 역사나 영토 문제가 돌출될 수 있으나, 견고한 경제협력체제가 자리잡으면 이러한 문제를 극복해나갈 수 있다.

또한 6자회담이나 동아시아정상회담을 발판으로 지역의 집단안보체제를 만들어가야 한다. 여기에는 당연히 미국이 참여해야 하며, 아울러 중국과 일본, 러시아도 참여해 동아시아에 전쟁이나 군사분쟁이 일어나지 않도록 하는 장치를 만들어야 한다. 중국체제가 흔들리고 일본이 우경화하면서 미국이 아시아로의 진출을 강화하고, 북한체제까지 흔들리게 되면 향후 한국은 가장 큰 도전을 받게 될 것이다. 만일 동아시아의 지정학적 구도가 흔들린다면 사회복지나 경제민주화와 같은 국내 경제정책의 우선순위는 뒤로 밀리게 될 것이다.

과제 4 _ 통일을 위한 역량 확보하기

이는 과제 3과 직결되어 있는 문제다. 동아시아 지역의 집단안보체제의 구축은 북한의 급변사태와 같은 상황에 대처하기 위해 꼭 필요하다. 북한의 변화는 내부에서 일어날 개연성이 큰데, 이런 상황이 전개될 때 한반도에 대한 중국 단독의 긍정적인 참여를 기대하기는 힘들 것이다. 따라서 집단안보체제나 미국, 중국, 한국이 참여하는 안보 틀을 유지하는 것이 중요하다.

한국은 북한체제의 변화와 남북통합에 대비해 경제 내에 자원과 인력의 여유를 갖는 것이 필요하며, 유사시 재원 조달을 위해 세율 인상의 여지를 확보해야 한다. 그리고 사회복지제도나 기타 교육, 치안과 행정 등 모든 면에서 비상계획을 준비해야 한다.

지난 60년간 한국의 성공은 대단한 성취였으나, 이는 반쪽의 성공에 불과하다. 한민족의 성공은 남북한이 통일되어 궁극적으로 하나의 국가로 완전히 통합되었을 때 완성될 것이다.

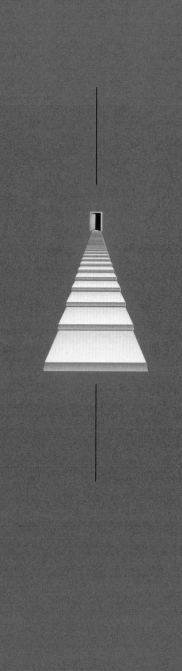

경제 활력
되찾기

3
장

창조

경제의

활성화

한국경제는 지금까지 주로 모방을 통해 산업화를 해왔다. 수입대체 산업을 건설하던 산업화 초기에는 외국에서 플랜트Plant를 수입하는 방식이었기 때문에 돈만 있으면 공장을 지을 수 있었다. 1970년대 초 수출이 본격화되면서는 기업들은 외국의 바이어가 제시하는 제품의 사양대로 물건을 저렴하게 생산하면 되었다. 당시 수출기업은 품질, 원가, 납기의 세 가지 요소만 잘 갖추면 성공할 수 있었다.

1990년대 중반 이후 디지털화가 본격화되면서 한국 기업의 기술에 대한 관심이 점차 높아졌다. 그리고 세계경제가 기술과 지식기반으로 전환하면서 이제는 지식이 경제활동의 핵심적인 자원이 되었다. 21세기에 들어서면서 한국의 일부 기업이 세계 산업의 선두그룹에 진입하면서 지식과 기술의 중요성은 더욱 커졌다. 현재 진행 중인 애플과 삼성전자의 특허전쟁에서 보듯 기술은 이제 기업의 생사를 좌우하는 요소가 되었다.

한국은 지난 10여 년 동안 기술개발에 전력해왔다. 1990년대 초에 2 퍼센트가 채 안 되었던 GDP 대비 국내총연구개발지출Gross Domestic Expenditure on R&D; GERD은 2001년부터 본격적으로 증가하기 시작해 2012년에는 4퍼센트가 되었다. 그 결과 지금 한국은 세계에서 가장 연구개발R&D 집약적인 경제가 되었다.[12] 그리고 연구개발비의 절대액에서는 세계 5위 규모로서 연구개발 G5 국가인 셈이다.

연구개발 투자가 성과로 나타나기 위해서는 일정한 시간이 필요하기에 2006년 이후 GDP 대비 3퍼센트 이상 투입된 연구개발비의 효과는 앞으로 점진적으로 가시화될 것이다. 그러나 이제는 연구개발 투자를 획기적으로 늘리는 것도 한계에 다다랐다. 재원 자체도 제약이 있으며, 수행할 인적자원도 한계에 달해 연구개발 투자는 수확체감의 법칙의 지배를 받을 것이다. 이제는 양적 투입을 증가시키는 기술 축적만으로 경제성장을 도모하는 것은 어렵다.

창조경제는
왜 필요한가

■새로운 성장방식을 모색해야 하는 시점에서 박근

---

12 엄밀히 말하면 한국의 GERD/GDP 비율은 이스라엘에 이어 2위지만, 이스라엘은 정부가 지출하는 국방 관련 연구개발 지출이 많기 때문에 민간부문의 과학기술에 대한 지출 비율은 한국이 제일 높은 셈이다.

혜정부가 '창조경제'를 화두로 던진 것은 적절해 보인다. 다음과 같은 몇 가지 이유에서 우리 경제에 새로운 패러다임이 필요하기 때문이다.

첫 번째로, 앞으로는 투입의 증가를 통해 경제성장을 하기가 어렵게 되었기 때문이다. 현재 상황만 봐도 자본투자 효과가 줄어들고 있으며 생산가능인구도 서서히 감소하기 시작한다. 따라서 생산성 증가만으로 경제성장을 해야 하는데, 이렇게 해서 달성 가능한 경제성장률은 잘해야 2퍼센트 수준에 그칠 공산이 크다.

두 번째로, 기업의 관점에서 보면 빠른 모방자 전략은 한계에 도달했기 때문이다. 한국의 대기업은 외국 경쟁기업의 혁신적인 상품을 재빨리 모방해 때로는 더 좋게, 더 싸게, 더 다양하게 만드는 전략으로 지금까지 성공해왔다.

그러나 이제 세계적으로 선도적인 기업이 되려면 '최초 혁신자first innovator'가 되어야 한다. 최초는 아니라도 최소한 초기 혁신자는 되어야 한다. 이것이 어려우면 외국의 혁신 기업을 재빨리 사들여 외국의 기술을 내 기술과 상품이 되게 해야 한다. 모든 기업이 기술 선도기업이 될 필요는 없다. 하지만 앞으로는 시장에서 성공하려면 거의 모든 기업이 사업모델이나 전략 면에서 창의적인 생각을 해야 한다.

세 번째로, 전통적인 산업만으로 고용을 창출하기가 어렵게 되었기 때문이다. 경쟁압력과 정보기술의 발전으로 많은 산업에서 인력은 줄어들 수밖에 없게 되었다.

예를 들어 국내 은행의 경우, 인터넷과 모바일뱅킹 이용이 활발해지면서 창구와 지점을 통한 거래 비중이 급격하게 줄어 내부인력을 축소해야 할 상황에 처해 있다. 한 시중은행은 입출금과 조회 기준 거래 건수에서 지점의 비중이 10년 전 43퍼센트에서 2012년에는 5.4퍼센트로 추락했다고 한다.[13] 충격적인 숫자다. 그러나 노동시장의 경직성 때문에 인력이 거래 비중의 하락과 동일한 비율로 감축되기는 어려울 것이다. 수익성 하락에 직면하고 있는 시중은행들이 남아도는 인력의 구조조정 문제를 언제까지 회피할 수 있을까?

이런 현상은 정도의 차이는 있지만 거의 모든 산업에서 일어나고 있다. 생산가능인구의 절반만 일해도 모든 국민의 상품 및 서비스 수요를 충족시킬 수 있는 시대가 온 것이다. 그렇다면 인구의 나머지 절반은 무엇을 해야 하는가? 바로 예술, 문화, 여가활동의 생산과 소비에 종사해야 하는데, 이러한 활동을 '창조활동'이라 부를 수 있다.

결국 경제성장, 기업경쟁력 유지와 고용 창출을 위해 우리 경제에 새로운 접근이 필요하다. 이를 '창조경제'라는 슬로건으로 통칭한다면, 창조경제에는 어떤 내용이 포함되어야 할 것인가?

먼저 많은 산업과 기업에서 혁신이 일어나야 한다. 창조적인 전략, 기술 및 제품 혁신, 사업모델 혁신, 새로운 유통구조, 창조적인 국제화 전략 등 기업의 모든 활동에서 사고의 전환이 요구된다.

다음으로 정보통신기술과 기존 산업의 결합이 확대되어야 한다. 이는 여기저기서 벌써 많이 일어나고 있고 효과도 이미 나타나고 있다. 한국 기업의 경쟁우위 중 하나는 운영효율성 operational efficiency이다. 운영효

---

13 〈조선일보〉, 2013. 5. 20.

율성이란 가치사슬의 전 분야에 걸쳐 시간을 단축하고 재고를 줄이고 원가를 절감하는 기업의 역량을 가리킨다. 한국의 앞서가는 기업들은 공급사슬관리Supply Chain Management; SCM와 같은 분야에서 정보기술을 활용해 높은 성과를 내고 있다. 이를 더욱 발전시키면서 특히 정보통신기술을 바탕으로 새로운 산업을 일으키는 기술의 융복합融複合에서 더 많은 성과가 나와야 할 것이다.

창업의 활성화 역시 매우 중요하다. 한국의 기업 생태계에서 지적되고 있는 핵심적인 문제점은 두세 가지다. 소수 대기업의 비중이 너무 크고, 대기업과 중소기업의 거래 관계가 공정하지 못하며, 혁신적인 신기업의 창업이 부진하다는 것 등이다.

대기업 및 공정거래 관련 문제는 '경제민주화'라는 명분하에 과도하게 많은 논쟁들이 오가고 있는 반면, 창조경제의 핵심인 창업에 대한 논의 및 정책 입안은 아직 부족한 것으로 보인다. 새로운 기술과 혁신적인 아이디어를 바탕으로 한 창업은 분명 경제의 새로운 활력소이고 성장 동력이다. 문제는 이런 창업을 어떻게 활성화시킬 것인가다.

마지막은 문화와 예술, 게임, 모바일, 인터넷 등과 관련된 새로운 콘텐츠를 만들고, 이를 바탕으로 이른바 창조산업을 일으키는 것이다. 한국 기업들은 여러 분야에서 이미 두각을 나타내고 있다. NHN이나 카카오톡 같은 기업은 단기간에 세계적인 모바일 메신저 서비스를 개발했다. 넥슨과 같은 게임회사도 훌륭한 실적을 거두고 있다. YG나 SM과 같은 연예기획 전문기업도 성공적이다. 이들 외에도 많은 기업들이 창조산업의 붐을 일으키기 위해 노력하고 있으며 많은 성과가 나타날 것으로 기대된다. 이러한 새로운 창조산업은 앞으로 더욱 늘어나야 한다.

창조경제를
가로막는 5가지 딜레마

박근혜정부는 창조경제를 상상력과 창의성, 과학기술에 기반한 경제로 규정하고, 이를 통해 신성장동력과 일자리 창출을 추진할 예정이다.[14] 창조경제의 핵심 실행정책은 세계 최고 수준인 IT산업을 제조업은 물론 농업, 서비스업 등 산업 전반에 활용해 고부가가치 신산업으로 육성하겠다는 것을 골자로 하고 있다. 새 정부는 창조경제를 이끌어갈 주무부처로 미래창조과학부를 신설했다. 이 부처는 생긴 지 얼마 되지 않았기 때문에 현재로서는 새로운 전략과 정책을 도출하는 데 전념하고 있다.

그런데 새 정부의 창조경제정책은 모순되는 목표와 활동을 해야 하는 다섯 가지의 딜레마에 빠져 있다.

첫 번째 딜레마는 "창조경제는 민간이 주도해야 하는데, 그렇다면 과연 정부는 무엇을 해야 할까?"라는 것이다. 창조의 주인은 개인이며, 창조경제의 주역은 민간기업이다. 개인의 창의력은 자유분방한 환경에

---

14 창조경제에 대한 엄밀하고 학술적인 정의는 없다. 유엔무역개발회의UNCTAD는 2010년도 〈창조경제보고서 Creative Economy Report〉에서 창조경제를 창조적인 자산에 기초해 경제성장과 발전을 일으키는 경제로 정의한다. 따라서 여기서 창조경제의 핵심은 문화산업과 창조산업이다.

서 나오며, 기업의 창의력은 치열한 경쟁과 이윤 동기에서 나온다. 정부의 간섭이나 지원은 자칫하면 민간의 창의력을 위축시킬 것이다. 정부는 규정에 의해 움직이며, 민간에게 지원을 하려면 복잡한 규정과 사후 감독을 해야 하기 때문이다. 따라서 애당초 "정부가 창조경제를 지원한다"라는 정책은 성립되지 않는다.

놀이터에서 아이들이 잘 놀게 하려면 엄마는 멀리서 지켜보고만 있어야 한다. 창조경제정책도 마찬가지다. 정부가 창조경제정책을 지원하게 되면, 민간부문을 간섭하고 지배하려는 한국 공무원이 과연 민간부문의 자유로운 활동을 바라볼 수만 있을까? 규제와 간섭을 줄이면서 창조경제가 꽃피게 하기 위한 정부 정책은 매우 절묘한 정책 조합을 요구한다.

두 번째 딜레마는 창조경제와 경제민주화의 충돌이다. 경제민주화는 시장 거래에서 상대적으로 불리한 입장에 있는 약자를 보호하고 경제력 집중을 완화하려는 정책이다. 또한 세대 간 부의 대물림을 차단해 좀 더 공정하게 경쟁하도록 하려는 시도다. 그래서 경제민주화정책은 시장에 대한 정부의 간섭과 대기업에 대한 감시 및 규제를 강화하는 정책을 포함하게 된다.

그런데 이러한 정책은 결국에는 민간부문의 자율성을 위축시킬 것이다. 예를 들어 창조경제의 중요한 정책 목표는 창업의 활성화다. 그런데 창업이란 성공의 가능성이 그리 높지 않은 활동이다. 개인이나 기업이 리스크가 많은 창업을 하는 이유는 대박의 가능성이 있기 때문이다. 경제민주화는 대박에 대한 부정적인 관점을 바탕으로 대박이 생길 수 없는 정책을 만드는 것인 데 비해, 창업이 활성화되려면 대박이 가능해야 한다. 정책의 충돌이다.

창조경제의 세 번째 딜레마는 일자리와 효율성의 상충trade-off이다. 한국경제에서 일자리 창출이 최우선 과제임은 분명하다. 새 정부도 고용률 70퍼센트 달성을 정책 목표로 제시하고 있다. 그런데 전통산업에 정보통신기술을 결합하는 혁신은 해당 산업에서 고용의 축소를 가져올 수 있다.

바람직한 방향은 질 좋은 일자리가 많이 창출되는 것인데, 이러한 질 좋은 일자리는 부가가치가 높은 산업에서 나오게 된다. 이런 산업은 고기술과 많은 투자를 요구하는 국제경쟁력이 있는 산업으로서 자본집약적이기 때문에 일자리가 많이 창출되지는 않는다. 따라서 정부가 일자리 창출 성과에 따라 인센티브를 부여한다면 고부가가치의 성장산업 육성과는 상충될 수 있다. 융복합 산업화와 일자리 창출이 상충되지 않게 하는 것도 절묘한 정책 선택을 필요로 한다.

네 번째 딜레마는 대기업 중심과 중소기업 중심 정책의 충돌이며, 같은 연장선상에서 외국 기업과 국내 기업 간의 충돌이다. 대기업과 중소기업 중에서 누가 더 혁신을 잘할까? 일반적으로는 중소기업이 혁신을 더 잘한다. 많은 대기업의 경우, 관료화되어 안전과 현상관리 위주의 경영을 한다. 특히 대기업이 3세 경영으로 넘어가면 안정을 추구하게 되며, 전문경영체제가 되면 이러한 경향이 더욱 강해진다.

그런데 문제는 혁신에 필요한 자원은 대기업에 오히려 더 많이 있다는 점이다. 연구개발 투자를 할 재원이나 우수한 연구인력도 대기업에 훨씬 더 많다. 따라서 창조경제를 추진하는 데 있어 기업 규모에 따라 어떤 정책을 선택해야 할지를 결정하기란 쉽지 않을 것이다.

이와 관련해 외국 기업에 대한 정책도 중요하다. 창조경제가 활성화되려면 한국의 기업 생태계에 외국 기업이 더 많이 참여해야 한다. 요즘 외국 기업은 한국의 글로벌 기업에게 부품과 소재를 공급하기 위해 한국에 투자한다. 또한 한국 내에서 점차 강화되고 있는 지식 및 기술 클러스터에 참여하기 위해 한국에 진출하고 있다.

창조경제를 활성화하기 위해서는 기업 규모별 차등적 지원정책이나 국적별 기업 정책이 아니라 산업 및 기업의 잠재력과 성과를 우선시하는 정책을 선택해야 할 것이다.

다섯 번째 딜레마는 경제 살리기와 창조경제의 충돌이다. 이 딜레마는 네 번째 딜레마와 일맥상통한다. 세계경제는 2008년부터 불황이고, 2013년 상반기 현재 한국경제도 심각한 침체 상태에 있다. 경제를 살리려면 자금과 지적자산이 풍부한 대기업이 나서야 한다. 일부에서는 대기업이 현금을 많이 보유하고 있으면서도 투자를 하지 않는다고 한다. 좋은 사업 기회가 있다면 기업들은 너도나도 투자하려 들 것이다. 국내에 사업 기회가 많지 않은 데다 비용이 높고 규제가 많기 때문에 기업들이 투자를 하지 않는 것이다.

창조경제는 건전한 기업 생태계를 조성하려는 정책인데 대개 이런 시도는 성과가 나타나는 데 오랜 시간이 걸린다. 예를 들어 창업이 활성화되어 생산이 늘고 고용이 창출되려면 10~20년이 소요될 것이다. 정치권이나 관료가 과연 그렇게 오래 기다릴 수 있을까? 당장 성과가 나타나고 경제를 살릴 수 있는 정책은 기존 산업에서 기존 대기업이 투자를 늘리는 방법이다. 결국 경제 살리기와 창조경제는 시간적으로 상충될 가능성이 크다.

창조경제정책은 이와 같은 다섯 가지 딜레마가 절묘한 균형과 조합을 이루어야 성공할 수 있을 것이다. 새 정부의 창조경제정책이 성공하기 위한 다섯 가지 딜레마의 해결 방향은 다음과 같아야 한다.

1. 민간이 주도하도록 하고 정부는 인프라만 제공한다.
2. 기업에 대한 감시와 규제를 대폭 풀어야 한다.
3. 일자리 창출보다 혁신과 효율성을 더 중시해야 한다.
4. 대기업과 중소기업, 국내 기업과 외국 기업을 차별하지 않는 정책을 추진한다.
5. 창조경제의 효과가 나타나려면 많은 시간이 소요되므로 긴 안목을 가져야 한다.

지금의 한국경제 분위기에서 과연 이런 방향의 정책을 선택하는 것이 가능할까? 정부의 규제 완화와 노동시장의 유연화를 도모해 시장의 움직임을 더 활발하게 하고, 기업이 대박을 터뜨릴 수 있는 분위기를 조성하지 않으면 창조경제의 활성화는 요원해 보인다.

시장 혁신과 창조는
민간기업의 몫

한국의 괄목할 만한 경제성장은 정부 주도로 이루어진 것이 사실이며, 이는 정부의 적절한 산업정책에 기인했다고 볼 수 있다. 그렇다면 21세기에도 정부가 나서서 미래 유망 산업을 찾아내고 자원을 집중하는 방식이 여전히 유효할까?

이 질문에 답하기에 앞서 우선 정부가 가진 정책수단이 크게 제한되어 있음을 인식해야 한다. 관세보호나 수입규제는 자유무역 기조 때문에 적용이 어렵고, 보조금을 주거나 투자 및 융자를 지원하는 데도 한계가 있다. 정부가 가진 정책수단은 기껏해야 연구개발을 지원하는 정도인데, 이것만으로는 효과적인 산업정책을 펼 수 없다. 한국의 연구개발 투자는 민간기업이 부담하는 부분이 정부보다 훨씬 크기 때문이다.

현재 한국의 수출 주력 산업은 크게 보면 두 그룹이다. 하나는 자동차, 철강, 기계, 화학 등 중화학공업군이며, 다른 하나는 반도체, 휴대전화, LCD 등과 같은 전자와 IT산업군이다. 중화학공업은 1970년대부터 투자해 1990년대에 이르러 수출 주력 산업이 되었다. IT와 전자산업이 수출 주력 산업으로 된 것은 1980년대부터 집중적인 투자를 거쳐 2000년대에 들어서다. 이렇게 보면 특정 산업에 집중 투자해 20년은 지나야 해당 산업이 경쟁력이 생기고 수출 주역이 된다.

이런 추세가 앞으로도 반복된다면 지금 산업을 선정해 육성한다 해도 이들 산업이 꽃피우는 시기는 2030년대가 된다는 이야기다. 이는 매우 불확실한 게임이다. 미래를 예측하기란 쉽지 않고 투자에는 상당한 리스크가 수반된다. 과거에는 정부가 산업정책을 채택하면 최소한 망하지는 않는다는 믿음이 있었기 때문에 기업들은 때로 단기적인 수익성이 없더라도 과감하게 투자했다. 그러나 이제는 미래의 불확실성은 오히려 더 큰 반면에 정부가 보호해주거나 지원해주는 정도는 훨씬 약화되었다. 더 이상 정부가 기업의 생존을 보장해주지 못한다.

이런 상황에서 어떻게 산업정책을 수행할 것인가? 새로운 산업을 키워야 할 필요성은 크지만, 실질적인 의사결정은 기업이 하는 것이며 정부는 훈수하고 응원하는 정도다. 신산업정책이 필요하다고 해도 그 유효성에 대해서는 한계가 있음을 인식해야 한다. 정부가 할 수 있는, 그리고 해야 할 분야를 명확히 규정할 필요가 있다. 정부가 미래 유망 산업을 선정하고 기업을 이끌어가던 방식은 구시대의 유물이다. 미래 유망산업의 육성은 민간기업과 시장에 맡겨두는 것이 더 바람직하다.

창조경제에서는 정부도 민간도 '무엇을 해야 할지'를 명확히 알지 못한다. 창조경제의 가장 중요한 특징이 불확실성이기 때문이다. 불확실성이 높은 상황에서 정부가 선택하는 기술이 오히려 시장에서는 실패하기 쉽다. 지원금을 주는 정부 관료도 지원금을 받는 연구자도 객관화하기 어려운 시장의 수요보다는 객관적인 기술의 우월성을 선호하기 때문이다. 결국 정부가 주도하는 과학기술정책은 시장의 수요와 동떨어진 우월한 기술을 선택할 개연성이 높으며, 그렇게 되면 획기적인 혁신이 일어나는 것을 차단할 수 있다.

창조경제에서 정부의 역할은 미래 기술을 선도하는 역할에서 성공적인 기술을 개발하는 사업자나 연구자에게 충분한 보상을 보장해줌으로써 자발적이고 창의적인 에너지를 발산하도록 유인하는 역할로 바뀌어야 한다. 과학기술정책과 경제정책의 패러다임 전환이 필요한 것이다. 이런 패러다임의 전환은 정부가 단순히 연구개발 예산을 늘리고 담당 조직을 거대화한다고 이루어지는 것이 아니다. 정부의 역할과 정책 실행방식이 근본적으로 바뀌어야 한다. 시장 혁신과 창조는 정부의 몫이 아니다.

이제는 기술 중심의 혁신에서 벗어나 혁신에 대한 시야를 넓혀야 한다. 창조경제에서는 유통 과정이나 조직문화도 혁신의 대상이다. 구체적으로는 혁신을 크게 기술 혁신과 사업모델 혁신으로 구분하고, 다시 신규 기업이냐 기존 기업이냐에 따라 혁신의 성격을 구분할 수 있다.

컴퓨터를 포기한 IBM과 같이 기존 대기업이 업종을 바꾸는 변신도 혁신이다. 신규 기업은 기술 창업을 할 수도 있고 사업모델 혁신 창업을 할 수도 있다. 기존 기업도 기술 혁신을 하거나 사업모델 혁신을 통해 신사업을 개척하거나 기존 산업의 효율성을 개선할 수 있다.

한국 기업 중에는 자원의 재결합을 통해 사업을 혁신한 예가 많다. 1990년대 중반까지 주로 소비재 분야에서 외국 기업과의 합작으로 명맥을 유지하던 두산그룹은 과감한 구조조정을 통해 10년 만에 세계적인 인프라그룹으로 거듭났다. SM엔터테인먼트도 새로운 사업모델로 성공한 예다. 송원산업과 같은 회사도 매우 창의적인 방식으로 국제화에 성공해 화학첨가제시장에서 세계에서 손꼽히는 회사가 되었다. 한국의 대기업이나 중소기업도 이제 충분히 새로운 사업모델 혁신을 할 역량을 갖추고 있는 것이다. 따라서 한국경제 전반에서 사업모델 혁신을 위한 창조적인 사고가 필요하다. 이러한 사업모델 혁신은 기업이 주도해야 하며 정부가 할 수 있는 일이 그다지 많지 않다.

사업모델 혁신적 접근은 신산업에서 더욱 요구된다. 지난 수년간 동아시아의 주요 국가와 미국 정부가 발표한 미래 신산업 리스트를 보면 대부분이 중복된다. 대체로 신재생에너지 부문 및 IT와 결합되는 바이오와 나노 융합 분야다. 앞으로 10~15년 후의 유망한 신산업에 대해 각국이 비슷한 전망을 하고 있는 것이다. 그러나 최근의 태양광산업의 구조조정에서 보듯 이들 신산업에서의 성공은 결코 보장된 것이 아니다.

기술개발만으로 신산업이 창출되는 것은 아니며 투자와 경제성 그리고 고객 수요가 복합적으로 맞아떨어져야 한다. 기술은 성공을 위한 하나의 요소에 불과하고, 여러 가지 요소를 결합해 가치를 창출할 수 있는 기업가적 역량이 필요하다. 이것이 핵심이다. 혁신 경제의 주역은 기업가정신이며, 새 정부의 역할은 기업가정신이 발현될 수 있는 환경을 조성하는 일이어야 한다.

개방형 혁신으로
연구개발 활성화

한국은 지난 40년간 부지런히 학습하고 연구해 이제 어느 정도 선진국의 기술 추격에 성공했다. 한국의 경제성장전략은 기술 발전을 통해 선진국으로 진입하는 '과학기술 입국'으로 표현될 수 있다. 그러나 투입 대비 산출이 적어 비효율적인 것이 한국 연구개발 투자의 특징 중 하나다.

2011년 한국의 총 연구개발비는 49조8,904억 원으로 GDP의 4.03퍼센트를 차지하고 있다. 그러나 성과는 세계 10~20위권으로서 연구개발 생산성은 낮은 편이다. 중간성과지표인 과학기술논문 인용색인SCI 논문 수에서는 세계 11위이고, 질적 경쟁력을 나타내는 피인용도는 30위권에서 머무르고 있다. 연구개발 투자와 기술 투자 간의 시간지연time lag은 고려해야 하지만, 기술 수출은 기술 도입에 비해 증가율이 낮아 기술수지는 지속적으로 악화되고 있다(〈표 2〉 참조).

한국의 연구개발 성과가 낮은 이유는 무엇보다도 연구개발이 자급자족형이기 때문이다. 한국은 일본과 마찬가지로 자급형 연구개발을 하고 있는 반면, 영국이나 프랑스 등 유럽의 연구개발은 외국 기업의 투자에 크게 의존하고 있다. 한국의 연구개발 총 투자액 중 외국 재원이 차지하

표 2 기술무역 추이

(단위: 억 달러, %)

연도 / 항목	2006년	2007년	2008년	2009년	2010년	연평균 증가율
기술 수출(A)	19.0	21.8	25.3	35.8	33.4	15.2
기술 도입(B)	48.4	51.0	56.7	84.4	102.3	20.6
도입/수출비(B/A)	2.55	2.34	2.24	2.36	3.06	악화
기술수지(A-B)	-29.4	-29.3	-31.4	-48.6	-68.9	악화

자료: 교육과학기술부, 2011년 기술무역통계조사보고서

는 비중은 0.2퍼센트로 극히 낮다.

연구개발의 개방형 혁신은 불가피

아시아에서도 중국이나 인도는 외국 기업의 연구개발 투자를 어느 정도 활용하고 있다. 총 연구개발 투자액 중 외국 재원 비중이 1.3퍼센트인 중국은 우수한 인력과 저렴한 인건비를 바탕으로 세계의 연구개발 센터로 부상하고 있다. 풍부한 연구인력을 확보하고 있는 인도도 앞으로 기술 혁신에서 세계적으로 중요한 역할을 할 것으로 기대된다.

반면 한국의 연구개발은 기업 외부의 전문가와 아이디어를 적극 동원하는 소위 '개방형 혁신open innovation'으로 가는 세계적인 연구개발 추세에 역행하고 있다. 기술이 융합되면서 한 기업이나 기관이 독자적으로 할 수 있는 연구가 한정될 수밖에 없고, 아이디어와 발명에도 한계가 있기 때문에 연구개발 분야의 개방형 혁신은 불가피하다. 한국의 경우, 전 세계 연구개발비 총액의 3~4퍼센트를 넘는 투자는 불가능하기 때문에 개방형으로 가는 것이 필요하다.

대기업 위주의 연구개발은 한국의 연구개발시스템을 폐쇄적으로 만들 수 있다. 대기업은 국내외 외부역량을 활용하기보다는 자체 연구에 집중하기 때문이다. 기업이 경쟁력을 확보하기 위해 연구개발에 자원을 집중 투자하는 것은 바람직하지만, 이 과정에서 우수한 연구원을 선점하는 것은 국가혁신시스템 차원에서 리스크를 증가시키고 다양성을 약화시킨다.

대기업에 비해 한국의 중소기업의 연구개발 투자가 미흡한 이유는 한국의 산업화 과정과 관련이 깊다. 한국의 초기 산업화는 외국, 특히 일본의 부품과 공업용 원자재를 수입해 대기업이 조립해 수출하는 형태였으므로, 기술집약적인 중소기업의 역할이 크지 않았던 것이다. 그리고 기술기반이 취약한 중소기업은 아직도 그대로 생존하고 있다.

한국경제가 창조경제가 되고 앞으로 15년 동안 3퍼센트대 이상의 성장을 이루기 위해서는 연구개발이 혁신과 사업화로 보다 효과적으로 연결되도록 하는 시스템이 필요하다. 현재의 국내 자기완결형, 조직 폐쇄형의 시스템을 바꾸어 해외와 협업하고 해외의 아이디어와 자원을 효과적으로 활용하면서 국내 연구 주체끼리도 협력하는 개방형 시스템으로 전환해야 한다. 연구개발의 성과가 더 잘 활용될 수 있도록 특허 및 지적자산의 관리시스템을 개혁하고, 벤처캐피털시장을 포함한 금융시장을 변화시켜야 한다.

양적 투입 확대에서 질적 성과 제고로

연구개발의 양적 투입 확대정책을 넘어 질적 성과 제고를 위한 전반적인 시스템의 개혁이 무엇보다 중요하다. 새 정부는 이명박정부와 마찬가지로 연구개발 투입을 2017년까지 GDP 대비 5퍼센트 수준까지 끌어올리는 것을 목표로 제시했다. 그러나 연구개발비의 70퍼센트 이상을 민간기업이 조달하는 상황에서 정부의 연구개발 투자 목표는 일종의 의지 표현에 불과하다.

연구개발비 총량의 결정에 못지않게 중요한 것이 정부와 민간의 역할분담이다. 기업 연구개발비의 대부분은 현재의 제품 개량이나 생산효율성 향상 그리고 관련 신제품 개발에 투입되므로 미래 신산업 창출을 위한 투자는 미흡하다. 대학의 경우, 연구비 비중에서 기초연구는 36.9 퍼센트에 불과해 대학과 기업 간에 연구의 분담과 협업이 미흡하다.

대학은 과학과 기초연구에, 정부는 국방, 우주항공, 의료와 같은 민간이 하기에는 리스크가 크거나 공공재적인 연구개발 사업에, 기업은 기술개발 및 사업화에 각각 집중해야 한다. 대학에 대한 기초연구 지원은 대학의 연구역량을 높이고 연구성과를 제대로 평가하는 제도의 확립을 필요로 한다.

국가의 자체 사업을 위한 연구는 필요하지만 성과와 직접 연결시키기가 어렵고, 첨단기술 사업에 대한 국가의 지원도 연구성과를 극대화하는 것이 쉽지 않다. 결국 국가의 연구개발 지원은 분명 필요하지만, 근본적으로 낭비가 될 수도 있다는 점을 명심해야 한다.

따라서 현 단계에서는 정부가 주도하는 연구개발의 양적 투입 확대 정책을 지양하고 연구성과를 높이기 위해 국가혁신시스템을 재정비하는 것이 중요하다. 정부의 연구개발 투자액은 지난 5년간 연평균 12퍼센트 이상 증가했다. 이제는 정부의 연구개발 투자의 증가 속도를 정부 전체 예산의 증가 속도와 맞추거나 늦출 필요가 있다.

연구개발은 다다익선多多益善이 아니다. 스웨덴 패러독스Swedish Paradox 란 말이 있다. 과거 스웨덴이 세계 최고 수준으로 연구개발 투입을 했으나 경제 상황은 나아지지 않았던 것을 빗대어 나온 말이다. 이러한 상황은 스웨덴만의 특수한 경우가 아니다. 이웃 나라인 일본도 연구개발 투자에 적극적이지만, 투입에 상응하는 만큼 경제적 효과가 나오지 않고 있다. 한국 역시 성과 창출을 위한 시스템 정비 없이 투입만 늘려간다면 투입이 성과로 연결되지 않는 '코리아 패러독스'가 나올 수 있다.

국내외 기관과의 협력 활성화

연구개발 분야의 개방형 혁신을 활성화하기 위해서는 두 가지 접근이 가능하다. 하나는 국내 연구 주체 간의 협업 활성화이고, 다른 하나는 해외의 연구인력 및 기관과의 협력 증대다. 두 가지 방법 중에서는 해외 기관과의 협업의 잠재력이 더 크다. 해외 기관과의 협업 확대 및 해외 자원 활용을 통해 혁신시스템의 개방성을 확대할 수 있을 것이다.

앞으로 10년 동안 선진국 정부는 예산 적자 때문에 국가의 연구 지원을 축소할 가능성이 크다. 따라서 선진국의 연구소나 연구인력을 우리가 활용할 여지가 많아질 것이다. 외국 기업, 특히 미국이나 유럽 기업과의 협력 및 가치사슬 분업, 선진국 연구소와의 연구 협력 및 연구인력 활용, 기업 연구개발센터의 해외 설립을 통한 외국(특히 신흥시장)의 연구인력 활용 등의 국제연구 협력을 위한 인센티브와 정책이 필요하다.

기술개발이 혁신과 창업으로 이어지려면 금융, 산업, 기업 등 다양한 시각과 의견이 반영되어야 한다. 이를 위해 국가 연구개발체제를 개혁해야 한다. 정부출연연구소의 지배구조와 평가시스템에 대한 근본적인 재정립도 필요하다. 기초연구를 담당하는 출연연구소는 일차적으로 대학으로 이전시켜야 한다. 국가의 목적사업을 담당하는 정책연구소는 존속시키되, 연구소 책임자에게 안정적인 임기와 권한을 부여해 장기적인 비전을 갖게 하면서 성과에 대한 업적평가 및 보상제도를 강화해야 한다.

미래 성장동력 육성을 위한 정부의 지원은 정부출연연구소보다는 기업연구소를 지원하는 방향으로 운영되어야 한다. 정부가 직접 관할하는 연구소는 축소하고, 꼭 필요할 경우에는 독립된 지배구조를 가진 세계적인 수준의 연구소가 되도록 유도해야 한다. 또한 융합형 연구가 가능하도록 연구소 간의 통폐합 내지는 협력 연구 방안도 검토되어야 한다.

생계형 창업에서
혁신적 창업으로의 전환

한국에서 '창업'이라 하면 영세자영업이 연상된다. 2012년에 신설된 법인수가 7만4,162개로 2000년의 6만1,456개 이후 가장 많은 창업이 이루어졌다. 제조업이 1만7,733개(23.9퍼센트), 서비스업이 4만6,975개(63.3퍼센트)이며, 창업자 연령은 40~59세가 64.4퍼센트, 30~39세가 23.6퍼센트를 차지하고 있다.

2012년에 창업이 활성화된 이유는 퇴직한 베이비부머들이 치킨집, 빵집, 커피전문점, 편의점 등을 창업했기 때문인 것으로 추측된다. 결국 사회안전망 성격의 생계형 창업이 증가한 것이다. 이러한 생계형 창업은 실패 위험이 크며 부가가치가 낮아 경제의 고도화에 기여하는 정도가 낮다. 실제로 2012년 벤처기업 실태조사에 따르면 20~30대 창업은 2011년 19.5퍼센트로 2010년(19.3퍼센트)보다 소폭 늘었지만, 2000년대 벤처붐이 일었던 시절의 54.5퍼센트와 비교하면 3분의 1 수준을 겨우 넘고 있다.

창조경제가 활성화되기 위해서는 생계형 창업에서 혁신적 창업으로 창업의 성격이 전환되어야 한다. 기존의 사회안전망 성격의 생계형 창업이 아니라 기술 창업 내지는 비즈니스 모델을 이용한 인터넷쇼핑몰 개설 등이 활성화되어야 한다. 따라서 신규 창업을 기술개발전략이나 연구개발의 문제로 한정시킬 것이 아니라 신산업을 선도적으로 개척하는 방안으로 간주해야 한다.

창업은 아이디어나 기술이 자본과 결합하는 것이다. 미국에서 창업이 활성화된 것은 실리콘밸리에 창업에 필요한 인재, 기술, 자본 등 모든 게 집적되어 있기 때문이다. 창조적 기업은 성장을 위해 혁신을 하면서 일자리를 창출하는 기업들이다. 창업부터 글로벌마인드를 갖고 지식을 적극 활용하는 기업이 바로 창조적 기업이다.

아이디어가 핵심인 창업이 부흥하기 위해서는 청년 창업이 활성화되어야 한다. 청년 창업은 생계형 창업과 달리 기술 창업을 수반하기 때문에 창업의 파급효과가 상대적으로 큰 편이다. 정부는 청년들의 창업의욕을 고취하기 위해 청년창업자금과 창업특례보증 확대, 청년 창업 희망자의 기업 인턴제도 도입 등을 시행해야 한다. 각 대학은 공대와 경영대 등의 협동 과정을 통해 청년 창업 교과과정 개설 및 운영도 지원해야 한다.

청년 창업의 실패를 최소화하기 위해서는 대학에서 교양과목 수준으로 이루어지는 창업 강좌의 수업 내용을 질적으로 심화시키고, 강좌의 특성화 및 전문성을 제고해야 한다. 다수의 창업 기업이 사업경험 부족 등으로 초기부터 어려움을 겪는 사례가 많으므로 청년 창업에 대한 컨설팅 지원 등 사후관리도 필요하다.

대학원에서 공학 분야의 연구를 하거나 혹은 엔지니어 출신으로 MBA를 하는 학생들이 신규 창업에 적극 참여하도록 하기 위해서는 벤처기업에 자금을 공급하는 벤처캐피털시장의 활성화가 필요하다. 우리나라 벤처캐피털 투자의 증가에는 신규 펀드 조성 시 정부가 대응 출자해주는 모태펀드의 역할이 크다. 현재 운영되고 있는 펀드 금액의 16퍼센트 이상이 모태펀드가 출자한 것이며 아직까지 민간 주도의 벤처캐피털은 활성화되지 못하고 있다.

청년 창업자는 엔젤자금, 벤처캐피털 등을 얻어 창업이 성공하면 기업공개IPO를 통해 자금을 조달받고 투자 이득을 획득한다. 그러나 우리는 이런 자본조달시스템 구축이 아직 쉽지 않으므로 사모펀드와 인수합병시장의 활성화를 통해 자본 조달 및 창업 활성화를 고려해야 할 것이다. 사모펀드는 2012년 말 기준 226개사가 있으며, 총 투자액은 39.9조 원에 달한다. 따라서 사모펀드 활성화 정책을 통해 인수합병시장을 확대하고 기업 투자를 유도해야 한다.

개발된 기술이나 특허를 활용한 기술 창업도 활성화되어야 한다. 효과적인 기술혁신시스템은 연구개발 투자와 과학기술자만으로 이루어지지 않는다. 기술 창업을 위해서는 신기술과 아이디어가 투자자금과 연결되어야 하므로 금융의 역할이 중요하다.

지적자산에 대한 사회의 보호와 존중도 필요하므로 연구결과를 잘 관리하는 민간 혹은 공공시스템을 만들어야 한다. 한국도 연구개발의 성과인 지식과 발명을 상품화하는 전문 조직이 필요하다. 대학 역시 자신의 연구개발 성과를 더 잘 관리하는 시스템을 개발할 필요가 있다.

또한 연구개발과 사업화와의 연계를 강화해 신규 창업으로 연결되는 통로를 만들어야 한다. 연구개발은 궁극적으로 사업화와 연결되어야 하지만, 한국의 연구개발은 대기업과 국책연구소, 대학이 주도하기 때문에 신규 창업과의 연계가 취약하다. 전체 벤처기업 중 대학교수 출신이 창업한 벤처기업의 비중은 2009년 1만8,893개 중 512개인 2.7퍼센트로 2005년 9,733개 중 411개인 4.2퍼센트에 비해 감소했다. 또한 연구원 출신이 창업한 벤처기업은 2009년 1,249개로 2005년 1,880개, 19.3퍼센트에 비해 규모나 비중 면에서 모두 감소했다.

이는 연구개발이 프로젝트를 따내고 연구성과를 내는 데서 종결되는 경우가 많고, 관련된 금융시장이 발달되어 있지 않기 때문이다. 연구를 수행하던 주체가 사업 주체가 되어 신규 사업을 추진하고, 벤처캐피털 시장이 발달되어 과학자나 엔지니어의 아이디어와 연결되어야 신규 창업이 활성화될 수 있다.

해외유학생 창업자 및 창업예비자의 유치 및 육성도 필요하다. 체계적인 창업 지원과 함께 우수한 기술과 지식을 보유한 다수의 '질 좋은 창업원'을 확보하는 것이 중요하다. 중국의 경우, 2000년 이후 미국 실리콘밸리를 비롯한 해외 거주 중국인 유학생(창업희망자)을 파격적으로 지원해 유치하고, 북경의 중관촌에서 창업하도록 함으로써 벤처붐을 일으켰다.

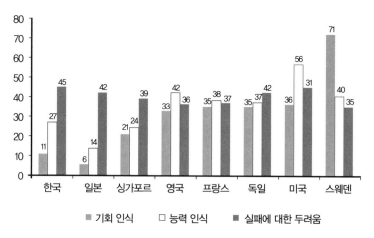

그림 1 OECD 주요 국가의 기업가적 인식(2011년 기준)

■ 기회 인식　□ 능력 인식　■ 실패에 대한 두려움

주: 수치가 높을수록 인식도가 높다는 의미
자료: OECD Stats

　창업이 활발해지기 위해서는 실패한 창업 기업가들에게 폭넓은 재기의 기회가 주어져야 한다. OECD에 따르면 2011년 기준 한국은 40개국 가운데 일곱 번째로 창업하기 좋은 국가다. 창업 규제가 상대적으로 많지 않다는 것이다. 그러나 한국은 OECD 국가들 가운데 이스라엘에 이어 두 번째로 사업 실패에 대한 두려움이 큰 나라다(〈그림 1〉참조). 사업 실패에 대한 부담감이 커질수록 창업은 힘들고 위험하다는 생각이 확산되어 창업을 기피하게 된다.

　따라서 창업 실패에 따른 재도전 장치 및 재창업 지원이 절실하다. 한국의 경우, 실패를 경험이 아니라 좌절로 인식하는 사회 분위기 및 제도적 장치의 미비로 인해 청년들이 창업에 쉽게 도전하지 못한다. 건전한 경영에도 불구하고 기업이 부도나거나 파산했을 때는 생계를 유지하면서 재도전할 수 있도록 임차보증금반환청구권 및 생계비 인정 한도를 상향 조정해야 한다. 또한 기존의 '벤처패자부활제'의 실효성을 높이는 노력도 필요하다.

청년 창업은 결국 능력 있는 젊은이들이 창업과 취업의 기대수익을 어떻게 평가하느냐에 달려 있다. 지적 수준이 높은 한국의 청년들이 가장 선호하는 직장은 노후가 어느 정도 보장된 변호사나 의사와 같은 전문직, 다음으로 정년까지 직업안정성을 가진 공무원이나 교수, 그다음이 대기업이다. 그들의 입장에서 대기업이나 금융기관 취업은 높은 초봉과 사회적인 인정이 뒤따르기 때문에 창업보다 더 선호된다. 청년에게 창업은 가장 선호도가 낮고 리스크가 큰 대안이다. 따라서 청년 창업을 촉진하려면 대박의 가능성이 있어야 하며, 높은 기대수익이 가능해야 한다. 잠재능력이 풍부한 청년들이 창업을 매력적인 대안으로 인식하게 하는 것이 필요한데 이는 결코 쉬운 일이 아니다.

대학을 어떻게 혁신할 것인가

창조경제의 핵심인 혁신은 결국 사람의 문제다. 다수의 창의적 인재가 적절한 인센티브를 받고 자신의 능력을 발휘할 때 혁신은 극대화될 것이다. 따라서 창조경제를 활성화하기 위해서는 기존의 교육시스템을 뛰어넘어야 한다. 한국에서 가장 혁신되지 않고 있는 분야인 교육시스템의 대대적인 개혁 없이 창조경제의 달성은 불가능하다.

질 낮은 교육을 받은 대졸자 양산

한국 대학교육의 가장 근본적인 문제는 21세기형 창조적 인재를 양성하지 못하고 20세기 산업화시대에 적합한 범용인재만을 배출한다는 것이다. 고등학교 졸업자의 80퍼센트가 대학에 진학해 고학력인력은 양적으로 확대되었지만, 대학교육의 혁신이 없어 기업과 사회가 필요로 하는 인력이 양성되지 못하고 있다.

한국의 비정상적인 대학진학률은 국민들의 높은 교육열도 중요한 원인이지만, 직접적인 원인은 역대 정부가 대학정원을 무작정 늘렸기 때문이다. 1981년을 기점으로 대학정원은 계속 늘었으며, 특히 1995년의 소위 '대학설립 준칙주의'라는 자율화를 계기로 학령인구 대비 대학생 비율이 급격히 증가되었다.

4년제 대학은 1990년 107개에서 2012년 189개로 1.76배, 대학의 평균 학과는 1990년 37.5개에서 2012년 58.8개로 1.57배가 증가했다. 2012년 말 기준 한국의 대학생 수는 약 324만여 명으로 1980년의 61만여 명에 비해 5배 이상 증가했고, 2012년 기준 대학 입학정원은 18세 인구의 약 88.7퍼센트에 육박한다. 대학진학률은 1980년 27.2퍼센트에서 1990년대에 급증해 2004년부터 80퍼센트를 상회했고, 2008년에는 83.8퍼센트로 정점을 찍었다. 저출산이 지속되고 대학이 현재의 정원을 유지할 경우, 18세 인구 모두가 대학에 입학해도 2020년에는 대학정원의 9퍼센트, 2023년에는 정원의 23퍼센트를 채울 수 없을 것으로 예측되고 있다.

특히 대학이 공급자 주도로 운영되면서 백화점식 학과 및 전공이 증설되고, 대학교육과 변화하는 사회적 수요와의 괴리는 심화되고 있다. 교육의 질에서도 양극화 현상이 나타나 상위권과 하위권 대학 간에 극심한 격차를 보이고 있다.

전국의 4년제 대학 189개 중에서 상위 10개 대학은 이제 국제적 수준에 이르고 있으며, 그다음 30~50개 대학도 교육의 질이 차츰 향상되고 있다. 그러나 나머지 대학들의 교육의 질은 매우 낮고, 특히 하위 50개 대학의 교육환경은 극도로 열악하다. 교육의 내용과 질이 부적합함에 따라 '질 낮은 교육을 받은 대졸자'들이 양산되고 있다. 교육여건이 열악한 상당수의 지방사립대학은 정부의 지원도 거의 받지 못하는 사각지대에 놓여 있다.

열악한 환경에서 그다지 도움이 되지 않는 교육을 받은 학생들은 자격은 갖추지 못했지만 '대졸'이라는 간판 때문에 눈높이에 맞는 일자리를 구하지 못하고 있다. 이것이 청년실업의 가장 큰 이유다. 양적으로는 세계에서 가장 높은 대학생 비율을 자랑하고 있으나, 경제나 사회의 요구와는 맞지 않는 시스템 불일치라는 구조적 문제가 청년실업을 유발하고 있는 것이다.

양적으로나 질적으로나 한국의 대학은 대대적인 혁신이 필요하지만, 대학의 행정책임자, 교수 및 학생과 학부형들은 모두 현상유지에 급급한 나머지 혁신을 미루고 있는 실정이다. 산업구조의 변화가 고용구조의 변화로 이어지면서 새로운 교육을 필요로 하지만 정부의 정책입안과 결정과정은 이를 포괄하지 못하고 있다. 그 결과 불필요인력의 과다공급과 필요인력의 구인난 그리고 낭비와 비효율 등의 부작용을 야기하는 경향이 심화되고 있다.

이 문제를 해결하기 위해서는 먼저 대학구조조정을 통해 대학졸업생을 축소해야 한다. 현재 4년제 대학 졸업생의 68퍼센트 정도가 취업을 하고 있다. 양질의 일자리로 평가되는 대기업 취업률은 취업자의 10~12퍼센트이며, 행정 및 공공기관은 7퍼센트 정도다. 대학진학률을 현재보다 낮추면 청년실업의 핵심 원인으로 지목되는 대졸자의 수급 불일치 문제도 어느 정도 해소될 수 있다.

앞으로 5년 내에 대학정원을 지금보다 최소 20퍼센트는 축소해야 하며, 30~50개에 달하는 한계대학을 정리해야 한다. 이미 인가된 대학을 강제로 문을 닫게 하기는 어렵지만, 일정 기준 이하의 대학에 대해서는 정부의 지원을 축소하거나 장학금 지원을 줄여야 한다. 또한 대학 전체 혹은 전공별로 일정 수준 이하의 대학에 대해 학생과 학부형에게 널리 홍보해 수요자가 이러한 대학들을 회피하게 만들어야 한다. 대학인증제도는 이미 준비 단계인 만큼 이 제도를 강력하게 시행하면 시장에서 부실대학이 퇴출되면서 대학졸업생 수가 줄어들 수 있을 것이다.

대학의 자율화와 시장 기능의 활성화

혁신적인 인재를 배출하기 위해서는 대학교육의 질을 높이는 것이 시급하다. 먼저 대학평가제도를 개선해야 한다. 현재 언론사 등의 대학평가는 매우 획일적이며 대학을 주관적으로 줄 세우기를 하고 있다. 전국 4년제 대학들의 모임인 한국대학교육협의회의 대학평가는 대교협 스스로가 자기 조직의 회원들을 구조조정하는 데 앞장설 수 없기 때문에 좋은 성과를 기대하기 어렵다. 따라서 대학의 교육 품질을 관리하는 제3의 민간 혹은 정부기관이 필요하다. 대학평가는 대학을 다양한 유형으로 나누어 각기 평가기준을 달리해야 한다.

공학교육인증, 경영학교육인증 등 학문 분야별 인증제도를 적극 도입하고, 역할과 기능 강화를 위해 산업-정부-대학이 함께 인증에 참여하는 체제를 만들어야 한다. 정부는 인증 결과를 토대로 교육혁신센터 사업 등을 지원하고, 그 결과를 수시로 외부에 공개해 산업 및 학생 수요자가 대학과 전공을 선택하는 데 활용하도록 해야 한다.

교수업적평가제도의 개선도 필요하다. 현행 교수업적평가제도는 모든 대학이 연구에 치중하고 있고, 실제 연구역량이 안 되거나 대학여건상 연구하기 어려운 대학도 모두 연구로 교수를 평가한다. 이는 대학교육의 질을 저하시키는 주요 원인이 되고 있다. 대학 유형에 따라 혹은 교수 자신의 역량에 따라 교육업적을 중심으로 평가받을 수 있도록 업적평가제도가 개선되어야 한다.

대학의 특성화도 대학교육의 질적 개선에 기여할 것이다. 국립대학은 독립법인화하거나 시도 등 광역자치단체의 지원을 받는 부설대학으로 전환하도록 대학에게 선택권이 주어져야 한다. 등록금을 대학별로 자율화해 비싼 등록금을 받는 대학은 스스로 일류 연구중심대학이나 명품 교육중심대학이 되어야 한다. 미국의 유명한 교육중심대학은 비싼 등록금, 기부금 등이 중요한 수입원이다. 한국도 규모가 작은 강소 명품 학부중심대학이 10개 정도 있어야 한다.

산업단지 연계형 대학도 필요하다. 연구소 등 대학의 일부 기능만으로는 대학교육이 산업 발전에 실질적인 도움이 되기 어렵다. 현장의 기술애로 해결, 인턴십, 평생교육, 대학생의 산업단지 내 취업 등을 함께 연계할 수 있도록 산업단지 내에 대학을 만들어야 한다. 시화공단의 한국산업기술대학처럼 구로디지털단지 등 산업단지 내에 연구, 교육, 산학협력이 함께 결합된 종합대학이 필요하다. 현재 구조조정이 필요한 상당수 대학들의 경우 정원을 조정한 이후 통합해 정부가 부지를 제공하는 산업대학으로 전환할 수 있다.

대학의 질적 발전을 위해서는 자율화와 지배구조 개선이 필요하다. 대학에 대한 정부의 과도한 통제 및 감독은 대학교육의 질을 저하시키고 있다. 정부의 지휘와 감독이 지속되면서 대학들은 자발적인 혁신 의지를 잃어버리고 정부의 지시에 순응하며 안주해왔다. 일정 수준 이상 경쟁력 있는 대학에 대해서는 '정부 규제 졸업제'를 채택할 필요가 있다. 세계적인 수준의 대학으로 거듭나기 위해서는 풍부한 대학재정도 중요하지만 정부로부터의 상대적인 독립성과 이를 위한 대학자율성이 필수적이다.

대학 개혁에는 직선제 폐지 등 총장선출제도의 개선, 단과대학에 대한 자율성 부여, 대학행정의 전문화 등도 포함되어야 한다. 대학의 자율은 교수들로부터의 자율이 선행되는 것이 필요하다. 대학총장은 교수대표로서 교수의 이익을 우선하는 자리가 아니고 대학 내의 다양한 이

해당사자를 포괄적으로 주도하며, 아울러 사회를 위해 인재를 배출하는 행정책임자의 역할을 해야 한다.

대학을 어떻게 혁신할 것인가? 자율화를 하고 시장 기능이 작동되도록 하는 것이 답인데, 이는 수적으로 다수를 점하는 열악한 여건의 대학들이 반대해 달성되기 어렵다. 실제로 한국대학교육협의회는 상대적으로 영세한 대학들의 이익을 대변하는 곳이 되었으며, 또한 이들 대학이 교육부에 가장 적극적으로 로비를 한다. 결국 대학의 질을 향상시키려면 교육부의 간섭과 규제를 줄이는 것이 가장 중요하다.

예를 들어 현재 창조경제와 가장 부딪히는 정부의 대학정책은 등록금 동결이다. 저소득층을 위해 정부가 대학등록금 부담을 경감시켜주려면 정부는 국립대학의 등록금을 낮추는 정책을 채택하고 사립대학에 대해서는 등록금 규제를 풀어야 한다. 대학의 등록금은 교육의 질에 따라서 차등화되는 것이 당연하다. 대학교육은 이미 국제경쟁에 노출되어 있으며, 상당수 고등학교 졸업생은 해외 유수 대학에 진학하고 있다.

국내 대학의 질을 획기적으로 높여 미국의 아이비리그 수준의 교육이 가능하도록 하는 것이 창조경제의 선결과제다. 창조경제가 활성화되려면 대학의 수준이 높아져야 하고, 그러기 위해서는 대학에 대한 정부의 규제가 대폭 완화되어야 한다.

4
장

국제화

4.0시대

국제화 4.0시대가
열렸다

한국경제는 산업화 초기부터 국제화를 추구해 지금의 성공을 거두게 되었다. 한국경제의 국제화는 세 시대로 나누어 생각해볼 수 있다.

국제화 1.0시대 _ 수출전선에 뛰어들다

국제화 1.0시대는 1970년대 중반이다. 1975년에 현대자동차가 '포니'라는 최초의 자체 모델을 개발하자마자 바로 수출을 하려고 했던 것은 사실 성급한 일이었다. 현대자동차의 수출에 대한 열정도 있었지만 그때는 정부의 인센티브가 크게 작용했다. 수입대체산업은 국제경쟁력을 갖추기 힘들고, 초기의 중공업은 규모의 경제를 달성하기가 어려운데도 정부는 기업들의 수출을 독려하고 인센티브를 주었다.

국제화 1.0시대의 이미지는 '007 가방'을 들고 수출전선에 뛰어든 종합상사맨들로 대변된다. 그러나 1975년의 종합상사 지정제도와 1977년의 100억 달러 수출 목표의 달성은 무리한 추진 때문에 두고두고 한국경제에 부담이 되었다. 해외에 쌓아놓은 부실재고와 미수채권이 모두 정리되는 데는 10년 가까운 시간이 필요했다. 1970년대 중반의 국제화 1.0시대에서 한국경제의 성과는 그다지 높이 평가받지 못했다. 기업의 국제경쟁력도 저임금 외에는 거의 없었고 국제화의 경험 역시 전무했기 때문이다.

국제화 2.0시대 _ 수입개방과 해외여행 자유화

국제화 2.0시대는 성공적으로 열렸다. 한국경제의 본격적인 국제화가 1988~89년에 시작된 것이다. 1985년 플라자 합의 이후에 엔고(원화가치의 상대적 하락), 원유 가격의 하락 그리고 저금리가 합쳐 소위 '3저 시대'가 왔다. 한국경제는 1986~88년의 3년간 처음으로 대규모 경상수지 흑자를 기록하면서 개방의 저력을 보여주기 시작했다.

또한 무역수지 흑자를 이유로 미국이 수입개방을 강하게 요구했다. 한국은 이때부터 본격적인 수입개방을 시작했고, 1988년 올림픽을 성공적으로 치러냄으로써 자신감을 갖게 되었다. 이를 바탕으로 1989년 초에 해외여행 자유화도 단행했다. 이 시기가 한국경제의 국제화 2.0시대라고 하겠다. 이때의 국제화는 국내시장의 개방이 주를 이루었지만 더 많은 한국 기업과 국민을 세계에 눈뜨게 했다는 점에서 큰 의미가 있다.

1993년 초에 취임한 김영삼 대통령이 세계화globalization를 국정의 슬로건으로 내걸 정도로 한국경제는 국제화 2.0시대에 문을 활짝 열었다. 1990년대 중반 한국은 OECD에 가입하기 위해 자본시장을 상당히 개방했는데, 국내외 금리 차이가 컸기 때문에 투기성 단기자금도 많이 유입됐다. 게다가 1997년 5월에 태국에서 시작된 아시아 금융위기가 그해 11월에 한국에 상륙했다.

외환위기는 한마디로 개방의 시행착오였다. 그러나 외환위기는 한국인의 자존심과 근면성으로 전화위복이 되었다. 한국경제는 그동안 못했던 자본시장, 기업의 지배구조, 금융기관, 노동시장, 정부 등을 개혁하게 되었고, 기업은 양적 성장에서 질적 성장으로 전환하기 시작했다. 기업의 재무구조가 좋아지고 경쟁력도 높아지기 시작했다.

국제화 3.0시대 _ 본격적인 글로벌화의 시작

외환위기는 한국경제의 국제화 3.0시대를 여는 촉매제가 되었다. 냉전의 종식으로 중국을 포함한 구사회주의 시장과 많은 수의 개발도상국이 개방되면서 한국 기업의 해외 진출이 활발해졌다. 2000년대 초부터 한국의 몇몇 글로벌 기업들이 세계적인 기업의 반열에 오르기 시작했다. 한국 기업의 글로벌화가 본격화된 이 시기를 우리는 한국경제의 국제화 3.0시대라고 부를 수 있다.

2010년대에 들어서면서 국제화는 새로운 국면으로 접어들고 있다. 이제 국제화는 소수의 기업에게만 국한된 일이 아니다. 대기업과 중소기업, 전통적인 내수기업이나 서비스기업을 가릴 것 없이 거의 모든 기업에게 해외 진출이 필수 과제가 되었다. 그리고 인터넷과 소셜미디어 덕분에 국제화가 한결 쉬워졌다.

국제화 4.0시대 _ 해외로의 가치사슬 확대

한국경제의 국제화 4.0시대가 열리고 있다. 독특한 기술이나 콘텐츠만 있으면 해외에 지사나 현지법인을 세우지 않고도 해외 진출이 가능하다. NHN은 카카오톡이 국내 모바일 메신저시장을 선점하자, 일본 NHN에서 '라인'이라는 서비스를 개발해 일본, 태국, 인도네시아 시장에 진출해 단숨에 선발주자 카카오톡의 2배 가까운 1억4,000만 명의 가입자를 확보했다. NHN은 개발과 시장 개척을 처음부터 해외에서 시작한 것이다. 이런 기업을 '글로벌 태생born global'이라고 부른다. 날 때부터 글로벌 기업인 것이다.

이제 연구개발, 부품생산, 조립, 판매, 마케팅, 브랜딩 등 거의 모든 부가가치활동을 해외에서 할 수 있는 시대다. 기업은 이런 활동을 가장 효율적으로 할 수 있는 곳에서 기업을 해야 경쟁력이 생기는 시대가 되었다. 이런 시스템을 '글로벌 혁신 및 생산시스템global innovation and production system'이라고 부른다. 선진국 기업들은 이미 1990년대 초부터 연구개발, 생산, 조달 등을 해외에서 해왔지만, 한국 기업들은 최근에서야 이에 눈뜨기 시작했다. 그리고 이런 활동은 광역지역 중심으로 일어난다. 경제활동의 단위가 국가가 아니고 아시아, 유럽, 북아메리카 등과 같은 지역인 셈이다.

현대자동차가 체코에 조립공장을 설립할 때는 당연히 전체 EU시장을 염두에 두고 매력적인 입지를 선택했을 것이다. 몇 년 전 영국의 제약회사인 GSK가 백신공장을 아시아에 지을 때, 한국과 싱가포르가 최종 입지 후보였다고 한다. 하지만 한국에 공장을 지으려면 전남 장성에 있는 의약생산단지로 가야 한다는 한국 정부의 방침 때문에 GSK는 결국 싱가포르를 최종 입지로 선택했다.

한국의 경제성장이 둔화되어 기업이 해외로 나가는 것만은 아니다. 기업이 해외로 이전하는 주요한 원인 중의 하나는 여러 가치사슬활동을 최적의 입지에 두어야 경쟁력이 생기기 때문이다. 게임을 잘 만드는 인재들이 일본에 많다면 개발부서나 본사는 일본으로 가야 한다. 소프트웨어 회사는 우수한 연구개발인력들을 낮은 비용으로 채용할 수 있는 인도의 방갈로르에 가는 게 이득이다.

국제화 4.0시대의 특징은 모든 기업이 국제화를 하지 않으면 안 될 뿐 아니라 기업의 모든 활동이 국제화의 대상이 되는 시기다. 이 시기에 국가의 경제정책의 목표는 자국의 입지우위location advantages를 극대화해 국내외 기업이 자국에 들어오도록 유도하는 것이어야 한다. 그러한 입지우위에는 우수한 인력, 유연한 노동시장, 기업에 우호적인 정치 및 사회 환경, 효율적인 정부, 제대로 작동하는 자본시장, 좋은 인프라, 수준 높은 소비자 등과 같은 요인이 포함된다.

이런 거의 모든 입지우위를 가진 나라가 싱가포르이며, 그 결과 싱가포르는 구매력평가지수 환율 기준으로 세계에서 개인소득이 가장 높은 나라가 되었다. 국제화 4.0시대를 맞이해 정부의 경제정책에는 나가려는 국내 기업과 들어오려는 외국 기업에게 매력적인 입지여건을 제공하는 내용이 포함되어야 할 것이다.

동아시아는
새로운 성장동력

지속적인 경제성장을 위해서는 협소한 내수시장의 한계를 넘어 세계로 시장을 확대하는 전략을 추진해야 한다. 글로벌화로 인해 기업들은 수동적 해외 이전이 아니라 경쟁력 측면에서 해외로의 가치사슬 확대를 해야 하는 상황에 놓여 있다. 한국 기업들의 입장에서 중국의 사업환경은 갈수록 어려워지고 있다. 중국 정부의 자의적인 규제와 상승하는 인건비로 인해 한국 기업들의 경영환경은 날로 악화되고 있기 때문이다. 따라서 이제는 새로운 시장에 주목해야 한다.

다행히 새롭게 추진되는 광역 FTA로 인해 앞으로 기업에게 유리한 여건이 조성될 수 있다. 세계 무역환경은 지금 광역 블록화가 되고 있으며 세 개의 거대한 FTA가 경쟁적으로 추진되고 있다. 동아시아와 아시아태평양 지역에는 역내포괄적경제동반자협정RCEP과 환태평양경제동반자협정TPP라는 FTA 협상이 경쟁적으로 진행되고 있다. 경쟁을 하면 서두르게 되는 법이라 2015~16년경이면 이 두 협상이 모두 완료될 가능성이 크다. 여기에 이미 협상이 진행 중인 한·중FTA와 2013년부터 협상이 시작되는 한·중·일FTA까지 체결되면 아시아 시장은 새로운 통합 시장으로 부상할 것이다.

TPP와 RCEP 외에 미국과 EU가 결합하는 환대서양무역투자동반자 협정Trans-Atlantic Trade and Investment Partnership; TTIP이라는 광역 FTA 협상이 2015년 완료를 목표로 2013년 6월 17일 G8 회의에서 개시가 선언되었다. 다행히 한국은 3대 광역 FTA 중에서 두 개에 참여하고 있다. 한국경제가 향후 15년 동안 3퍼센트대의 성장을 하려면 새롭게 부상하고 있는 이들 광역 FTA를 적극적으로 활용해야 한다.

이러한 관점에서 동아시아는 한국경제의 새로운 성장동력이다. '동아시아 지향전략'이란 두 가지 의미로 정의할 수 있다.

먼저 생산적 측면에서는 동아시아를 한국의 가치사슬에 편입시키는 것이다. 우리 기업들이 동남아 시장에서 단순히 물건을 판다는 개념이 아니라 연구개발 및 새로운 기업경쟁력을 갖추는 활동을 동남아 국가에서 수행하는 것이다. 한국 기업들은 동남아 국가들의 경제발전과 부가가치 확대에 기여하면서 이를 기반으로 세계시장으로 나가는 전략을 취해야 한다. 가장 부가가치가 높은 활동은 국내에서 하고, 생산과 조립은 베트남이나 중국, 인도네시아 등에서 하는 식의 생산의 유기적 연계가 바로 국내시장의 개념을 동아시아로 확대하는 것이다.

소비적 측면에서 동아시아 지향전략은 동아시아를 우리 상품의 내수시장화한다는 것을 의미한다. 최근 아세안 국가들은 높은 경제성장률로 인해 1인당 국민소득이 증가하면서 중산층이 확대되고 내수시장이 활성화되고 있다. '아세안 5'인 인도네시아, 말레이시아, 필리핀, 태국, 베트남의 경우, 구매력 기준 1인당 국내총생산이 2005년 3,975달러에서 2011년 5,554달러로 40퍼센트나 증가했다.

아세안의 인구는 2012년 기준 6억여 명에 달하며 아세안 국가들은 출산율이 높다. 젊은 노동력, 풍부한 광물·삼림·수산자원을 보유하고 있는 인도네시아와 베트남은 성장잠재력이 크다. 상대적으로 후발국인 캄보디아, 라오스, 미얀마도 구매력이 증가하면서 중산층이 확대되고 있다. 이러한 점들을 고려해 아세안 국가들을 저임금 제조업 생산기지를 넘어 내수시장화해야 한다. 높은 출산율로 인한 아세안의 인구증가와 경제성장으로 인한 구매력 증대는 앞으로 서비스산업의 진출지로서도 적극적으로 활용될 수 있을 것이다.

특히 RCEP는 아세안 10개국은 물론 한국 외에 중국, 일본, 인도, 호주와 뉴질랜드가 포함되는 포괄적인 FTA가 될 것이기 때문에 한국 기업에게 매우 유리하게 작용할 것이다. RCEP가 타결되면 전 세계 인구의 48퍼센트와 GDP의 30퍼센트에 달하는 소비자를 통합하는 자유무역지역이 탄생하는데, 여기서 한국이 중심적인 국가가 된다면 한국경제와 기업에게 매우 좋은 소식이 될 것이다.

우리는 한국경제가 개방을 했기 때문에 이 좁은 영토에서 이만큼 경제적 번영을 누리고 있음을 항상 인식해야 한다. 무역에 대한 의존도가 높다는 것을 불안요인으로 여기기보다는 무역량을 더 늘리더라도 리스크가 증가하지 않도록 무역 및 금융시스템을 구축해야 한다. 무역 규모가 GDP의 230퍼센트에 달하는 싱가포르의 화폐가치가 안정적인 이유를 살펴봐야 한다. 제조업이 강하고 수출을 통해 규모의 경제를 달성하고 있는 한국이 내수 위주의 경제로 전환한다는 것은 현실적인 접근이 아니다. 발상의 전환이 필요하다.

제조업 강국이
경제 강국이다

한국의 GDP 대비 제조업 비중은 다른 제조업 강국인 일본, 독일보다 높지만, 한국 제조업은 부품소재 등을 개발할 수 있는 핵심기술이 부재하고 기술인력도 부족하다. 한국의 제조업은 한·중·일 삼각무역구조에서 일본의 기술력과 중국의 원가경쟁력에 밀려 위협을 받고 있다.

유엔산업개발기구UNIDO의 제조업경쟁력지수Competitive Industrial Performance Index에 따른 한국의 제조업경쟁력은 1980년 107개국 중 23위에서 2009년 118개국 가운데 7위로 높아졌다. 그러나 일본과 중국의 제조업 경쟁력은 2009년 기준 각각 3위와 5위를 기록해 우리보다 앞서 있다.[15]

제조업의 경쟁력 강화와 고용의 유연안정성 확충

한국경제에서 수출입이 차지하는 막대한 비중과 경상수지가 외환 및 주식시장에 미치는 영향을 고려할 때 제조업의 경쟁력 향상은 중요하다. 특히 지속적으로 반복되는 금융위기 속에서 제조업이 강한 국가들

---

15 1위는 싱가포르, 2위는 미국이며, 독일은 4위다.

이 상대적으로 빠르게 위기를 극복하는 것을 보면 제조업의 경쟁력 강화는 국가 경제의 체질 강화를 위해서도 긴요하다. 미국은 1970년대 이후 생산공장을 개도국으로 이전해 부분적으로 제조업을 공동화空洞化시켜왔지만, 2008년 금융위기 이후 자동차를 비롯한 제조업 부흥을 추진하고 있다는 점에 주목할 필요가 있다.

제조업 강국인 독일은 유로존 위기에도 불구하고 자동차, 의약, 기계 등 고부가가치 제조업의 수출경쟁력을 통해 견실한 경제를 유지하고 있다. 독일 제조업의 힘은 1996년 '일자리를 위한 연대협약' 이래 2003년의 '하르츠 개혁' 등을 통해 고령근로자와 청년실업자의 시간제근무 촉진, 임시근로자 고용 활성화, 장기실업자 축소, 고용보호 완화 등 고용유연성의 강화에서 비롯되었다. 또한 주요 대기업들의 생산공장 해외이전을 막기 위해 노사는 추가임금 지급이 없는 근로시간 연장 및 임금상승 억제 등에 합의했다. 독일 기업들은 가족경영체제를 고수하거나 은행과의 장기적인 이해관계를 통해 중장기적인 관점에서 투자와 사업을 추진하고, 독일 정부는 기업들의 투자와 기술축적을 지원한다.

결국 제조업의 경쟁력을 강화하기 위해서는 기업이 외부의 환경 변화에 보다 탄력적으로 대응할 수 있어야 하며, 이를 위해서는 고용의 유연안정성flexicurity이 무엇보다 중요하다. 또한 기업의 지배구조 개선에 매달리는 정책이 아니라 기업의 체질 개선을 통한 산업경쟁력 강화가 필요하다. 기업의 지배구조 개선은 기업에게 맡기고, 정부는 기업의 투자를 촉진할 수 있는 인센티브를 만들고 고용유연성 확충 및 시장경쟁의 촉진을 위한 법제도의 개선을 위해 노력해야 한다.

제조업의 첨단화와 부품 및 소재산업 육성

제조업은 여전히 한국경제의 중요한 성장동력이다. 제조업의 경쟁력 강화는 첨단화를 통한 고부가가치화와 부품·소재산업의 육성으로 대표된다고 할 수 있다. 제조업의 첨단화는 경제성장과 좋은 일자리 창출을 위해서도 매우 중요하다. 전 세계적으로 정보기술을 기반으로 첨단제조업의 발전이 가속화되고 있다. 의료 및 바이오산업은 선진국의 노령화 및 신흥국 경제성장으로 사회적 수요가 증가하고 있고, BT, NT, IT 기술 등의 융복합화와 함께 기술진보가 가속화되고 있다.

첨단제조업의 발전은 헬스케어, 이러닝, 콘텐츠·소프트웨어 등 고부가가치 서비스산업의 발전도 유도할 것이다. 따라서 현재 우리의 세계적인 IT역량을 기반으로 제조업의 첨단화를 위한 기업의 연구개발을 촉진시킬 수 있는 세제 및 금융지원을 강화하고, 해당 산업에 대한 기업의 투자를 저해하는 규제를 철폐해야 한다.

부품·소재산업 육성은 한국 제조업의 숙원 목표다. 한국의 주력 수출산업인 반도체, 철강, 자동차 등은 모두 일본에서 수입하는 핵심 장비나 부품이 없으면 생산이 곤란한 상황이다. 우리나라 부품·소재산업의 경쟁력은 일본 및 미국에 비해 훨씬 취약하며 중국도 빠르게 우리를 추격하고 있다. 부품·소재산업에서는 경쟁력 있는 중소 및 중견기업의 역할이 중요하다. 글로벌 대기업과 국내 부품·소재 전문 중소기업의 협력을 강화해 부품·소재산업의 경쟁력을 제고해야 한다.

또한 자동차, 전기전자, 화학 등 업종별 특성을 반영한 체계적이고 종합적인 교육훈련 프로그램을 통한 인력 양성도 중요하다. 외국인 투자 유치를 통한 부품·소재산업의 고도화도 필요하다. 국내 수입 규모가 큰 부품·소재 분야를 우선적으로 선정해 수요 대기업과 투자 유치 기관이 투자 유치를 위해 같이 노력해야 한다. 국내 부품·소재기업의 수출 확대를 위해 미국, 일본의 수요 대기업을 선정해 연구개발 단계에서부터 공동개발을 해야 한다. 특히 부품·소재산업의 육성은 강소형 중소기업 및 중견기업을 만드는 중요한 정책이 될 수 있다. 정부는 규제 중심의 동반성장정책을 지양하고, 우리나라 중소기업들이 세계적인 부품·소재기업이 될 수 있도록 지원해야 할 것이다.

한편 소비재 제조업의 발전을 통한 제조업의 업그레이드도 필요하다. 우리나라 제조업은 그동안 중화학과 IT를 선택하고 역량을 집중해 성공했다. 따라서 소비재나 식품산업 등은 세계적인 회사가 아직 없다. 특히 다른 업종에 비해 장수기업들이 다수 있는 식품산업은 오랜 기간 축적된 노하우를 토대로 한류 열풍을 타고 글로벌화할 수 있는 기회가 확대되고 있는 것으로 보인다. 이미 농심이나 CJ제일제당, 삼양사 같은 회사는 좁은 내수시장의 한계를 극복하고 글로벌 식품기업으로 성장하기 위해 노력하고 있다. 농심의 경우, 해외시장 개척을 위해 중국 상해, 청도, 미국 LA 등에 공장을 설립해 현지화 전략을 추진하고 있다.

그러나 한국의 식품기업들이 스위스의 네슬레나 프랑스의 다농과 같은 세계적인 글로벌 기업이 되기 위해서는 무엇보다도 식품산업에 대한 인식전환이 필요하다. 정부는 식품을 국내용 먹거리로만 생각하고 관리 및 규제의 대상으로 보는 듯하다. '불량식품' 단속의 대상이 아니라 식품산업도 국제화를 주도할 산업이라는 관점이 필요하다.

특히 정부가 나서서 식품산업의 영세화를 초래해서는 안 된다. 동반성장위원회가 외식·제빵업을 중소기업 적합업종으로 지정한 것은 식품산업을 단순한 골목상권으로만 이해해 식품산업의 영세화를 자초하는 정책이다. 식품산업도 하나의 산업으로서 대형화와 전문화가 되어야 세계무대에서 글로벌 식품기업들과 경쟁할 수 있다. 국민건강과 직결되는 규제를 제외하고는 식품산업의 발전을 저해하는 규제들을 완화해야 할 것이다. 한국 식품산업의 글로벌화를 위해서는 브랜드의 현지화와 연구개발 투자를 통한 현지 맞춤형 제품을 개발하는 전략도 필요할 것으로 보인다.

글로벌 가치사슬 확대와 지식기반서비스 투자 활성화

가치사슬을 확대하는 전략이 필요하다. 세계화와 개방화로 인해 제조업 생산 과정의 세계적 분업화라는 가치사슬이 만들어지고 있다. 인터넷과 정보통신의 발달은 네트워크를 통한 아웃소싱을 활성화하면서 글로벌 가치사슬의 확대를 더욱 가속화하고 있다.

가치사슬형 분업구조에서는 완제품의 생산과 수출보다는 시장지배력과 부가가치의 크기가 더 중요하다. 글로벌 가치사슬에서 대부분의 부가가치를 챙기는 선진국들은 노동집약적 저부가가치활동은 중국 등 신흥국으로 이전했다. 자동차, 항공기, 휴대전화 등에서는 설계, 부품생산, 조립, 판매 과정에서 선진국, 개발도상국, 저개발국 등을 망라하는 수십 개의 나라와 수백 개의 기업이 가치사슬을 형성하고 있다. 세계의 공장이었던 중국은 글로벌 가치사슬에서 개발도상국이나 저개발국의 역할을 담당하면서 급속한 경제성장에 성공했다.

한국 기업들도 본격적으로 글로벌 가치사슬을 확대해야 한다. 이제까지 많은 한국 기업이 중국으로 이전했지만, 엄밀한 의미에서 가치사슬의 확대보다는 생산기지의 단순한 이전에 그친 경향이 컸다. 우리 기업들도 가치사슬의 핵심인 연구개발, 상품기획, 디자인, 첨단부품 생산 등으로 역량을 강화해야 할 것이다. 신발 제조회사를 하기 위해서는 베트남에서 공장을 운영하면서 부산에서 중요한 연구개발을 해야 한다.

따라서 가치사슬 확대를 위해서는 지식기반서비스에 대한 개발과 투자가 필요하다. 산업이 발전하고 가치사슬이 확대되면 제조업의 공동화는 필연적으로 초래될 수밖에 없다. 이를 막을 수 있는 유일한 방법은 국내에서 고부가가치 활동을 할 수 있는 우수한 인력을 양성하고 제도적 인프라를 구축하는 것이다. 가치사슬의 확대는 세계화시대에 대응해 경쟁력을 갖추기 위해 기업들이 선택할 수밖에 없는 경영전략이다.

한국경제의 강점은 제조업에 있으며, 고부가가치서비스업도 수준 높은 제조업을 기반으로 한다. 제조업 강국이 경제 강국이며, 불황에도 견뎌내는 힘이 강하다. 정부 정책의 핵심은 어떻게 하면 고부가가치활동이 국내에서 일어나게 해 일자리 창출과 높은 소득수준을 달성하게 하는가다. 그렇게 해야 글로벌 분업 과정에서 국내 경제의 공동화를 피할 수 있다.

핵심은 우수한 인력의 공급과 노동시장의 유연화다. 강력한 노조가 지금처럼 고용이나 근로의 유연성을 막는 상황이 지속되면 외국 기업의 투자가 끊기는 것은 물론 한국 기업의 투자마저도 해외로 나가게 된다. 이는 국내 경제의 공동화로 이어져 결국 근로자가 피해자가 될 것이다. 노동조합 간부들의 긴 안목과 깨달음이 절실하다.

초연결사회의 승자는
개인과 소기업

2011년에 당시의 지식경제부가 한국에서 중견기업이 더 많이 나와야 한다는 문제의식을 가지고 새로운 조직을 만들었다. 그리고 중소기업이 중견기업이 되는 데 가장 어려운 점이 무엇인지를 조사했다. 조사 대상 중소기업이 느끼는 가장 큰 성장의 벽은 '인재난'과 '국제화'의 어려움이었다. 중소기업이 느끼는 인재난은 심각하다. 대학졸업자들이 대부분 이름난 대기업의 문을 두드리기 때문이다.

최근 대기업 여러 군데에 지원해 최종 단계까지 올라갔다가 두 군데 모두 불합격한 청년과 상담할 기회가 있었다. 선배가 경영하는 지문 등 생체인식 기술이 뛰어난 회사에서 같이 일하자는 제안을 받았는데 고민이라는 것이었다. 내가 보기에도 이 청년이 마지막까지 올라갔던 두 대기업에 비해 장래성이나 일의 성취감 그리고 재량권 등 모두 이 기술집약 벤처기업이 더 유망해 보였다. 그 순간 우리 사회가 청년들에게 제대로 된 진로 지도를 못하고 있다는 생각이 들었다. 좀 더 멀리 내다보면 얼마든지 기회가 있는데 너도나도 안정돼 보이는 대기업을 선택하기 때문이다.

중소기업이 글로벌화에 대한 어려움을 느끼는 것과 다른 차원에서 CEO들도 글로벌화에 대한 벽을 체감하는 경우가 많다. 국내에서 성공한 CEO는 주로 해외사업에 생소해 국제화에 대해 부담을 갖게 된다. 그러나 이제는 독특한 제품이나 콘텐츠만 있으면 얼마든지 해외시장 개척이 가능하다. 싸이의 '강남 스타일'이 대표적인 예다. 다분히 한국적인 콘텐츠로도 충분히 세계적인 히트상품이 될 수 있다.

해외에도 그런 예가 수없이 많다. 에어비앤비Airbnb라는 회사가 있다. 빈방이나 집주인이 일정 기간 집을 비울 때, 이 공간을 관광객에게 빌려주는 중개서비스를 하고 일정한 수수료를 받는 기업인데, 2008년 미국의 샌프란시스코에 사는 20대 청년 세 명이 시작했다. 이 회사는 2012년 현재 192개국에 3만3,000개 도시에서 1,000만 일 이상의 누적 예약 건수를 기록해 창업 5년 만에 기업가치가 20억 달러가 되었다. 일종의 플랫폼 사업으로 양쪽 고객이 모두 일반인이며, 노는 자원을 활용한다는 점에서 '공유경제'의 좋은 모델이다.

초연결사회의 가장 큰 승자는 개인과 소기업이다. 좋은 아이디어가 있으면 얼마든지 새로운 가치를 창출하고 사업을 일으킬 수 있는 시대가 되었다. 다행히 한국 젊은이들은 인터넷과 모바일 활용에서 세계 최고 수준이다. 한국은 인터넷과 모바일기반의 서비스 수준도 세계 최고다. 게다가 1992년부터 초등학교에서 영어를 가르치기 시작했다. 반면 일본은 그때부터 초등학생에게 영어를 가르칠 것인가를 논의했으나 아직까지도 결론을 내리지 못하고 있다. 1992년에 초등학생이었던 이들은 이제 곧 30대가 되어 세계시장에서 자유롭게 활동할 수 있게 된다.

한국의 청년들에게 세계시장은 무한히 열려 있다.

기업의 국제화에 부담을 느끼는 중소기업의 CEO는 청년들을 과감하게 활용해야 한다. 물론 기업에게 독특한 제품이나 콘텐츠가 있어야 한다. 지금 시대에 기업이 국제화에 성공하려면 지식기반의 경쟁우위가 있어야 한다. CEO는 그런 기술, 제품, 사업모델을 만드는 데 전력하고 유능한 젊은이들을 과감하게 채용해 국제화를 맡기면 된다. 1970년대 중반 국제화 1.0시대에 비해 지금의 여건은 너무나 좋다. 기업의 실력이 무척 좋아졌고, 한국의 위상도 매우 높아졌으며, 우수한 젊은 인재도 많다. 한국경제의 새로운 성장동력은 국제화 4.0시대에 나와야 한다.

새 정부가 창업을 지원하고 중소기업의 성장을 지원하려 한다면 기업은 두 가지 역량 개발에 집중할 필요가 있다. 하나는 지식기반의 핵심역량이며, 다른 하나는 국제화역량이다. 지식기반의 역량은 기술 기반, 사업모델 기반, 독특한 문화 콘텐츠 등 몇 가지로 나누어 생태계를 조성해야 한다. 국제화역량을 높이기 위해 청년들에게 해외 경험을 더 많이 쌓게 하는 것도 필요하다.

삼성그룹은 1990년대 중반부터 해외 지역전문가를 매년 200~300명씩 육성해왔으며, 이들 인력이 삼성전자의 국제화에 밑거름이 되었다. 정부도 해외청년봉사단과 같은 프로그램을 통해 가능한 많은 젊은이들이 해외 경험을 할 수 있도록 지원해야 한다. 기업의 독특한 콘텐츠와 이들 국제파들이 결합될 때, 한국 기업의 국제화 4.0시대는 꽃피울 것이다.

성장 지향적 세제와
인센티브 강화

경제성장을 위해서는 기업의 투자 확대가 가장 중
요하다. 대기업, 중견기업, 중소기업 등 기업 규모와 상관없이 새로운
사업 기회와 기술을 바탕으로 투자를 할 수 있도록 유도하는 지원정책
을 추진해야 한다. 국내 기업의 투자 활성화를 위해 경제자유구역에서
의 국내 기업 역차별도 해소해야 한다. 기업 투자가 활성화되고 창업이
활발해지기 위해서는 한국 사회의 반反기업 정서 해소와 기업의 중요
성에 대한 교육가와 기업가들의 혁신적인 자세도 필요하다.

중소기업에 대한 재정 · 세제 · 금융지원은 업종별로 차등화하고, 국
가적 차원에서 필요한 산업에 대해서는 기업 규모를 불문하고 적극적
으로 지원해줘야 한다. 또한 수도권 집중억제라는 명분하에 투자를 억
제하고 있는 수도권에 대한 기업 규제도 폐지해야 한다. 개방경제시대
에 국내의 특정 지역에 대한 투자억제는 다른 지역의 투자를 확대시키
는 것이 아니라 해외로의 기업이전을 촉진시키기 때문이다. 폐쇄경제
시대의 정책 패러다임인 수도권 규제는 한국경제와 같은 개방경제에서
더 이상 실효성을 갖기 어렵다.

지속적인 성장을 위해서는 조세제도를 통한 지원도 필요하다. 경제
성장과 세율인상은 상충되는 방안이다. 세율을 인상해 조세수입을 증
가시키면 경제의 활력을 저하시켜 경제성장을 감소시킬 가능성이 크기
때문이다. 글로벌 환경에서 자본은 이동성이 좋으므로 세율이 낮은 지

역이나 국가를 찾아다닌다. 따라서 자본 도입과 투자 촉진을 통해 경제 활력을 증가시키려면 세율을 낮춰야 한다.

실제로 세계 각국은 지난 20년간 세율을 낮추는 경쟁을 해왔다. 그러나 이명박정부의 감세정책 좌절에서 보듯 세율을 낮추는 것도 쉽지 않다. 국가 간 기업 유치경쟁의 차원에서 세율을 낮추어야 하나, 국내 정치적인 여건은 소위 '부자감세' 논의 때문에 법인세나 개인소득세율을 낮추는 것이 어렵다. 또한 조세감면을 축소하는 것도 이해당사자의 저항 때문에 쉽지 않다. 감세가 정치적인 이유로 어려운 상황에서 정치적 이유로 인한 증세가 가져올 수 있는 부정적 영향에 대한 특별한 경각심이 필요하다.

새 정부의 복지 확대정책으로 인해 증세 논란은 불가피해 보인다. 지속적인 경기침체로 인해 세수가 제대로 걷히지 못하는 상황에서 복지 재원을 마련하기 위한 증세는 경기침체를 더욱 악화시켜 세수를 더욱 감소시킬 것이다. 복지 확대로 인한 저성장이 현실화되는 것이다.

증세 대신에 국채발행이라는 대안이 있을 수 있으나, 이는 결국 미래 세대의 부담을 증대시키고 성장잠재력을 훼손하게 될 것이다. 세대 간 형평성의 관점에서도 적절하지 않다. 복지를 확대하기 위해 증세를 고민하기보다는 감세를 통한 투자와 성장 촉진으로 세수를 증대시키는 방안을 고려해야 한다.

성장친화적 세제의 핵심은 결국 기업에 대한 법인세 부과 문제다. 법인세제의 세계적 추세는 경쟁적 세율인하와 평률세제 flat rate tax system다. 특히 한국의 경우, 법인세가 조세수입에서 차지하는 비중이 선진국들에 비해 높은 편이다. 한국과 경쟁관계에 있는 홍콩, 대만, 싱가포르는 모두 17퍼센트의 단일 법인세율을 가지고 있으며, 일본은 30퍼센트 그리고 중국은 25퍼센트의 단일 법인세율을 유지하고 있다. 법인세는 향후 20퍼센트로 인하하되 단일세율로 가는 것이 타당하다.

복잡한 공제제도를 세목에 따라 단순화하는 것도 필요하다. 법인세의 경우 세율을 인하하면서 기존의 복잡한 공제를 축소해야 한다. 투자 촉진을 명분으로 한 다양한 조세감면을 폐지하고 고수익의 가능성이 있음에도 불구하고 높은 리스크와 불확실성으로 인해 투자가 어려운 연구개발 투자에 대한 공제만을 유지할 필요가 있다. 투자 촉진에 대한 감면은 특정 경제행위가 외부성을 가질 때나 임시투자세액공제처럼 경기조절 목적을 위해서만 시행되어야 한다.

특히 투자와 관련된 조세지원은 기업 규모에 따라 차별적으로 적용해서는 안 된다. 투자여력이 큰 대기업에 대한 차별적 과세는 경제 전체의 투자 감소를 초래해 경제도 어렵게 만들고 세수도 저하시킬 우려가 크다. 중소기업에 대한 지원은 활용도가 높은 중소기업특별세액감면 제도만을 유지시켜 적용하고, 기타 중소기업 관련 세제감면은 폐지하는 것이 타당하다. 많은 중소기업이 영세해 세제감면의 혜택이 크지 않을 것이기 때문에 현실적으로도 세제지원보다는 정책자금이 더 유용할 것이고, 그렇다면 정책자금의 효율적 배분이 더 유효할 것으로 보인다.

복잡다기한 부담금제도도 개선해야 한다. 우리나라는 준조세의 과중한 부과로 경제 주체들의 경제활동이 위축되는 것으로 평가된다. 대표적인 준조세인 부담금은 기업의 사업비용을 증가시켜 투자의욕을 저해하고 있다는 비판을 받고 있다. 부담금은 기금과 특별회계의 재원이 되므로 부담금의 통폐합은 기금 및 특별회계의 전면적인 개편을 수반해야 한다.

무엇보다도 부담금 설치의 필요성을 최소화하기 위해서는 각 부처가 기금이나 특별회계를 함부로 설치하지 못하도록 제도적 제약을 강화해야 한다. 기금과 특별회계는 공무원들의 예산낭비를 촉발시키면서 부처 이기주의를 실현시킬 수 있는 하나의 정책수단이기 때문이다. 따라서 기금과 특별회계를 통폐합해 재원의 역할을 하는 부담금을 축소하고, 반드시 필요한 사업은 투명한 방식으로 일반회계에서 집행해야 한다.

또한 동일한 행위나 부과대상에 조세와 부담금이 중복 부과되는 경우, 조세로 일원화하고 유사한 성격의 환경관련부담금과 건설관련부담금도 통폐합해야 한다. 특히 개발관련부담금의 경우, 개발 행위 자체가 아니라 개발에 따른 외부불경제가 발생하는 경우에 한해 부담금을 부과해야 한다.

5
장

서비스

산업의

빅뱅

서비스산업이
영세할 수밖에 없는 이유

　한국 서비스산업의 특징은 영세성과 저부가가치다. 서비스산업이 영세한 이유는 자영업자 중심의 생계형 업종이 대부분이기 때문이다. 한국의 서비스산업은 업체수는 많고 종사자수는 적어 다른 산업에 비해 매우 영세하다. 2011년 기준 전체 사업체수는 347만 34개이며 86.8퍼센트인 301만3,433개가 서비스업 사업체수다. 서비스업 사업체에서 종업원 5인 미만의 영세업체는 2011년 기준 259만5,774개로 전체 서비스업 사업체의 86.1퍼센트에 달한다. 종사자수 기준으로 보면 2011년 기준 서비스업 종사자는 1320만3,895명으로 전체 사업체 종사자 1,809만3,190명의 73.0퍼센트다. 이 가운데 서비스업 영세업체 종사자수는 461만7,648명으로 서비스업 종사자수 대비 35퍼센트를 차

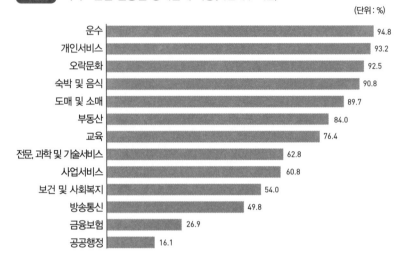

그림 2 서비스산업 업종별 영세업체 비중(사업체수 기준)

(단위: %)

업종	비중
운수	94.8
개인서비스	93.2
오락문화	92.5
숙박 및 음식	90.8
도매 및 소매	89.7
부동산	84.0
교육	76.4
전문, 과학 및 기술서비스	62.8
사업서비스	60.8
보건 및 사회복지	54.0
방송통신	49.8
금융보험	26.9
공공행정	16.1

주: ① 사업체 통계조사 2011년 가공 자료 ② 영세업체 기준은 종사자 5인 미만
자료: 통계청, 2011년 사업체기초통계

지하고 있다.

2012년 12월 기준 자영업자는 553만2,000명, 무급가족종사자는 110만7,000명 등으로 자영업자 및 가족종사자가 전체 경제활동인구 2,513만9,000명의 26.4퍼센트인 것으로 추산된다. 자영업자 비율은 2011년 기준 28.3퍼센트보다는 다소 감소되었으나 여전히 OECD 평균 16.1퍼센트를 훨씬 상회한다. 〈그림 2〉를 보면 서비스산업 가운데 부가가치와 고용의 비중이 높은 도소매, 숙박 및 음식, 운수업은 종업원 5인 미만의 영세업체가 해당 사업체의 90퍼센트 내외에 달한다.

서비스산업에 생계형 영세자영업자가 많은 이유는 이들 업종이 한국 사회에서 일종의 사회안전망 역할을 하고 있기 때문이다. 서비스산업은 1997년 외환위기 이후 구조조정과 기술 혁신으로 인해 제조업에서 방출된 노동력의 대량실업을 막아주는 순기능을 했다. 제조업의 '고용 없는 성장'으로 인해 신규인력들도 대거 서비스산업으로 유입됐다. 실직자, 퇴직자 그리고 취업이 힘들다고 생각하는 많은 사람이 영세 자영업으로 생계를 유지하고 있는 것이다. 영세자영업이 고용의 안전판 역할을 하면서 한국의 공식적인 실업률은 낮게 유지되었고, 정부의 실업자 및 저소득자 지원 부담도 줄어들었다.

영세한 만큼 서비스산업은 낮은 부가가치와 수익성을 보이고 있다. 기업의 경영성과를 보여주는 매출액세전순이익률을 보면 서비스업은 제조업의 절반 수준에 불과하다. 2011년 기준 매출액세전순이익률은 제조업이 5.2퍼센트인 반면 서비스업은 2.8퍼센트다.

2009년 기준 취업자 1인당 실질 노동생산성 수준은 제조업이 8만 4,864달러로 OECD 19개국 중 5위인 반면, 서비스업은 3만4,956달러로 18위다.[16] 제조업의 생산성은 미국의 82.6퍼센트, 일본의 111.0퍼센트로 높은 편이지만, 서비스업의 생산성은 미국의 44.2퍼센트, 일본의 62.0퍼센트로 크게 낮은 수준이다. 2008년 기준 제조업 대비 서비스업 생산성은 한국이 41.2퍼센트인 반면 일본은 73.8퍼센트, 미국은 77.1퍼센트다. 더욱이 한국의 제조업 대비 서비스업 생산성은 2000년 62.5퍼센트에서 2004년 51.2퍼센트, 2008년 41.2퍼센트 등으로 하락 추세다.

---

16 지식경제부, 노동생산성 국제비교 분석 결과, 2011년 1월 27일 보도자료.

서비스산업이 영세성을 면치 못하고 저부가가치산업의 대명사가 된 주된 원인의 하나는 정부의 제조업 편향적 지원정책 때문이다. 한국의 산업정책은 제조업 위주의 경제성장과 산업육성전략에 따라 제조업 중심으로 운영되어왔다. 세제지원제도의 경우, 제조업은 전 업종이 대상인 반면 서비스업은 일부 업종에 국한되어 있다.

다양한 재정지원 역시 제조업 위주이며 서비스업은 상대적으로 소외되고 있다. 2010년 기준 지식경제부, 교육과학기술부, 노동부, 환경부, 중소기업청, 조달청, 관세청의 중소기업 지원제도 110개 가운데 제조업과 서비스업을 모두 지원하고 있는 경우는 전체의 72.7퍼센트, 제조업만을 지원하는 사업은 10.9퍼센트, 제조업과 서비스업의 일부만을 지원하는 사업은 16.3퍼센트다.[17] 정부의 연구개발 지원은 대부분 기술개발만을 대상으로 하고 있어 비기술적 특성을 갖는 서비스 연구개발은 지원을 받을 수 없는 경우가 많다.

또한 서비스산업에 대한 다양한 규제도 서비스산업이 영세성을 벗어나지 못하도록 만들고 있다. 대표적으로 지식기반서비스업의 경우, 전문자격증 등의 규제를 통한 진입장벽이 높다. 의료, 교육, 사회복지서비스 등에서는 공공성과 사회적 후생을 명분으로 하는 각종 규제가 있어 기업의 진입과 경쟁, 자본투자와 연구개발 등을 저해하고 있다.

서비스산업은 업종마다 차이가 있으나 제조업에 비해 규제가 많은 편이며, 이는 서비스업의 개혁과 관련해 기득권층의 저항이 높을 수 있

---

17 김홍석, 〈정부지원제도에서의 제조업과 서비스업 간 차별 해소 방안〉, 산업연구원, 2011.

다는 것을 의미한다. 2013년 2월 기준 규제개혁위원회에 등록된 업종별 규제를 보면 제조업 일반에 대한 규제는 26개인 반면, 서비스업에 대한 규제는 방송통신업 145개, 연구개발업 100개, 전문서비스업 209개, 병원·의료서비스업 176개, 학교 235개, 보건·복지사회 서비스업 105개 등이다.

더욱이 생계형 서비스업에 대해서는 '저소득층 보호'라는 정치적 논리가 적용되고 있어 서비스업의 영세성을 더욱 강화시키고 있다. 생계형 서비스업은 과당경쟁으로 인해 시장에서의 퇴출이 필요함에도 불구하고 정치권에 의지해 유지되고 있다. 게다가 최근 경제민주화 논의를 거치면서 정치적 논리는 더욱 강화되었다. 예를 들어 골목상권 보호를 명분으로 하는 기업형 슈퍼마켓SSM 규제는 유통산업의 발전을 저해하고 있다. 유통산업의 대형화와 전문화가 필요함에도 불구하고 대기업의 자본 유입을 봉쇄해 유통산업을 생계형 서비스업으로 남아 있게 만드는 것이다. 서비스산업은 세부 업종이 다양하고 규모의 경제가 존재하지 않는 업종도 많다. 그러나 규제로 인한 자본 유입이나 기업 진입의 봉쇄는 오히려 서비스산업을 저부가가치산업으로 잔존하게 만든다.

서비스산업이 혁신을 하지 못하고 고부가가치 산업으로 발전하지 못하는 중요한 원인 중의 하나는 이익단체의 지대추구rent seeking 및 그와 결탁한 정부 주무부처 때문이다. 국민의 후생 및 일자리와 관련된 많은 서비스업종마다 이익집단들이 정치적 로비를 통해 자기 집단의 이익을 고수하기 바쁘다. 정부의 주무부처들은 국가 경제 전체적 시각이 아니라 부처의 권한을 고수하기 위해 각 이익집단과 영합하기도 한다. 이에

따라 서비스산업은 산업으로서의 발전을 저해하는 각종 규제를 통해
보호받는 이익집단의 조직적이고 강력한 저항에 직면하게 되거나 부처
들 간 충돌로 인해 개혁이 거의 이루어지지 못했다.[18] 결국 서비스산업
의 발전을 위해서는 경제적 논리뿐만 아니라 정치적 결단이 필요한 상
황에 직면해 있다.

서비스산업이 한국경제의 신성장동력이자 하나의 산업으로 발전하
기 위해서는 집중적인 투자, 인력 양성, 노하우 강화 등을 위한 전면적
이고 강력한 빅뱅이 필요하다. 업종별 성장잠재력과 고용창출력을 고려
해 핵심적인 서비스업종을 육성하는 전략도 필요하다. 비즈니스서비스
업과 금융 등 고부가가치서비스업, 의료 및 사회서비스와 같은 사회복
지형 서비스업, 관광과 문화콘텐츠 등의 수출형 서비스업 등을 성장산
업으로 육성해야 한다.[19]

---

18 2001년 이후 정부는 서비스산업 경쟁력 강화를 위해 규제 완화, 제조업과의 차별 개선 등 다양한
대책을 추진해왔고, 이명박정부도 수차례의 서비스산업 선진화 방안과 유망 서비스 분야 일자리 창
출 방안을 발표했다. 그러나 가시적 성과는 거의 없고 의료, 교육 등 주요 서비스산업 관련 법률 제
· 개정은 관련 부처의 반대 속에 지지부진했다. 일반의약품 약국 외 판매, 영리의료법인 시범 도입
계획 등이 대표적인 사례다. 일반의약품 약국 외 판매에 대해서는 대통령이 직접 챙기기 전까지 보
건복지부 장관이 이를 거부했다. 대한약사회 등 관련 이익단체들이 복지부에 끼치는 영향력이 크
기 때문이라는 것이 전반적인 여론의 평가였다. '보건 영역의 특수성'을 명분으로 영리의료법인 시
범 도입을 반대한 보건복지부는 의료서비스 선진화 및 일자리 창출 등을 위해 도입을 찬성한 기획
재정부와 마찰을 일으켰다.
19 서비스업은 서비스의 경제적 기능, 주요 수요자의 차이, 자원 배분에서 비시장 메커니즘의 활용 정
도 등에 따라 생산자서비스, 유통서비스, 개인서비스, 사회서비스 등으로 구분될 수 있다(김혜원 ·
안상훈 · 조훈 지음, 〈사회서비스 분야 일자리 창출 방안에 한 연구〉, 한국노동연구원, 2006). 그러
나 실제 세부 업종들이 다양해 각 범주에 포함되는 업종들이 연구자들마다 달라지면서 서비스업과
관련된 데이터는 다소 차이를 보이고 있다.

제조업과 서비스업의
경계가 사라지다

■최고의 사회복지정책은 '일자리 창출'이다. 직장과 일은 개인의 삶을 위한 기반이며 안정적인 일자리는 개인을 위한 최고의 복지다. 개인들의 직장에서의 성취욕구는 한국경제성장의 기반이자 경쟁력의 원천이고 한국인의 가장 큰 강점이다.

우리나라 일자리는 실업통계로만 따지면 양적으로 큰 문제가 없는 것처럼 보인다. 공식적인 실업률은 2011년 기준 3.4퍼센트인 반면 OECD 국가들은 평균 8퍼센트대의 실업률을 보이고 있다. 그러나 우리는 늘 일자리가 부족하다고 생각하고 있다. 우리는 수출증대와 제조업 성장이 고용 확대를 유발하지 못한다는 고용 없는 성장의 심각성에 대해 연일 논의해왔다. 비정규직과 청년실업에 대한 우려의 목소리도 높다.

그러나 노동시장의 이중구조화로 비정규직 문제가 심각한 현실에서 재정에 의존한 정부 주도의 일자리 확대정책은 바람직하지 않다. '고용의 질'을 고려하지 않고 '고용의 양'을 늘리는 것은 중장기적으로 저임금 · 비정규직 근로자의 고용불안정을 심화시키고 경제의 고용 창출력을 떨어뜨리기 때문이다.

사실 일자리 창출을 목표로 하지 않는 정부는 없을 것이다. 2008년 금융위기 이후 이명박정부의 정책 우선순위도 고용 창출이었으며, 이를 위해 조기재정집행, 희망근로사업, 인턴제, 대기업 · 중소기업 상생정책 등을 시행했다. 그러나 일자리 창출정책의 실패 원인은 정부가 재정을 통해 임시방편으로 일자리 공급을 하면서 대기업 등 민간기업의 활력을 촉진하지 않았기 때문이다.

전 세계적으로 경쟁해야 하는 상황에서 생산성이나 혁신 역량이 높은 수출 대기업 등을 배제한 채 일자리 창출정책을 성공시키기란 쉬운 일이 아니다. 일자리 창출의 주체는 실질적으로 기업일 수밖에 없고, 기업의 투자만이 경제 활성화와 일자리를 만든다는 원리를 간과해서는 안 된다.

또한 저출산·고령화사회의 도래로 노동력이 부족해질지라도 모든 사람이 원하는 좋은 일자리는 항상 제한되어 있기 때문에 질 좋은 일자리를 만드는 산업이 발전되어야 할 것이다. 제조업의 고도화와 첨단화가 불가피한 상황에서 고용 창출력이 높은 서비스산업 육성 이외에 일자리를 창출할 수 있는 방안은 많지 않다.

서비스산업은 글로벌 대기업들에게 새로운 성장동력이자 이윤 창출의 원천이 되고 있다. 제조업과 서비스업의 경계도 모호해지고 있다. 급속한 세계화, 디지털기술 인프라, 글로벌 중산층의 성장, 제조업 가치사슬의 글로벌 분산화, 자유무역 확산 등으로 인해 기업들은 '제조업의 서비스화'를 통해 경쟁력을 확보하고 이윤을 창출하고 있기 때문이다.[20] 제조업의 경쟁력이 디자인, 소프트웨어, 문화 등 서비스 분야에 의존하는 비중이 커지고 있어 서비스화는 제조업의 향후 핵심적인 경쟁역량

---

20 Jeff Watts, Changes in Industrial Landscape and the Future of Service Economy, Servistization of Manufacturing, *2012 International Forum on Changes in Industrial Landscape and the Future of Service Economy*, 2012.

이 될 것이다. 딜로이트컨설팅의 분석에 따르면 세계 제조업체들은 수입의 26퍼센트와 이윤의 46퍼센트를 서비스 비즈니스로 벌어들였다.[21] 결국 하나의 기업을 제조회사냐 서비스회사냐로 구분하는 것은 점점 의미가 없어지고 있다.

경제성장과 더불어 선진국 산업의 중심이 제조업에서 서비스업으로 이동하는 중요한 이유는 서비스업의 중간재로서의 역할이 증가하기 때문이다. 서비스업은 그 자체로서 최종재이기도 하지만 제조업이나 다른 서비스업의 중간재 역할을 하기도 한다. 서비스업과 제조업은 각자 자신의 생산을 위한 투입물로서 서로를 활용하며, 서비스업은 제조업과 나머지 경제부문의 생산성을 제고하는 데 중요한 역할을 한다.

대표적으로 제조업에 많은 이윤을 가져다주는 것이 비즈니스서비스다. 예를 들어 효율적인 정보통신기술은 서비스뿐 아니라 모든 부문에서 생산투입의 핵심요소인 정보비용을 감소시킨다. 고용주의 수요를 만족시키는 숙련된 근로인력을 산출하는 교육시스템은 경제 전체에 혜택을 준다. 컴퓨터의 성능이 높아질수록 고객의 요구에 더 빠르게 대응할 수 있어 제조업의 발전은 서비스산업에 긍정적 파급효과를 가져다준다.

---

21 앞의 포럼.

서비스산업을
제3의 성장 기둥으로

▐ 서비스산업에 대해서는 일견 모순되어 보이는 두 가지 정책이 필요하다. 한편으로는 생산성과 부가가치가 낮은 영세자영업자들이 서비스업을 떠나 다른 산업에 종사하도록 유도해야 하며, 다른 한편으로는 규제를 철폐해 우수한 인력과 자본이 서비스업에 유입되도록 해야 한다. 자세히 들여다보면 이 두 정책은 모순되는 것이 아니다. 규제를 철폐해 우수한 인력과 자본이 투입되면 자연스럽게 생산성이 올라가게 된다.

당장은 이런 처방이 고통스럽거나 서민을 보호하지 않는 것처럼 보이지만, 장기적으로 보면 이것만이 서비스업에 대한 효과적인 대책이 될 것이다. 앞으로 노동력이 부족한 시대로 접어들게 되면 전체 경제활동인구의 4분의 1을 이처럼 낮은 부가가치 업종에 방치한다는 것은 경제 전체에 상당한 낭비가 될 것이다. 그런 관점에서 영세상인을 보호한다고 대기업의 진입을 막는 정부의 정책은 장기적으로는 바람직하지 않다.

사회복지가 확대되면서 앞으로 서비스산업은 사회안전망의 역할을 넘어 한국의 새로운 성장동력 산업으로 자리매김되어야 한다. 서비스산업을 한국경제의 두 기둥인 중화학공업과 IT산업에 이어 새로운 부가가치를 만드는 제3의 기둥으로 만들 필요가 있다. 이를 위해서는 제조업 자체의 경쟁력 강화도 중요하지만 서비스업의 발전을 통한 제조업 강화도 도모해야 한다.

서비스산업을 어떻게 활성화할 것인가

제조업의 생산성은 급격히 상승했으나 개방이 확대되면서 해외 소비가 가능해짐에 따라 제조업의 성과가 국내 서비스업으로 이어지는 기제가 약화되었다. 1990년대부터 제조업체들의 해외 진출이 활발해지면서 이들에 대한 무역지원과 마케팅 등 서비스 기능이 현지에서 이루어지고 있다. 더욱이 개방화와 함께 여행수지 적자가 발생하는 등 국내 서비스 소비가 해외소비로 대체되고 있다. 국내 서비스업의 경쟁력이 강화되지 않을 경우 지속적인 서비스수지 적자를 겪을 가능성도 높다.

한국경제에서 서비스산업이 차지하는 비중은 2011년 부가가치 기준 57.6퍼센트에 불과해 서비스산업의 성장잠재력은 매우 크다(〈그림 3〉 참조). 역동적인 서비스산업은 포용적 성장에도 기여한다. 서비스산업에 종사하는 인구 비중이 높기 때문에 성장의 결과물이 좀 더 넓고 형평성 있게 공유될 수 있기 때문이다. 서비스산업은 노동집약적인 경향이 있고, 고용은 포용적 성장의 핵심이다.

서비스산업의 성장을 통해 일자리 창출과 내수 확대를 동시에 달성하면서 청년, 여성, 노인층의 서비스산업으로의 고용을 확대해 복지수요를 축소해야 한다. 내수 주도 서비스산업의 경우, 고용 창출은 되지만 아직까지 좋은 일자리로 평가되기에는 한계가 있으므로 서비스산업의 고도화에 대한 노력이 필요하다. 도소매종사자 등 영세자영업자 및 무급 가족근로자 등 생계형 자영업자들이 서비스산업의 근로자로 취업할

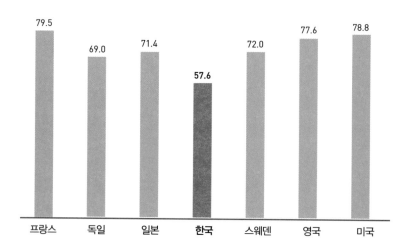

그림 3 OECD 주요 국가 서비스업 비중 (부가가치 기준)

(단위 : %)

프랑스	독일	일본	한국	스웨덴	영국	미국
79.5	69.0	71.4	57.6	72.0	77.6	78.8

주: ① 서비스업은 도소매업, 금융업, 기타 서비스업의 합계
　　② 미국, 일본의 경우는 2010년 기준이며 다른 국가는 2011년 기준
출처: 2013년 OECD 세계연감

수 있도록 자영업자들에 대한 직업교육을 강화하고 직업전환을 유도해
야 한다.

　서비스산업의 전반적인 발전이 필요하지만, 특히 보건의료, 문화콘
텐츠, 관광·레저, 사회서비스, 비즈니스서비스, 교육 및 금융 등 7대 서
비스산업을 신성장동력산업으로 육성해야 한다. 2009년 서비스산업 대
비 7대 서비스산업 사업체 비중은 18.2퍼센트(52만1,189개사), 종사자 비
중은 42.7퍼센트(507만6,826명)로 고용에서 높은 비중을 차지하고 있다.
7대 서비스산업의 부가가치 및 고용 유발효과도 크다(〈표 3〉 참조).

표 3 7대 서비스산업의 경제적 효과

구분	영향력계수	부가가치 유발계수	고용유발계수 (명/10억 원)
보건 · 의료 서비스	0.913	0.831	11.4
사회서비스	0.842	0.904	37.3
교육서비스	0.740	0.923	16.8
금융서비스	0.823	0.936	6.6
관광 · 레저	0.859	0.898	9.1
문화콘텐츠	0.958	0.857	12.6
비즈니스서비스	0.754	0.941	10.9
전체 서비스업*	0.781	0.822	11.2
제조업*	1.155	0.590	6.7

주: ① *는 해당 산업 28개 부문 단순 평균치, 한국은행 산업연관표 2010년 연장표 기준
② 영향력계수는 최종 수요 1단위 발생 시 전 산업에 미치는 후방연쇄효과를 나타내며, 고용유발계수는 이 산업에서 최종 수요 10억 원 발생 시 모든 산업에서 유발되는 고용지수를 가리킴
③ 취업유발계수는 특정 산업부문에 대한 최종 수요 10억 원 발생 시 해당 산업을 포함한 모든 산업에서 직간접적으로 유발되는 취업자수로 피용자뿐 아니라 자영업주와 무급가족종사자 포함. 고용유발계수는 특정 산업부문에 대한 최종 수요 10억 원 발생 시 해당 산업을 포함한 모든 산업에서 직간접적으로 유발되는 고용자수만 포함.

보건의료서비스는 향후 인구고령화에 따라 수요가 더욱 증가할 것이며, 사회복지 차원에서도 필수적인 서비스다. 고령화의 가속화, 1세대 및 1인 가구의 증가, 여성의 경제활동 확대 등으로 인해 보육 · 간병 · 교육 등 사회서비스에 대한 수요도 증가되고 있다. 사회서비스는 일자리 창출과 복지수요 충족의 두 가지 역할을 수행한다.

교육서비스는 한국이 국제경쟁력이 있는 분야로 청년들에게 해외의

고급 일자리를 제공할 수 있는 분야다. 교육서비스산업을 수출전략산업으로 육성하면 매년 적자를 보이고 있는 유학수지 적자도 개선이 가능하다. 금융산업은 대표적인 고부가가치산업이자 지식기반산업으로 실물경제에 미치는 파급효과가 크고 성장성도 높다. 2001~11년까지 연평균 생산증가율을 보면 서비스업 가운데 금융서비스가 7.31퍼센트로 가장 높았다.

1인당 국민소득이 늘어나고 주5일 근무제가 정착됨에 따라 국민들의 여가에 대한 수요가 지속적으로 증가되고 있다. 반면 국내 관광레저산업은 아직 충분히 발전하지 못해 관광수지 적자를 야기하고 있다. 또한 한류 확산으로 해외 관광객들은 증가하고 있지만, 이들의 소비를 촉진시킬 수 있는 인프라는 절대적으로 부족한 수준이다. 관광레저산업은 점증하는 여가에 대한 수요를 충족시켜 국민들의 삶의 질 제고에도 기여할 것이다.

2012년은 한류 열풍의 또 다른 새로운 장이 열렸다. 이른바 싸이의 '강남 스타일'은 세계적인 광풍을 몰고 오면서 한국의 문화콘텐츠산업의 글로벌화 가능성을 보여주었다. 문화콘텐츠산업은 일자리 창출 효과가 크고, 다른 산업에 미치는 파급효과도 높은 성장산업이다.

비즈니스서비스는 세계적으로 각광받는 새로운 성장산업이다. 또한 고부가가치산업이자 중간재로서 다른 산업의 생산성 증진에 미치는 효과가 매우 크다. 제조업의 업그레이드를 위해서도 비즈니스서비스산업을 육성해야 한다. 집중적인 투자, 인력 양성, 노하우 강화 등을 위해 전면적이고 강력한 7대 서비스산업의 빅뱅이 절실하다.

시장 논리의 적용을 통한 산업적 여건 조성

서비스산업의 성장동력화를 위해서는 무엇보다도 자유로운 시장경쟁을 제한하는 규제들을 전면적으로 완화해 혁신을 촉진하고 생산성 및 부가가치를 제고해야 한다. 서비스산업을 어떻게 활성화하고 육성할 것인가를 넘어 서비스산업이 시장 논리를 통해 정리되고 강화될 수 있도록 해야 한다. 정부는 산업적 여건을 마련해주고 기업과 소비자가 선택하도록 해야 한다. 서비스산업의 발전을 위해 제조업보다 더 많은 혜택을 부여하기보다는 제조업과 서비스산업의 생산여건과 환경을 동등하게 만들어 생산자가 선택하도록 해야 한다. 서비스산업에 대한 투자 활성화를 위해서는 규제 완화뿐만 아니라 투자동기를 유발해 자본 유입이 극대화되어야 한다.

정부 연구개발정책에서 서비스업에 대한 제도적 차별을 개선하고 서비스 연구개발을 지원해 민간부문의 연구개발 투자를 촉진해야 한다. 그런 의미에서 '서비스과학service science'의 확산은 서비스산업의 발전에 기여할 것이다. 서비스과학은 제조업과 서비스업의 경계가 모호한 산업 생태계의 특징을 반영해 경영학과 경제학뿐만 아니라 산업공학이나 컴퓨터공학 등 여러 학문이 결합된 융복합 학문이다. 서비스과학의 발전을 통해 서비스업의 지식기반산업화 및 고부가가치화를 촉진시키고 전문인력도 양성할 수 있을 것이다.

서비스산업의 경쟁력 향상을 위해 서비스산업에 대한 정부의 연구개발 투자도 확대해야 한다. 서비스산업발전기본법 등 서비스산업 지원을 위한 법적 기반도 구축해야 한다. 서비스산업에 우수한 인력이 공급될 수 있도록 정부가 인력 수급 방안도 만들어야 한다. 적극적인 시장개방을 통해 서비스산업의 구조조정을 하면서 산업 전반을 더 효율적이고 경쟁력 있게 변화시켜야 할 것이다. 또한 한국이 경쟁력을 갖는 콘텐츠, 교육, 의료, 전시展示, 비즈니스서비스 등의 수출산업화도 적극적으로 추진해야 한다.

이 장에서는 서비스업을 특징에 따라 세 가지로 분류해 정책을 제안하고자 한다. 서비스산업은 워낙 다양해 모든 산업에 적용될 수 있는 보편적인 정책을 만들기가 어렵다. 산업 분류도 난해해 서비스업과 관련된 정확한 자료 생산도 쉽지 않다. 예를 들어 한국표준산업분류에 따르면 작물재배 관련 서비스업은 서비스업이 아니라 농업으로 분류되고 광업지원서비스는 광의의 광업으로 분류된다.[22] 이처럼 서비스업 자체의 구분부터가 쉽지 않다. 여기서는 성장 가능성과 일자리 창출 능력을 가지면서 동시에 한국경제의 성장동력이 될 수 있으며, 이를 위해 민간기업이 주도해야 하는 대표적인 서비스산업을 선정해 발전방안을 모색해본다.

무엇보다도 서비스산업은 앞으로 새로운 가치를 대표하는 산업이 될 것이다. 강력한 지식기반의 서비스업, 고령화와 삶의 질 향상을 위한 사

---

22 한국표준산업분류에 따르면 서비스업에는 도매 및 소매업, 운수업, 숙박 및 음식점업, 출판, 영상, 방송통신 및 정보서비스업, 금융 및 보험업, 부동산업 및 임대업, 전문과학 및 기술서비스업, 사업 시설관리 및 사업지원서비스업, 공공행정, 국방 및 사회보장행정, 교육서비스업, 보건업 및 사회복지서비스업, 예술, 스포츠 및 여가 관련 서비스업, 협회 및 단체, 수리 및 기타 개인서비스업, 가구 내 고용활동 및 달리 분류되지 않은 자가소비를 위한 재화 및 서비스 생산활동 등이 포함된다.

회복지서비스업, 아시아의 문화 중심이 될 '펀Fun'산업 등이 조화를 이루면서 발전해야 한다. 따라서 여기서는 지식기반형 서비스업, 사회복지형 서비스업, 펀 서비스업 등 세 가지로 구분했다.

궁극적으로 모든 서비스산업이 지식기반으로 나가야 하지만, 특히 지식이 경쟁력의 원천이 되는 비즈니스서비스와 금융서비스업의 발전 방안을 지식기반형 서비스업에서 제안한다. 사회복지형 서비스업에서는 사회복지 수요와 성장 및 고용을 동시에 충족시킬 수 있는 의료서비스산업과 사회서비스업의 발전 방향을 검토한다. 성장에도 기여하고 삶의 질도 높일 수 있는 관광산업과 문화콘텐츠산업의 발전 방향은 펀산업에서 모색되었다.

경제의 서비스화를 주도하는
지식기반형 서비스업

▌선진국에서 경제의 서비스화를 주도하는 분야는 통신, 금융보험, 비즈니스서비스 등 생산자서비스다.[23] 생산자서비스는

---

23 비즈니스서비스는 금융 및 보험을 제외한 생산자서비스로 지식집약적 비즈니스서비스와 기타 비즈니스서비스로 구분된다. 지식집약적 비즈니스서비스에는 연구개발, 컴퓨터 관련 서비스, 경영전략 및 법률 관련 컨설팅, 광고 및 마케팅서비스, 엔지니어링서비스, 인재양성 관련 서비스 등이 있다. 기타 비즈니스서비스는 보안서비스, 건물 운영, 인력파견 등과 같이 각 기업에 수직 통합되어 있던 단순 서비스 기능이 분리되어 독립법인에 의해 외주 형태로 제공되는 노동집약적 서비스다.

최종소비보다는 중간소비 비중이 높아 중간재 생산 제조업과 유사하다.

비즈니스서비스는 부가가치가 높고 다른 서비스업에 비해 혁신활동이 활발해 경제성장이나 기술 혁신에 대한 기여도가 큰 전략적 산업이다. 또한 비즈니스서비스는 지식집약도가 높고 고용 창출력도 커서 양질의 일자리 창출을 위해 중요한 산업이다. 글로벌화와 경쟁 심화로 기업의 아웃소싱이 늘어나 디자인, 엔지니어링, 연구개발뿐 아니라 인재확보, 물류, 부동산 등에서의 기업 서비스 수요도 크게 증가할 것으로 전망된다.

한국 비즈니스서비스산업은 전체 산업에서 차지하는 비중이 증가하는 추세지만 높은 진입장벽으로 인해 전문화와 규모화에 한계가 있다. 비즈니스서비스업이 부가가치 기준으로 전체 산업에서 차지하는 비중은 2005년 5.0퍼센트에서 2010년 5.4퍼센트로 증가했으나, OECD 주요 국가 및 평균에 미달한다. 2010년 기준 OECD 15개국의 비즈니스서비스업 부가가치 비중은 전체 산업 대비 9.2퍼센트, 제조업 대비 63.0퍼센트, 서비스산업 대비 13.0퍼센트로 추산된다.

한국 비즈니스서비스산업의 성장을 가로막는 핵심 요인은 취약한 수요기반 및 기업경쟁력이다. 비즈니스서비스업의 글로벌화가 가속화되고 경쟁이 심화되면서 비즈니스서비스 기업들의 대형화 및 전문화가 세계적인 추세지만, 국내에는 국제경쟁력을 갖춘 기업이 부족하다. 국내 기업의 아웃소싱 문화가 아직까지 부족해 해외 운영이 확대되면서 비즈니스서비스 수요의 상당 부분이 해외로 유출되어 내수기반도 취약하다. 시장조사, 컨설팅, 광고 등의 비즈니스서비스 분야는 이미 브랜드력과 핵심역량을 갖춘 외국계 기업들이 국내시장의 상당 부분을 점유하고 있다.

특히 비즈니스서비스 중 법률, 회계, 세무 등의 부문은 관련 법률에 근거해 전문자격사가 시장을 독점하고 경쟁을 제한해 진입장벽이 높다. 전문자격사 직종의 경우, 국가나 이익단체가 주관하는 각종 자격시험이라는 진입 규제를 통해 인위적으로 인력 공급이 제한되어 이들의 서비스에 대한 수요자의 선택이 배제되고 있다. 이에 따라 일단 진입에 성공하게 되면 혁신에 대한 노력이 불필요해지기 때문에 끊임없는 혁신과 경쟁이 아니라 진입장벽에 의한 인력 수의 제한이 곧 생산성의 원천이 된다.

따라서 새로운 성장산업으로 부각되고 있는 비즈니스서비스산업의 진입장벽을 제거해 전문화와 규모화를 도모해야 한다. 이를 위해서는 전문자격사 독점규제를 철폐해야 한다. 법률 · 회계 · 세무 등의 전문자격사 독점시장에 일반인과 기업의 참여를 확대해야 한다. 또한 전문자격사 동업제도multi-disciplinary practice를 도입해 변호사와 변리사, 법무사, 회계사 등과의 동업허용으로 법률서비스의 경쟁력 강화와 시장개척, 국민들에 대한 법률서비스의 전반적인 수준을 제고해야 한다. 인수합병 등을 통한 업종의 전문화와 대형화를 추진할 수 있도록 규제도 개혁되어야 한다.

전문인력 양성을 위해 비즈니스서비스 관련 영어 강의 전문대학원을 지원해야 한다. 비즈니스서비스 관련 대기업은 아시아 등 해외로의 진출을 유도하고, 중소기업은 종업원지분참여EBO 등을 통해 전문기업으로 성장해야 한다. 비즈니스서비스 부문에서의 창업도 적극 지원해야 한다. 지식집약적 비즈니스서비스는 소자본으로도 고학력 청년층의 창업이 가능한 만큼 고학력 실업 문제 완화에도 기여할 수 있다. 또한 국내 비즈니스서비스 이용 기업에게 인센티브를 부여해 국내 비즈니스서비스산업에 대한 수요기반도 확충해야 한다.

무엇보다도 환황해권을 한국 비즈니스서비스산업의 핵심 거점으로 발전시켜 새로운 성장동력을 창출할 수 있을 것이다.[24] 중국의 비즈니스서비스산업 수준이 열악하므로 수도권 서해안을 중심으로 대중국 지식기반 비즈니스서비스 클러스터를 조성해야 한다. 중국의 환황해권 3시 5성은 2009년 기준 국가 GDP의 43.3퍼센트, 인구의 26.9퍼센트를 차지하고 있고, 1인당 국민소득은 41,189위안으로 중국 평균 1인당 국민소득 25,575위안보다 1.6배가 높아 한국의 시장화가 가능하다. 중국 환황해권은 제조업이 중요한 비중을 차지하고 있고, 2012년 투자금액 기준 중국에 투자되는 한국 직접투자의 86.6퍼센트가 중국의 환황해권에 집중되고 있다.

환황해권은 상호 근접성이 높고 거대한 규모의 지역이기 때문에 성장 잠재력도 매우 크다. 비즈니스서비스 클러스터의 조성에 이어 환황해권에 중국의 소득 증가 및 관광수요를 활용하기 위한 관광, 해양레저산업, 카지노 등의 관광단지 조성도 가능할 것이다.

또한 한국 기업이 중국으로 이전해 만드는 생산네트워크뿐 아니라

---

24 이 책에서는 환황해권을 서울, 경기도, 인천 등 수도권과 중국의 3시5성(베이징, 상하이, 천진, 장수성, 산동성, 허베이성, 랴오닝성, 저장성)으로 정한다.

질 좋은 비즈니스서비스를 필요로 하는 중국의 첨단 고부가가치 기업을 한국의 서해안으로 유치해 쌍방향 네트워크를 만들 수 있을 것이다. 한국과 중국의 환황해권을 통한 노동, 자본 및 재화 등의 이동 증가는 자연스럽게 동북아의 정치구조를 변화시켜 북한이 환황해권의 경제권역 형성 과정에 참여하도록 유도할 수도 있다. 그렇게 되면 환황해권은 미래 동북아경제통합의 중심지역으로 자리 잡게 될 것이다.

전체 산업 발전에 커다란 영향을 미치면서 고부가가치를 창출하는 금융서비스산업의 발전도 한국 서비스산업의 성장동력화를 위한 핵심 과제다.[25] 금융서비스산업은 국내 금융시장이 포화상태이므로 국내 수요만을 기반으로 하는 성장에서 벗어나 새로운 수익원과 성장 원천을 창출해야 한다.

금융서비스산업은 2010년 부가가치 기준으로 전체 산업의 6.8퍼센트, 2012년 취업자 기준으로는 전체 산업의 3.4퍼센트를 각각 차지하고 있다. 금융서비스산업은 규제 완화를 통한 경쟁환경 조성, 새로운 금융상품 개발 등의 혁신을 통해 고부가가치와 일자리 창출이 가능하다. 금융서비스산업에 대한 건전성 감독은 강화하되 진입규제와 사전규제는 완화해 경쟁적이고 혁신적인 환경을 조성해야 한다.

먼저 은행 등의 신설 요건과 업종 간 진입장벽 등 금융업 진입규제를 완화하고, 다양한 융합형 금융 혁신 상품이 개발되도록 제도적 기반을

---

25 금융서비스산업은 산업분류상 금융 및 보험업이지만 여기서는 금융 일반에 대해서만 언급한다.

마련해야 한다. 경쟁력의 원천인 전문인력의 교육 및 훈련을 위해 실무교육 위주의 금융전문대학원의 설립 혹은 지원도 필요하다. 금융소비자 보호를 위해 금융회사의 책임 강화 및 금융소비자에 대한 보상제도 개선, 금융교육 강화 등도 시행해야 한다.

현재 지역균형발전정책 차원에서 추진되고 있는 금융중심지 육성 정책에 대해 효율성과 금융선진화라는 관점에서의 재검토도 필요하다. 2009년 1월 서울 여의도와 부산 문현지구를 각각 종합금융중심지와 특화금융중심지로 지정한 이후 금융중심지정책은 산업의 경쟁력 강화와 인프라 개선보다 일종의 지역개발정책으로 변질되고 있기 때문이다.

국내 금융회사들의 글로벌화를 위해 인수합병 및 해외 진출 관련 규제를 완화하고 국내 산업자본의 금융산업 진출 시 외국계 자본과의 역차별도 시정해야 한다. 금융회사의 인수합병을 통한 대형화에 가장 큰 애로사항인 시장점유율 기준의 기업결합 제한 규제를 완화해 금융회사의 국제경쟁력을 확보해야 한다. 금융산업으로의 자본 유입을 촉진하면서 산업 간 긴밀한 연계를 통한 시너지효과를 극대화할 수 있도록 금산분리 규제도 완화해야 할 필요가 있다.

중국경제의 부상과 함께 세계경제에서 차지하는 비중이 높아지고 있는 동북아시아 지역에 새로운 국제금융센터가 형성될 필요성이 있으며, 국내 금융기관의 국제화를 통해 궁극적으로는 동북아 금융허브전략을 재추진해야 한다.

삶의 질 향상을 위한
사회서비스업

￭사회복지형 서비스산업에서 가장 중요한 부문이
사회서비스산업과 의료서비스산업이다. 인구고령화의 가속화, 1인 가
구의 증가, 여성의 경제활동 확대 등으로 인해 보육 · 간병 · 교육 등 사
회서비스에 대한 수요는 급속하게 증가하고 있다. 사회서비스업은 고용
창출 효과가 크고 고용의 질을 높일 수 있는 분야로, 복지와 고용의 연
계를 통해 복지비용 부담의 경감이 가능하다.

사회서비스업의 부가가치 비중은 1995년 전체 부가가치 대비 12.5
퍼센트, 서비스업 부가가치 대비 22.8퍼센트에서 2010년 전체 부가가
치 대비 16.8퍼센트, 서비스업 부가가치 대비 28.7퍼센트로 증가되었
다.[26] 사회서비스업 사업체 수는 2010년 기준 23만9,000여 개사로 전
산업 대비 7.1퍼센트지만, 개인사업체가 19만768개사로 사회서비스
업 전체 사업체의 79.8퍼센트이며, 특히 1~4인 영세사업체는 16만
6,530개사로 사회서비스업 전체 사업체의 69.6퍼센트에 달한다.

사회서비스산업의 영세성과 낙후성의 중요한 원인은 전문인력의 부

---

26 사회서비스산업의 범위는 연구자들마다 다소 다르다. 이는 세부 산업 가운데 사회서비스를 일부 포
함하는 산업도 있고 세부 산업 전체가 사회서비스업으로 분류되기도 하기 때문이다. 여기서의 사
회서비스업 데이터는 세부 산업 전체가 사회서비스업으로 분류되는 공공행정, 국방 및 사회보장행
정, 교육서비스업, 보건 및 사회복지사업 등을 포함한 것이다. 요양보호사, 간병인, 보육 관련 일자
리 등의 경우 일부는 협회 및 단체, 수리 및 기타 개인서비스와 가사서비스업 등으로 분류되어 있
어 데이터에는 반영되어 있지 않다.

족과 열악한 종사자 처우 때문이다. 한국직업능력개발원의 분석에 따르면 전체 사회서비스 관련 자격 종목은 2010년 기준 630개이며, 이 가운데 88.7퍼센트가 민간 자격증으로 관리가 제대로 되지 않아 '수준미달 자격증' 범람의 위험이 크다. 현재 많은 사회서비스 분야에서 제대로 훈련받지 않은 비전문인력이 주먹구구식 서비스를 제공하고 있는 것이다.

결국 고령인구 증가 등으로 사회서비스 수요가 늘어나더라도 이러한 서비스를 제공할 수 있는 인력이 부족해 제대로 된 서비스가 이루어지기 어렵다. 열악한 고용조건이 사회서비스 분야에 좋은 인력들이 유입되지 못하는 핵심 원인이기도 하다. 예를 들어 돌봄서비스의 경우, 전문성과 함께 상당한 노동강도가 요구되는 직종이지만, 전체 돌봄인력의 74퍼센트는 고등학교 졸업 이하의 교육 수준이며, 60퍼센트 정도는 월평균 80만 원 미만의 임금을 받는 것으로 보고되고 있다.[27]

사회서비스업이 서비스의 질을 높이고 하나의 산업으로 발전하기 위해서는 복지정책으로서의 사회서비스업이 아니라 산업으로서의 사회서비스업으로 성장해야 한다. 사회서비스업은 이제 정부 의존적 산업에서 민간 주도의 산업으로 전환되어야 한다.

사회서비스산업의 발전을 위해 가장 시급한 정책은 양질의 인력이 공급될 수 있도록 교육·훈련 및 자격제도를 정비하고 고용조건을 개선하는 것이다. KAIST에 신설된 사회적기업 MBAsocial enterprise MBA와 같이 사회서비스업에도 우수한 인력이 투입될 수 있는 프로그램이 만들

---

27 박세경, 〈돌봄서비스 제공인력의 근로실태〉, 한국보건사회연구원, 2010년.

어져야 한다. 우수한 인력이 사회서비스업에 대거 진출하게 되면 생산성이 높아지면서 임금이 상승하며, 이러한 고용조건의 개선은 다시 우수한 인력을 유치하게 되는 선순환이 이루어질 수 있다.

사회서비스 교육프로그램의 전문화 및 교육기관 활성화, 서비스 부문별 전문자격증제도의 도입, 사회서비스업 고용조건 개선 등으로 사회서비스인력의 전문화와 고부가 가치화를 추진해야 한다. 민간부문에서 효율적으로 양질의 서비스가 제공될 수 있도록 규제 완화를 통해 투자, 창업 등을 활성화해야 한다. 서비스의 품질 제고를 위해 민간 중심의 사회서비스를 공급해 다양한 서비스 수요를 창출할 필요도 있다.

사회적기업의 육성, 사회서비스시장의 경쟁체제 확립, 사회서비스기관의 경쟁력 강화 등을 통한 사회서비스의 효율성 제고도 필요하다. 특히 사회서비스 사업체의 영세성을 극복하기 위해 규모와 범위의 경제를 살리는 종합사회서비스기관을 육성해야 한다. 사회적기업을 정부지원에 의존하는 복지적 성격의 소규모 사업체에서 영세한 사회서비스업을 대형화하고 기업화하는 사회서비스업 전문기업으로 전환시켜야 한다. 또한 가정간호서비스나 간병서비스의 경우 병원이 제공하는 공식적인 서비스로 제도화하고, 간병서비스 비용의 일부를 건강보험 지원대상에 포함하는 방안도 검토할 필요가 있다.

의료서비스산업은 국민에게 보편적이고 질 높은 의료서비스를 제공하면서도 높은 고용 창출이 가능한 산업이다. 우리나라는 우수한 의료인력과 기술 및 장비를 보유하고 있으며, 위암, 간암 수술 등 특정 분야에서는 국제경쟁력을 보유해 의료관광객 유치도 가능하다.

의료서비스산업의 성장에 가장 큰 장애는 과도한 규제로 인한 시장 경쟁 제한과 의료인력 부족이다. 국내 의료서비스가 공공재로 인식되면서 시장에서의 경쟁체제가 구축되지 못하고 정부에 의한 서비스 가격 통제 등 규제가 이루어지고 있기 때문이다.

의료서비스의 수요자와 공급자 간 정보 비대칭이 심하고, 소수의 대형병원이 시장의 대부분을 점유하는 과점구조인데다 고급 의료기관이 수요에 비해 절대적으로 부족해 의료시장은 공급자 중심의 시장이다. 따라서 신기술 개발, 신규 설비투자 등 비즈니스 혁신에 대한 니즈가 상대적으로 낮을 수밖에 없다. 자본에 의한 규율이 부족해 경영성과를 제대로 측정하기 어렵고, 경영의 투명성이 부족해 회계불투명성, 도덕적 해이 등의 부작용을 양산하고, 자본조달, 병원 경영 등에서 비효율도 초래하고 있다. 영리의료법인 불허, 요양기관당연지정제도와 단일수가체제 등으로 인해 경쟁을 통한 의료산업의 발전이 제한되어 의료기술 혁신체제도 미비하다. 부족한 의료인력도 혁신 활동 및 고품질 서비스 제공을 어렵게 만드는 요인이다.

의과대학 및 간호대학 입학정원 규제와 직업별 이해관계에 따른 진입장벽으로 인해 의료인력의 공급이 제약을 받고 있다. 2009년 기준 우리나라 의사 수는 인구 1,000명당 1.9명, 간호사 수는 인구 1,000명당 4.5명으로 OECD 국가 의사 수 평균 3.1명, OECD 간호사 수 평균 8.4명보다 부족하다. 의사나 간호사 등 의료인력을 양성하는 데 시간이 많이 소요되므로 2020년대의 초고령화와 남북한 통일시대를 고려하면 늦어도

2015년경부터는 의과대학, 치과대학, 간호대학의 정원을 50퍼센트 정도는 늘려야 한다.

의료서비스산업의 발전을 위해 가장 핵심적인 조치는 영리병원 허용일 것이다. 형평성 이슈 등 일부 부작용도 있을 수 있지만 투자 확대를 통한 서비스품질 고급화, 국제경쟁력 강화, 규모의 경제 실현 등 긍정적 효과가 훨씬 클 것으로 판단된다. OECD 국가 중에서는 한국, 일본, 네덜란드 정도만 영리병원을 금지하고 있고, 싱가포르, 태국 등 의료관광 경쟁국들은 영리병원화를 통해 국제경쟁력을 빠르게 높이고 있다.

결국 효율성을 개선하고 투자를 활성화해 의료산업을 성장산업으로 육성하기 위해서는 우선적으로 규제 완화가 필요하며 영리병원을 도입하는 것이 시급하다. 또한 일반인 및 기업의 병원 설립, 전문경영인 영입, 방송광고 등이 가능하도록 규제를 완화해 병원의 대형화 및 의료서비스 품질의 고급화를 유도해야 한다. 점진적인 시장개방을 통해 국내 병원의 국제경쟁력도 강화해야 한다.

의치과대학, 간호대학, 약학대학 등의 입학정원을 자율화해 부족한 보건·의료인력을 확충하면서 일자리도 창출하고 경쟁을 통한 서비스의 질도 높여야 한다. 의료관광 활성화를 위해서는 외국인환자 의료사고 관련 책임소재 명확화 및 보상체계 강화, 비자발급 절차 간소화, 외국인 채용 관련 규제 완화 등이 필요하다. 의료서비스산업의 발전을 위해서는 정치적 논리, 부처 및 이익집단의 이기주의를 철저하게 배제해야 한다. 의료법인 영리화를 둘러싼 정부부처들 간의 갈등, 이익집단들의 로비, 시민단체들의 반발 등을 극복하고 국민적 공감대를 형성해야 한다.

아시아의 문화 중심으로
성장할 편산업

한국은 이제 단순한 제조업 강국을 넘어 아시아의 문화 중심지로 대두되고 있다. 서비스업도 이제 내수 중심에서 수출산업화되어야 한다. 서비스산업에서 대표적인 수출산업으로 부각되는 업종이 인바운드inbound 산업인 관광산업과 아웃바운드outbound 산업인 문화콘텐츠산업이다. 관광산업과 문화콘텐츠산업은 국민의 삶의 질과 행복도를 높일 수 있는 산업이기도 하다.

한국은 지속적인 한류 열풍으로 2012년 외국인 관광객 1,000만 명 시대를 열고 14년 만에 서비스수지 흑자도 이루었다. 한반도 주변에는 비행기로 2시간 이내 거리에 인구 100만 명 이상의 도시가 40개나 있다. 관광산업의 활성화를 통해 양질의 일자리를 만들고 경제성장에도 기여할 수 있는 좋은 여건이다.

그러나 중국인을 중심으로 해외관광객의 수요가 증가하고 있는 데 반해, 해외관광객 유치에 가장 중요한 숙박시설, 통역 및 안내서비스 등 기반 인프라는 부족하다. 특히 서울시내 호텔의 경우, 객실 이용률이 90퍼센트 수준에 육박해 숙박시설 부족 현상이 심각한 수준임을 보여준다. 수요가 있음에도 불구하고 호텔에 대한 투자가 부진한 것은 사업성을 확보할 수 있는 부지 확보가 어렵고, 투자 인센티브가 충분하지 않기 때문이다.

관광산업의 성장을 위해서는 해외 관광인구, 특히 세계 관광업계의 핵심 고객으로 부상한 중국인 관광객을 얼마나 유치하는가가 관건이다. 중국인 해외관광객은 1993년 374만 명에 불과했으나 2010년에는 5,000만 명을 돌파했고, 홍콩과 마카오 방문을 포함한 관광객 수는 2012년에 1억 명에 달했다. 방한 중국인 관광객은 2010년 180만 명에서 10년 이내에 1,000만 명 이상으로 증가할 것으로 추정된다.

외래 관광객 증가는 항공, 음식 및 숙박, 도소매 등 다양한 업종의 매출 확대에 크게 기여한다. 실제로 2010년 8월 중국인 관광객 비자 발급 조건 완화 이후 대한항공과 아시아나항공 중국 노선의 월 평균 탑승률이 사상 처음 80퍼센트를 돌파했고, 중국의 국경절 연휴에는 중국인 관광객의 증가로 롯데백화점과 신세계백화점의 당시 매출이 전년동기 대비 각각 318퍼센트, 269퍼센트 증가했다.

따라서 호텔에 대한 각종 규제를 완화해야 한다. 서울시내에 관광호텔 하나를 지으려면 70개의 도장과 18단계의 승인 절차를 거쳐야 할 정도로 복잡한 규제를 간소화해야 한다. 입지제한, 토지 보유세 및 각종 부담금의 중과, 가스 및 전기요금 일반용 요율 적용, 외국인 근로자 채용 제한, 설비투자에 대한 세액공제 비적용 등 제조업에 비해 차별적인 규제 및 세제가 호텔 건립을 제약하고 있다. 대한항공(한진)은 경복궁 근처에 7성급호텔 건립을 시도했으나, 유흥주점이나 도박 관련 시설이 없음에도 불구하고 학교보건법 제6조(학교환경위생 정화구역에서의 금지행위 등)에 근거한 교육청의 반대로 2012년 1월 12일 서울고등법원에서 패소했다.

관광객들을 위해 외국인 고용을 전면 허용하고 숙박시설의 성격에 따라 문화재 보호규제 등 각종 규제를 완화하면서 용적률 등 토지이용규제 등도 합리화해야 한다. 관광숙박시설에 대한 교통유발부담금, 환경개선부담금 등 각종 부담금 및 종합부동산세를 면제하고 개보수 투자의 세액공제 적용, 전기요금 산업용 적용 등 인센티브를 강화해 투자를 유도해야 한다. 저렴한 공공부지 제공, 저리융자 지원, 자연공원 등에 관광호텔 건축 허용 등의 투자 유인도 필요하다.

관광산업의 발전을 위해서는 카지노 금지정책에서 카지노를 포함한 복합리조트정책으로 전환해 가족과 함께 여가 및 오락을 즐길 수 있는 복합엔터테인먼트 공간을 조성해야 한다. 카지노는 쉽게 세금을 거둬들일 수 있고 중국 및 해외관광객 유치 효과도 있다. 카지노를 비롯한 사행산업에 대한 국민의 우려가 큰 만큼 가족과 함께 여가 및 오락을 즐길 수 있는 복합엔터테인먼트 공간을 조성해 건전한 게임 레저문화 정착이 필요하다. 비교적 엄격한 유교문화에 기반한 싱가포르도 관광산업 활성화를 위해 카지노 금지정책을 폐기하고, 마리나베이샌즈호텔Marina Bay Sands Hotel과 센토사리조트Sentosa Resort 등 새로운 형태의 복합리조트를 건설했다.

또한 관광인프라 구축과 경쟁력 제고를 위한 규제 완화가 시급하다. 특히 해외관광객의 출입국 및 체류상의 불편을 초래하는 각종 규제들을 검토하고 과감하게 개선함으로써 관광객 유입도 확대해야 한다. 해외관광객 유치를 위한 정책지원도 아직까지는 부족한 실정이다. 중국인 관광객 유치를 위해 비자제도 개선을 단행했지만 보다 과감한 출입국 절차 간소화 조치가 요구된다. 또한 현지 운전면허증으로 국내에서 운전할 수 있도록 하는 등 법·제도적 걸림돌을 과감하게 개선할 필요도 있다.

한국의 문화콘텐츠산업은 한류 열풍과 함께 수출산업으로 성장하고 있다. 문화콘텐츠산업의 수출액은 2008년부터 2011년까지 4년간 연평균 22.5퍼센트씩 성장했고, 2011년도 수출액은 43억201만 달러로 24억 5,418만 달러의 흑자를 달성했다.

그러나 문화콘텐츠산업은 높은 성장잠재력에 비해 제작사의 영세성과 협소한 내수시장으로 인해 GDP 기여도가 아직은 낮은 편이다. 2011년 기준 부가가치액은 33조4,105억 원으로 GDP 대비 2.7퍼센트에 불과하다. 문화콘텐츠산업의 GDP 대비 부가가치 비중은 2007년 기준 일본의 5.9퍼센트, 미국의 5.5퍼센트, 영국 7.6퍼센트에 비해 아직은 낮은 수준이다.

국제경쟁력을 갖춘 콘텐츠를 개발하고, 산업을 성장시키기 위해서는 투자 활성화가 필수적이나 무형의 콘텐츠에 대한 가치평가 체계 미흡 등으로 아직까지 투자여건이 충분히 갖추어져 있지 않다. 사회 전반에 만연한 불법다운로드 등 저작권 침해도 투자의지를 약화시키고, 궁극적으로 산업의 성장을 저해하는 핵심 걸림돌이 되고 있다. 우수인력이 부족한 것도 문제다. 교육시스템이 미비한 것 외에도 열악한 근무여건 및 낮은 보상 수준이 우수한 인력의 유입을 가로막고 있다.

문화콘텐츠산업이 활성화되기 위해서는 기본적으로 유통 및 소비채널이 충분히 갖춰져 있어야 한다. 그러나 지금까지는 소수의 방송사가 콘텐츠의 핵심 소비채널인 방송을 과점함에 따라 시장 확대가 제한적이었고, 방송사와 콘텐츠 제작사 간 힘의 불균형이 극심해 제작사의 독립성 저해, 저가 덤핑제작 등 부작용도 심각하다. 2011년 12월부터 네 개의 종합편성채널과 한 개의 보도채널이 방송을 하고 있지만 콘텐츠 유통 및 소비채널 확대에 대한 기여는 아직은 크지 않다. 향후 종편 및 보도채널이 지상파 TV 등과 경쟁할 수 있는 콘텐츠를 확보하고, 광고, 부가판권, 해외수출 등 부가가치의 선순환 구조가 만들어지면 고품질 콘텐츠 개발, 사업효율성 제고 등 산업 내 혁신활동이 활발하게 이루어 질 수 있을 것이다.

문화콘텐츠산업의 성장동력화를 위해서는 규제를 완화하고 지원을 확대해야 할 것이다. 민간 중심의 영상물등급 자율심의제를 도입해 창작과 표현의 자유를 최대한 보장하고, 예술 활동의 독창성과 창의성을 확보해 고부가가치화에 기여하도록 해야 한다. 일본의 경우 게임, 만화·출판영화, 방송, 음악, 광고 등 각종 문화콘텐츠에 대한 등급 및 이용제한 등을 민간기구가 자율적으로 심의한다.

또한 문화기술에 대한 정부 연구개발 예산도 확대해야 한다. 문화콘텐츠 전문인력의 양성을 위해 관련 전문대학원을 대학들이 자율적으로 설립하도록 지원하고 실무 중심의 교육을 수행하도록 한다. 현재의 한류 열풍을 기반으로 중국 시장으로 통하는 아시아의 글로벌 융복합 콘텐츠 허브를 육성할 필요도 있다. 수도권의 상암-고양-파주를 허브로, 대전, 부산, 광주를 부거점으로 특성화해 세계적 수준의 문화콘텐츠 클러스터를 조성할 수 있을 것이다.

문화콘텐츠산업의 자본조달을 위해서는 현행 완성보증제를 확대 시행하는 한편, 기금 및 펀드를 조성해 재원조달이 원활하도록 지원할 필요가 있다.[28]

문화콘텐츠 기업에 대한 투·융자도 확대하고 문화콘텐츠에 대한 수출신용보증도 활성화해야 한다. 비정규직이나 프리랜서가 많은 문화콘텐츠 인력들의 안정적이고 창조적인 활동을 보장하기 위해서는 4대 사회보험 적용도 확대해줘야 한다. 또한 사회에 만연한 불법복제, 불법다운로드 등 지적재산권 침해행위도 수익성 악화 및 투자의지를 저해하는 핵심 요인이므로 강력한 단속과 홍보를 통해 근절해야 한다.

지적재산권 분야에서의 비즈니스모델 특허를 확대하는 방안도 모색할 필요가 있다. 예를 들어 유사한 SNS임에도 불구하고 우리나라는 싸이월드에 대해 비즈니스모델 특허를 인정하지 않은 반면, 미국은 페이스북Facebook의 비즈니스모델 특허를 인정했다. 현재 싸이월드는 쇠락한 반면 페이스북은 활발하게 활용되고 있다. 이들 매체의 성쇠 원인이 단순히 비즈니스모델 특허 때문은 아니지만, 지적재산권을 바라보는 관점의 차이를 잘 보여주는 사례다.

---

28 완성보증제는 영화, 음악, 애니메이션, 게임 등의 콘텐츠 제작에 필요한 자금이 쉽게 조달될 수 있도록 국가가 해당 콘텐츠의 완성을 보증해주는 제도로, 한국콘텐츠진흥원이 심사를 거쳐 콘텐츠 제작업체를 추천하면 기술보증기금이 이를 평가해 대출에 필요한 보증서를 발급한다.

경제제도 개선하기

6
장

인구동학과

노동시장

인구구조 변화에
어떻게 대처할 것인가

지속적인 경제성장을 위해서는 풍부한 자본 및 첨단기술과 함께 좋은 기술을 가진 숙련된 근로인력이 필요하다. 한국이 변변한 천연자원도 없이 이른바 '한강의 기적'을 이룰 수 있었던 가장 큰 힘은 우수한 노동력이었다. 제대로 교육받고 근면하게 일하는 산업역군들은 한국 성공신화의 주인공이다. 노동생산성의 향상을 위해서도 젊은 인력들은 끊임없이 확충되어야 한다.

그동안 한국은 높은 교육열과 가족주의적 전통 덕분에 젊고 뛰어난 인력을 풍부하게 가지고 있었다. 그러나 이제 한국은 선진국들이 이미 겪었던 저출산·고령화로 인한 인구구조의 변동에 직면해 있다. 저출산의 원인은 과도한 양육비 및 교육비 부담, 가부장적 유교문화로 인한 성적 불평등, 경제침체로 인해 아예 결혼을 하지 않거나 늦게 하는 경향 등 다양하다. 연애, 결혼, 출산을 포기한 이른바 '3포 세대', 딩크Double Income No Kids ; DINK족 등은 한국 사회의 저출산 현상을 극명하게 보여주는 유행어들이다.

정부의 인구정책 실패도 저출산 문제를 초래한 중요한 원인 중의 하나다. 한국은 합계출산율이 1983년 2.06에서 1984년에 1.74명으로 낮아져 저출산사회로 진입했다. 그러나 정부는 1990년대 중반까지 출산 억제정책을 유지했다. 1996년에 출산억제정책은 공식적으로 폐지되었지만 합계출산율은 1998년 1.45명에 그쳤다. 한국의 합계출산율은 2005년 1.08명으로 1970년 이후 가장 낮았지만 점차적으로 개선되어 2011년 추정치 기준 1.24명이다. 한국의 출산율은 OECD 회원국들의 합계출산율 평균 1.74명, 세계 평균 2.65명에 훨씬 못 미치고 있다. 미국 중앙정보국CIA의 〈세계연감World Factbook〉에 의하면 2011년 기준 우리나라의 출산율은 세계 222개 국가 중 217위다.

저출산으로 인한 청년인구의 감소는 노동력 부족을 야기하고 조세 부담을 증가시켜 경제성장률을 저하시킨다. 통계청은 생산가능인구가 2012년 약 3,656만 명에서 2030년 3,289만 명으로 감소되고, 2021년부터 노동력 부족 현상이 나타나 2030년에는 280만 명의 노동력이 모자랄 것으로 예측하고 있다.

그러나 단기간 내에 저출산 문제를 해결하기는 어렵다. 출산 및 양육비 지원, 일과 가정 양립을 위한 기업 환경 조성, 양질의 보육서비스 확충 등의 정책이 필요하다. 하지만 결혼 자체가 기피되거나 늦어지는 상황에서 기혼가정에 대한 출산지원정책만으로는 저출산 문제를 해결하는 데 한계가 있다. 정부의 정책도 중요하지만 여성과 가족관계에 대한 사회문화적 인식의 변화가 필요하다. 저출산 문제는 단기적인 재정지출 확대만으로 극복될 수 없으므로 중장기적 전망하에서 출산율을 제고하기 위한 사회 전체의 전방위적 노력이 선행되어야 한다.

저출산과 고령화는 동전의 양면이다. 출산율이 높으면 고령인구가 늘어나도 고령화율은 높아지지 않는다. 사실 고령화는 경제성장의 부산물이다. 경제성장으로 인해 물질적 생활수준이 높아지면서 보건위생이 좋아지고, 의료기술이 발전해 생존율이 높아지고 기대수명이 증가하는 것은 선진국적 현상이다. 선진국들에 비해 우리나라의 고령화 수준은 아직 양호하지만 고령화 속도는 매우 빠르다.

저출산 현상이 지금처럼 지속되면 한국의 2017년 고령화율은 15.6퍼센트가 되고, 우리 사회는 2026년에 고령화율이 20퍼센트를 넘는 초고령사회가 될 것으로 전망된다. 통계청은 2040년 기준 인구의 중위연령이 미국 39.6세, 프랑스 42.7세, 독일 50세 등인 반면, 한국은 52.6세로 일본과 함께 가장 고령화된 국가가 될 것으로 예측하고 있다. 1인당 국민소득 2만 달러 기준 OECD 주요 국가들의 고령화율 및 출산율을 보면, 한국의 고령화율은 상대적으로 양호한 반면 출산율은 상대적으로나 절대적으로나 매우 낮다(〈그림 4〉 참조).

저출산과 고령화 문제에 직면한 한국경제가 성장을 지속하기 위해서는 노동력의 '양적 공급'과 '질적 제고'라는 두 마리 토끼를 잡는 정책이 필요하다. 현재와 같은 비숙련 외국인 근로자의 지속적인 유입은 사

그림 4 1인당 국민소득 2만 달러 기준 OECD 주요 국가의 출산율 및 고령화율

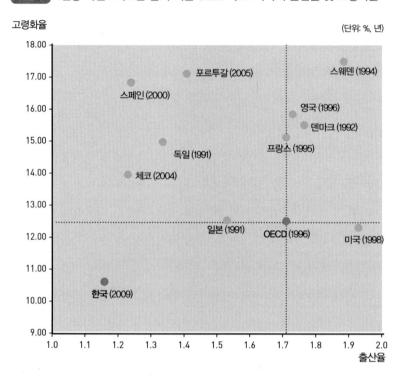

고령화율

(단위: %, 년)

주: 1인당 국민소득은 구매력평가지수 기준이며, 출산율은 15세~44세까지의 여성 1,000명당 출산율. 괄호 안은
1인당 국민소득 2만 달러 달성 연도. 한국의 2009년 1인당 국민소득 수준은 2만6,930달러, 출산율 1.15명,
고령화율 10.65퍼센트
자료: OECD Factbook

회적 갈등만을 유발하고, 사회 전체 노동력의 질을 저하시킨다. 남북이
통일되면 노동력의 양적 공급은 증가될 수 있지만, 건강상태가 열악하
고 교육 수준이 낮은 북한 근로자들에게 양질의 노동력 제공을 기대하
기도 어렵다.

따라서 출산율을 제고시키기 위한 노력을 지속하면서 고령인력을 적극적으로 활용하고 노동력의 양적 공급을 확대해야 한다. 또한 지속적으로 감소하는 젊은 노동력의 양적 감소를 보완하기 위해서는 대학교육을 개혁해 노동력의 질을 제고해야 한다.

고용률 제고는
30~40대 여성에게 달렸다

저출산 · 고령화에 중장기적으로 대비해야 하지만, 단기적으로는 고용률을 높이는 정책을 통해 충분한 근로인력을 공급할 수 있다. 한국의 고용률은 2012년 기준 64.2퍼센트로 OECD 주요 국가 평균에 가깝지만 여성 고용률이 상대적으로 낮다. 한국의 여성 고용률은 같은 아시아권인 일본에 비해서도 6.8퍼센트포인트나 낮다(〈표 4〉 참조).

표 4 한국과 OECD 주요 국가의 고용률 현황

(단위 : %)

구분	일본	미국	한국	OECD 평균
전체	70.3	66.6	64.2	64.8
남성	80.2	71.4	74.9	73.0
여성	60.3	62.0	53.5	56.7

주: 한국은 2012년 기준, 그 외 국가 및 OECD는 2011년 기준
자료: 통계청, 2012년 OECD Employment Outlook

평균적인 한국 여성은 대학을 졸업하고 24세 전후에 일자리를 찾기 시작한다. 따라서 여성 고용률이 가장 높은 연령대는 25~29세로, 2012년 기준 고용률은 68.0퍼센트에 이른다. 그러나 여성들은 평균 29세에 결혼해 30세에 초산을 하면 상당수가 직장을 그만두기 때문에 30~34세 여성 고용률은 54.8퍼센트로 낮아진다. 반면 한국의 30~34세 연령층의 남성 고용률은 2012년 기준 89.0퍼센트에 달해 여성 고용률과 매우 대비된다.

　30대 초반 여성의 낮은 고용률은 결혼한 직장여성들이 겪고 있는 일과 가정의 양립이 얼마나 어려운지를 보여준다. 또한 많은 여성이 대학교육을 마쳤음에도 불구하고 처음부터 임시직이나 계약직과 같이 불안정한 일자리를 잡을 수밖에 없기 때문에 결혼이나 출산 후에 미련 없이 일자리를 떠난다. 30대 초반 여성의 고용률이 크게 낮음에도 불구하고 실업률이 3퍼센트대로 유지되는 이유는 직장을 떠난 여성들은 비경제활동인구로 분류되어 실업자에 포함되지 않기 때문이다.

　그러나 여성의 고용률 제고는 달성하기가 쉽지 않은 목표다. 여성 고용률이 낮은 이유는 법적·제도적 문제도 있지만, 제도에 반영될 수밖에 없는 사회적·문화적 한계가 더 크기 때문이다. 여성 대통령이 배출되었다고 하지만 기업의 임원, 고위공무원이나 정치인 등 사회 지도층에서 차지하는 여성의 비중은 현저히 낮다.

　가부장적 문화로 인해 가사 및 육아 부담은 아직까지 여성의 몫으로 간주되고 있어 여성의 사회적 참여는 쉽지 않다. 노동시장에 참여한 많은 여성들은 가부장적이고 성차별적인 직장문화를 겪으면서 가사노동과 사회적 노동의 이중 노동에 시달리고 있다.

따라서 더 많은 여성이 노동시장에 진출하기 위해서는 우리 사회의 가부장적 문화가 근본적으로 개선되어야 한다. 성분업적 가사분담체계를 양성 평등적으로 전환해 가사 및 양육에 대한 남성의 책임성이 강화되어야 할 것이다. 직장 내 양성평등 문화도 정착되어야 할 것이다. 문제는 이러한 사회문화적 변화가 이루어지기 위해서는 상당한 시간이 필요하기 때문에 법적 · 제도적 장치만으로는 여성 고용률을 높이기가 쉽지 않다는 것이다.

이러한 한계에도 불구하고 여성 고용률의 제고를 위한 다양한 노력은 필수불가결하다. 먼저 여성들의 결혼과 출산에 따른 경력 계발의 불이익을 최소화해야 할 것이다. 출산에 따른 권고퇴직과 육아사직의 제도적 금지, 가족 친화적 기업문화 조성 등이 필요하다.

또한 여성이 생애주기 및 자신의 선택에 따라 취업과 출산 및 양육을 할 수 있도록 노동시장이 유연해져야 한다. 아침 일찍 출근해 야근을 감수하면서 직장을 다니기보다는 자녀양육 및 가정돌보기와 양립 가능한 직장을 원하는 기혼여성들을 위한 일자리를 늘려야 한다. 예를 들어 자녀를 등교시키고 남편을 출근시킨 뒤 오전 10시에 일을 시작해 자녀가 학교에서 돌아오기 전인 오후 4시에 퇴근할 수 있는 좋은 파트타임 일자리를 양산해야 한다.

40대 여성들이 좀 더 나은 일자리를 찾을 수 있도록 그들을 위한 특화된 직업교육 및 직업정보의 제공도 필요하다. 여성들의 경우 40대가 되면 고용률이 다시 높아져 45~49세의 고용률은 2012년 기준 66.4퍼센트에 달한다. 이 시기에는 자녀들이 성장해 돌봄노동이 줄고 가계비 보조를 위한 수입이 필요하기 때문이다.

결국 고용률을 최소한 70퍼센트로 끌어올리기 위해서는 비경제활동 인구에 포함된 여성, 구직포기자 등 사실상의 실업자들을 노동시장으로 흡수해야 한다. 이를 위해서는 노동시장의 유연화를 통해 진입장벽을 낮추는 정책이 필요하다. 고용안정서비스 및 직업훈련 등 적극적 노동시장정책을 확대해 실업자의 기능 향상 및 취업 지원을 통해 실업자들의 취업 가능성을 제고해야 한다.

많은 청년이 과잉교육 상태이면서도 기업이 원하는 숙련skills을 가지고 있지 못한 상황을 타개하기 위해 대학교육 프로그램도 개선되어야 한다. 학교교육과 노동시장에서 필요한 숙련이 매치되도록 현행 교육이 사회적 수요 변화에 맞추어 변화되어야 할 것이다. 젊은이들 역시 스펙 쌓기에만 열중하기보다 기업이 진정으로 필요로 하는 능력을 계발하는 데 역점을 두어야 할 것이다.

직업 전환교육의 강화를 통해 직업 전환의 유연성도 제고해야 한다. 빠른 속도로 변화하는 산업구조에 의해 직종들의 소멸과 탄생이 끊임없이 발생되어 평생 한 직종에 종사하면서 지속적으로 일자리를 유지하기는 쉽지 않은 사회가 되었기 때문이다.

시간제, 기간제, 파견노동 등 업종별·성별·연령별 특성을 고려한 다양한 형태의 고용방식도 확대되어야 한다. 정규직·비정규직의 관점에서 근로형태를 평가하는 것이 아니라 노동시장의 수요와 공급의 관점에서 시간제, 기간제, 파견노동 등을 합리적으로 제도화해야 고용률을 제고할 수 있다. 비정규직에 대한 차별적 처우를 전면적으로 개선해 이러한 일자리를 필요로 하는 사람들이 정당한 대우를 받고 일할 수 있도록 해야 한다.

공보육이 확대돼야
출산율도 올라간다

고용률 제고를 위한 다양한 정책을 추진해 저출산에 따른 노동시장의 인력 부족 현상에 대응하면서도 중장기적인 관점에서 출산율 제고를 위한 지원정책이 필요하다. 저출산은 개인과 가정만의 문제가 아니라 국가와 공동체의 미래에 영향을 미치는 중대한 과제이기 때문이다.

한국 저출산의 주요 원인은 일과 가정의 양립이 어려운 나머지 취업을 원하는 여성이 출산을 포기하거나 출산을 해도 한 자녀만 원하는 경우가 많기 때문이다. 게다가 공보육서비스가 부족해 자녀의 출산과 양육에 많은 돈이 든다.

인구학적 관점에서 지속 가능한 사회를 만들고, 노동생산성이 높은 젊은 노동력을 확보하기 위해서는 최소한 OECD 평균인 출산율 1.7명을 달성해야 한다. 이를 위해서는 공보육 확대가 단순한 복지정책을 넘어 지속적인 경제성장을 위한 인력 공급을 목표로 하는 정책으로 거듭나야 한다. OECD 국가들은 보육에 있어서 부모의 자녀양육을 강조하면서도 국가의 책임성을 중시하며, 부모의 경제력 및 자녀연령 등을 고려한 차등적인 보육 지원정책을 하고 있다.

만0~2세 영아는 기본적으로 가정 내 양육, 만3~5세 유아는 보육시설 이용을 유도하는 보육정책이 바람직하다. OECD는 만2세 미만 영아의 경우, 부모의 애정이 중요한 시기이므로 가정 밖에서 양육되는 비율을 전체의 30퍼센트 미만으로 제한할 것을 권고한다. 따라서 만0~2세 영아의 가정 내 양육을 위해 양육수당을 지원하는 것이 필요하다.

노르웨이에서는 만2세 미만 영유아를 집에서 양육할 수 있도록 만1~2세 자녀를 부모가 직접 양육하는 경우, 최대 23개월까지 양육수당을 제공한다. 프랑스에서는 만3세 미만의 양육을 위해 부모가 보육시설, 관인 육아도우미, 가정 내 육아 가운데 선택할 수 있다. 프랑스의 경우, 만3세 미만 영아의 보육시설 이용 비율은 전체 영아의 10퍼센트 내외인 반면, 만3~5세 아동은 공동생활을 통한 사회성 발달을 위해 어린이집이나 유치원 등에 다니는 것을 권장한다.

우리나라는 2013년부터 만0~5세 자녀에 대한 10~20만 원의 양육수당을 지원하지만, 실효성은 의문시되고 있다. 실제 보육료 지원보다 양육수당이 적기 때문에 가정 내 양육을 증가시키는 효과가 크지 않을 것으로 보인다. 사회성 발달 등 선진화된 유아교육을 위한 보육료 지원이 필요한 만3~5세를 위해 보육료 대신 양육수당을 지급하는 것은 보육효과를 떨어뜨릴 우려도 있다. 따라서 아동들의 발달상태를 고려한 바람직한 육아와 양육수당의 실효성을 제고하기 위해 양육수당과 보육료 지원체계를 개선해야 할 것이다.

맞벌이 부부들이 안심하고 자녀를 맡길 수 있는 질 좋은 보육기관의 확충도 시급하다. 이를 위해서는 먼저 국공립보육시설의 확대를 통한 보육의 공공성 강화가 필요하다. 2011년 기준 한국의 국공립보육시설은 2,116개소로 전체 보육시설 3만9,842개의 5.3퍼센트이고, 법인어린이집은 1,462개소로 전체 어린이집의 3.7퍼센트에 불과하다. 국공립보육시설이 전혀 없는 지역도 있다. 일본은 2010년 기준 인가보육시설의 46.7퍼센트가 공영보육시설이다. 여성 평균 고용률이 2011년 기준 73.1퍼센트에 달하는 스웨덴의 경우, 국공립보육시설의 비율이 75퍼센트 수준에 달한다.

그러나 단기적으로는 공공보육시설은 보육 취약 지역을 우선으로 확대하고 민간보육시설의 질적 수준을 제고하는 것이 시급하다. 공공보육시설을 급속하게 확충하는 것은 국가 및 지방자치단체의 재정여건상 쉽지 않기 때문이다. 민간보육시설의 질적 수준을 높이기 위해서는 아동연령별 정원 관리, 보육교사의 근로조건 개선, 보육서비스 품질인증 및 질적 수준에 따른 차등적 재정 지원 등이 필요하다.

아동수당children's allowance의 도입도 출산율 향상을 위한 하나의 방안이 될 수 있다. 아동수당이란 소득수준이나 부모의 생존 여부와 관계없이 아동 한 명당 매달 일정액의 현금을 지원하는 제도다. 아동수당은 일차적으로 아동복지정책이자 가족복지정책이지만 출산율 향상에 긍정적인 효과를 미치는 것으로 알려져 있다. 이러한 아동수당은 미래의 노동력에 대한 인적 투자로 볼 수 있다. 제도적 차이는 있으나 서유럽의 OECD 국가들 대부분이 아동수당제도를 시행하고 있다.

아동수당은 국가의 재정적 부담이 매우 높기 때문에 장기적인 계획 하에 점진적으로 도입되어야 한다. 예를 들어 한 가정의 두 번째 아동에 대해 1인당 매달 20만 원의 아동수당을 일괄적으로 지급할 수 있다.[29] 도입 초기 단계에서는 수당 지급 연령도 출생 직후부터 아동양육의 부담이 가장 큰 만6세까지로 제한해야 한다. 출산율의 변화나 국가의 재정적 여건을 고려해 수당대상이나 급여 수준은 조정되어야 할 것이다. 아동수당제도가 도입되면 현행 양육수당, 보육료 지원제도 등의 지원정책과 출산·입양자 공제, 자녀양육비 공제, 다자녀 추가공제 등 아동 관련 소득공제 등을 통폐합해야 할 것이다.

100세 시대 노인의 기준과 정년연장

■ 지속적인 근로인력 공급을 위해서는 저출산·고령화 시대에 걸맞도록 노동시장이 개혁되어야 한다. 생산가능인구가 지속적으로 감소할 것으로 예측되고 있는데도 불구하고 우리나라의 노동시장은 여전히 30~40대 남성인력 중심이다. 평균수명은 갈수록 길어지지만 퇴직연령은 빨라지고 있어 은퇴 후 소득이 급격하게 하락하는 소

---

29 아동수당을 월 20만 원으로 책정하는 근거는 많은 전문가들이 10만 원 혹은 20만 원을 주장하고 있고, 지리적 여건 등으로 국가가 제공하는 보육시설을 이용하지 않는 만36개월 미만 아동에 대한 양육수당이 연령에 따라 10~20만 원이기 때문이다.

위 크레바스crevasse 문제도 커지고 있다.

출산율의 급격한 반등을 기대할 수 없는 상황에서 고령층의 경제활동 증가는 장기적으로 부족한 노동력을 해결하기 위한 방안이 될 수 있다. 따라서 현재의 정년제도 및 퇴직 관행을 개선하는 것이 시급한 과제다.

정년제도는 기업의 인사제도, 사회보장제도, 노동시장 등과 긴밀하게 연관되어 있다. 1991년에 제정된 '고령자고용촉진법' 제19조에서 기업이 정년을 정할 때는 60세 이상이 되도록 노력해야 하는 의무를 규정하고 있으나 법적 구속력은 없었다.[30] 대기업들의 실제 퇴직연령은 평균 53세로, 국민연금에서 정해진 정년인 60세(1969년생 이후 65세)까지 일하지 못하고 조기퇴직하는 경우가 일반적이다.

2011년 기준 60세 이상 정년제도를 운영하는 기업은 전체 기업의 42.2퍼센트이지만, 현재 우리나라의 평균 정년은 57.4세다. OECD 주요 국가들과 비교해도 우리나라의 은퇴연령은 빠른 편이며, 이로 인해 연금수령기간도 상대적으로 길어지게 된다(〈표 5〉 참조).

그러나 일로부터의 실제적 단절을 의미하는 실질적 은퇴effective retirement는 2010년 현재 70세로 조사되었다. 노동시장의 은퇴연령과 사회보장제도의 은퇴연령이 다르고 사회보장제도의 노후소득 보장성이 미흡해 국민연금수령 이후에도 고령층은 생계를 위해 노동시장에 참여하기 때문이다.

미국은 1967년 '고용에서의 연령차별 금지법Age Discrimination in Employ-

---

30 2008년 '고령자고용촉진법'은 현행 '고용상 연령차별금지 및 고령자고용촉진법'으로 개정되었다.

표 5 OECD 주요 국가의 은퇴연령과 연금수령기간

(단위: 세)

구분	남성			여성		
	은퇴연령	연금 수령기간	수명	은퇴연령	연금 수령기간	수명
한국	60.0	20.2	80.2	60.0	25.2	85.2
영국	65.0	16.9	81.9	60.0	24.5	84.5
일본	65.0	18.8	83.8	65.0	24.1	89.1
스웨덴	65.0	17.9	82.9	65.0	21.1	86.1
독일	65.0	17.0	82.0	65.0	20.7	85.7
미국	66.0	17.1	83.1	66.0	20.1	86.1
OECD 평균	63.1	18.3	81.4	61.7	23.3	85.0

자료: OECD Society at a Glance 2011; OECD Social Indicators

ment Act'을 도입해 나이로 인한 고용차별을 법으로 금지했다. 일본은 2004년 '고령자고용안정법'을 통해 60세 이전 정년을 금지시켰고, 65세 까지 고령자 고용 확대를 법으로 의무화했다. 일본 기업들은 정년연장, 정년폐지, 계속고용(재고용) 등 세 가지 중 하나를 반드시 선택해야 하 며, 대부분이 계속고용제도를 도입해 고령 고용 문제를 해결하고 있다.

정년연장이 되든 정년폐지가 되든 노동시장의 수요를 충족시키고 노 인빈곤 문제를 해결하기 위해서는 일하기를 원하는 고령인력이 일할 수 있는 여건을 갖춰야 한다. 현실적인 조건과 상황을 고려해보면 다른 나라에 비해 유별나게 빠른 정년을 다소 늦추는 것이 실현 가능한 대안 이 될 수 있다. 그러나 우리나라의 경우, 연공서열적 급여구조와 경직적

인 임금구조가 정년연장에 제도적인 장애물이 되고 있다. 근무연수가 늘어날수록 임금이 오르는 연공별 급여체계하에서 정년연장이 도입될 경우, 기업의 부담이 증가하고 생산성은 저하되면서 청장년층의 고용률에 부정적인 영향을 줄 수 있다.

2013년 4월 '고용상 연령차별금지 및 고령자고용촉진법'이 개정되면서 정년 60세가 의무화되었다. 2016년부터 공공기관, 지방공사, 지방공단, 300인 이상 사업장, 2017년부터는 국가 및 지자체, 300인 미만 사업장 등 모든 사업장에 정년 60세가 의무적으로 적용된다. 사업주가 근로자를 60세 이전에 해고하면 부당해고로 간주되어 처벌을 받는다.

정년 60세 의무화는 타당한 정책 방향이지만, 문제는 임금제도의 개선이 이루어지지 않아 기업들의 부담이 매우 커진다는 것이다. 연공제가 보편화된 우리나라에서 고령자는 생산성에 비해 높은 임금을 받을 수밖에 없기 때문이다. 특히 중소기업의 경우, 인력난과 함께 인건비 부담까지 가중되어 기업 경영에 어려움을 겪게 될 것이다. 더욱이 임금체계의 개선 없는 정년 60세 의무화는 정규직의 경직성을 강화하면서 단기적으로 청년 고용을 감소시키고 비정규직을 확산시킬 수도 있다.

따라서 2016년 이전까지 노사협의 등을 통해 임금피크제 도입, 직무성과급 중심의 임금체계 개선 등을 서둘러야 한다. 중장기적으로는 임금제도를 연공급에서 직능급으로 전환해야 한다. 임금체계를 개선해야 고령자 고용도 실질적으로 확대될 수 있다.

한편 법적 정년을 마친 고령인력의 고용 확대를 위해서는 획일적 법제화보다는 업종별·부문별 다양성을 고려해 기업이 고령자 고용방식을 자율적으로 선택하도록 해야 한다. 기업의 정년을 국민연금 수급연령 이후로 설정하는 것을 의무화하되, 기업에게 정년연장, 재고용, 정년폐지 중 선택할 수 있도록 해야 할 것이다. 일할 능력과 의사만 있다면 계속 일할 수 있도록 정년제를 연령차별로 간주해 폐지하는 방안도 고려해야 한다. OECD의 〈2012년 한국경제보고서〉는 최소 정년연령을 설정하는 방법으로 정년제를 개선하고 장기적으로는 정년제의 폐지를 권고하고 있다.

노동시장의 관점에서나 복지재정의 절감을 위해서도 고령인력이 지속적으로 노동시장에 참여하는 것은 사회 전체적으로 이익이 된다. 정년연장으로 인한 일자리를 둘러싼 세대 간 갈등에 대한 우려도 있지만, 임금체계의 개선과 함께 정년연장이 된다면 정년연장이 청년 일자리에 미치는 부정적 효과는 크지 않을 것이다. 일반적으로 노인이 원하는 일과 청년이 원하는 일이 다르기 때문이다. 단기적으로는 노동시장에서 두 그룹 간에 영향을 주고받을 수 있지만, 중장기적으로는 정년연장으로 인한 고령층의 고용이 청년실업을 악화시키지는 않을 것이다.

정년연장과 함께 노인 기준 연령의 상향 조정도 고려할 필요가 있다. 노인연령 기준이 65세가 된 것은 1889년 독일이 노령연금을 세계 최초로 도입하면서 수급연령을 65세로 책정한 것에서 유래했다.[31] 당시 독일인의 평균수명은 49세 수준이었기 때문에 65세는 평균수명을 훨씬 상회하는 연령이었다고 한다.

---

31 기획재정부, 〈대한민국 중장기 정책과제〉, 2013에서 인용.

우리나라의 경우, 2011년 기준 국민의 평균 기대수명은 80.7세이고, 건강 기대수명은 71.3세다. 갈수록 건강한 신체를 유지할 수 있는 연령이 높아지고 있는, 이른바 '100세 시대'에 65세를 노인연령의 기준으로 하는 것은 적절하지 않다. 실제로 2011년 한국보건사회연구원의 조사에 따르면 국민의 68.3퍼센트, 65세 이상 인구의 83.7퍼센트가 70세 이상을 노인으로 간주하고 있다. 따라서 획일적으로 65세 이상을 피부양 인구로 간주하고 있는 현행 고령자 기준은 100세 시대에 맞지 않는다. 일본은 2008년 '고령자 의료 확보에 관한 법률'의 대상자를 기존 70세 이상에서 75세 이상으로 조정하고, 65~74세 이하는 장애상태가 있는 경우에만 대상자가 되도록 규정한 바 있다.

근로조건 격차 줄여야
비정규직 문제 해결된다

현재 우리나라의 가장 핵심적인 노동시장 관련 이슈는 비정규직 문제다. 2012년 8월 기준 임금근로자 1,773만 명의 33.3퍼센트인 591만 명이 한시적 근로자, 시간제 근로자, 비전형 근로자 등의 비정규직에 복무하고 있다. 비정규직은 정규직에 비해 고용안전성과 임금이 낮고 사회안전망의 혜택도 부족하다.

2012년 8월 기준 전체 근로자 근속연수는 평균 64개월, 정규직은 평균 82개월인 데 비해 비정규직은 28개월에 불과하다. 근로복지 및 사

표 6 근로형태별 임금격차 현황(2011년 기준)

	월급여액 (천 원)	초과급여 (천 원)	연간특별급여 (천 원)	시간당 정액급여(원)
전체 근로자	2,102	131	3,913	11,916
정규직 근로자	2,385	160	5,152	12,863
비정규직 근로자	1,282	49	328	9,177
- 정규직 대비 비율(%)	53.8	30.6	6.4	71.3
- 전체 근로자 대비 비율(%)	61.0	37.4	8.4	77.0

자료: 고용노동부, 고용형태별 근로실태조사

회안전망도 정규직의 절반 수준에 불과하다. 국민연금의 경우, 정규직의 80.3퍼센트가 가입된 반면, 비정규직은 39.0퍼센트만이 가입되어 있다. 고용보험은 정규직의 78.9퍼센트, 비정규직의 43.3퍼센트, 건강보험은 정규직의 82.2퍼센트, 비정규직의 45.4퍼센트가 각각 가입되어 있다. 2011년 기준 비정규직 근로자의 월급여액은 정규직 대비 53.8퍼센트에 불과하고, 초과급여나 연간특별급여도 정규직에 비해 매우 낮은 수준이다(〈표 6〉 참조).

　우리나라 비정규직 문제의 근본적인 원인은 정규직의 과도한 경직성 때문이다. 기존의 정규직이 지나치게 과보호를 받고 있기 때문에 기업들은 신규 취업자를 가능하면 비정규직으로 채용하려고 한다. 실제 기업이 제공할 수 있는 근로자의 복지 수준이 한정되어 있는 상황에서 정규직과 비정규직의 복지 수준은 상충될 수밖에 없다.

따라서 비정규직 문제의 해결 방향은 정규직에 대한 과도한 보호를 줄이고 정규직과 비정규직의 근로조건의 격차를 줄이는 것이다. 비정규직의 정규직화는 기업의 비용을 가중시켜 사회 전체의 고용을 줄일 우려가 있기 때문에 정치적 목적을 위해 추진되어서는 안 된다.

　그러나 정규직에 대한 보호를 축소하는 것은 쉽지 않기 때문에 비정규직이 현재 제대로 누리지 못하고 있는 사회복지혜택을 늘리는 방안이 우선되어야 한다. 비정규직의 4대 사회보험 적용을 확대하기 위해 저소득 비정규직의 개인 부담 사회보장기여금을 정부가 모두 지원하고, 기업 부담 기여금은 기업 규모에 따라 차등적으로 지원할 수 있다. 예를 들어 5인 미만 사업장의 경우, 고용주가 부담하는 비정규직 사회보장기여금을 정부가 전액 지원한다. 반면 5인 이상 300인 미만 사업장의 경우, 고용주가 부담하는 비정규직 사회보장기여금에 대해 업종별·직종별·기업 규모별로 차등적인 재정 지원을 할 수 있다.

　기업이 정규직의 고용을 꺼리는 주된 이유는 해고가 어렵고 임금 부담이 크기 때문이다. 그렇다고 정규직의 구조조정을 용이하게 해 노동시장을 유연하게 하는 것은 현실적으로 쉽지 않은 일이다. 따라서 고용의 유연성보다는 시간제와 임금피크제의 확대 등 근로유연성을 통해 노동시장의 유연성을 높이는 것이 현실적이다. 비정규직의 고용안정성, 처우, 임금 등을 개선해 다양한 형태의 고용이 활성화된 유연한 노동시장을 창출하는 것이다. 사내 하도급 근로자 보호나 비정규직 성과급 보장 등은 비정규직의 고용안정성을 제고하기 위해 필요하다. 특히 비정규직에 대해서도 동일 노동·동일 임금·동일 수당을 지급해야 한다.

여성과 청년층을 비롯한 사회 전체적인 고용률 제고를 위해서도 다양한 근로형태를 만들어 잠재된 인력 수요를 충당해야 한다. 실제 선진국에서는 파트타임, 주당 30시간 미만 근로 등 시간제 근로의 비중을 확대해 경제활동참가율을 높이고 있다. 2011년 기준 총 고용 대비 단시간 근로 비중은 한국이 13.5퍼센트, 미국 12.6퍼센트, 일본 20.6퍼센트, 프랑스 13.6퍼센트, 독일 22.1퍼센트, 스웨덴 13.8퍼센트, 덴마크 19.2퍼센트 등이다. 단시간 근로는 여성 고용을 증대시키는 소위 '맞벌이 모델dual earner model'로 현재 일본, 호주, 유럽 등은 시간제 근로 활성화를 위해 노력 중이다.

단시간 근로의 확대를 위해서는 정규직 단시간 근로의 개념을 확립하고 이를 확산시키기 위한 제도와 인센티브가 필요하다. 일차적으로 정부 등 공공부문부터 정규직 시간제 근로를 활성화시켜야 한다. 시간제 정규직의 공무원 채용을 위해서는 적절한 직제와 직급 부여, 근무평가 조정과 시간제 근무자에 대한 차별 금지 등을 법제화해야 한다. 또한 정규직의 시간제 근로를 활성화하는 기업들에 대해서는 세제혜택 등의 인센티브를 제공해야 한다. 단시간 근로의 경우에 실질적인 근로시간에 비례해 사회보장기여금을 차등적으로 적용하는 것도 필요하다.

궁극적으로는 정규직과 비정규직의 수직적 서열화와 칸막이를 철폐하고, 정규직과 비정규직이란 정치적 용어 자체를 폐기해야 한다. 모든 직종을 근로계약서에 근거해 무기 계약직과 유기 계약직으로 구분하고, 시간제 · 기간제 · 파견노동 등 다양한 형태의 고용을 추진해야 한다. 노동시장의 유연성을 유지하면서 동시에 계약기간과 상관없이 모든 근로자에게 4대 사회보험 보장, 동일 노동 · 동일 임금 · 동일 수당을 지급하고 공공기관 및 정부의 정원제도 폐지해야 한다.

노동시장의 유연화와 함께 실업보험의 소득대체율을 50퍼센트로 확대하는 것도 필요하다. 2009년 한국의 실업자 소득대체율은 30.4퍼센트로 OECD 평균 58.6퍼센트의 절반 수준이며, 터키 45.3퍼센트, 폴란드 44.1퍼센트, 슬로바키아 37.9퍼센트보다 낮은 최하위권이다. 사회안전망이 확충되면 실업에 대한 저항이 줄어 노동시장의 유연화도 그만큼 쉬워질 것이다.

청년 일자리 늘리려면
미스매치를 해소해야

청년실업은 비정규직 문제와 함께 한국 노동시장의 가장 심각한 문제점으로 대두되었다. 일자리를 구하지 못하는 청년들에 대한 사회적 연민의 목소리도 크고, 2012년 총선과 대선에서 정치권의 20대 표심잡기도 극에 달했다. 그러나 청년실업 문제에 대해 좀 더 냉정하게 접근할 필요가 있다.

OECD 국가들의 청년실업의 핵심은 대체로 저학력, 미숙련 청년들의 일자리 문제다. 반면 청년의 80퍼센트가 대학에 가는 한국의 청년실업 문제의 핵심은, 고학력이고 지식근로자인 청년들이 마음에 드는 일자리를 구하지 못하는 것이다. 한국의 청년실업 문제는 25~29세 연령대의 대학졸업자들이 자신의 눈높이에 맞는 직장을 구하려고 치열하게 경쟁하는 상황에서 발생하고 있다.

OECD가 정의한 청년의 연령대인 15~24세에 한국의 젊은이들은 학교를 다니거나 군복무, 대입 재수, 해외연수 등 본격적인 사회 진출을 준비한다. 그런 의미에서 한국의 청년실업 문제는 젊은이들이 본격적으로 첫 일자리를 구하는 시기인 25~29세로 연령을 국한해 논의되어야 한다. 한국의 청년 남자는 27세 전후에 첫 일자리를 구하기 시작하면서 상대적으로 높은 학력과 눈높이 때문에 치열한 취업경쟁을 치러야 한다.

2012년 기준 우리나라 20~24세 청년들의 실업률은 9.0퍼센트, 고용률은 44.5퍼센트인 반면 25~29세는 실업률 6.6퍼센트, 고용률 69.2퍼센트 등이다. 30~39세가 되면 실업률은 3.0퍼센트, 고용률은 72.7퍼센트가 된다.

앞으로 10년 후에는 25~34세의 청년층 인구가 점차 감소할 것이므로 실업보다는 인력 부족의 문제가 더 심각하게 대두될 것이다. 그러나 청년층의 절대인구가 줄더라도 좋은 일자리는 항상 제한되기 때문에 대졸 청년들의 눈높이에 맞는 일자리를 구하려는 경쟁은 계속될 것이다.

20대 후반의 대졸자가 겪는 취업경쟁의 근본원인은 너무 많은 대졸자가 배출되기 때문이지만, 대학은 누구나 꼭 가야 하는 것이라는 사회적 인식을 바꾸기는 쉽지 않다. 대졸자가 취업이 어렵고 오히려 고졸이 취직이 쉽다고 해도 사람들이 쉽게 대학을 포기하지는 않을 것이다. 한국 사회에서는 대학을 졸업한다는 것이 여전히 사회적 신분상승을 위한 사다리를 만드는 것을 의미하기 때문이다. 더욱이 취학연령의 80퍼센트가 대학을 가는 상황에서 대학을 포기하는 것은 젊은이들에게 사회적 낙오자라는 낙인을 찍는 것이기도 하다.

그렇다고 대졸자들의 눈높이에 맞는 일자리를 많이 만들기도 현실적으로 쉽지 않다. 대졸자들의 눈높이에 맞는 좋은 일자리란 전문직이거나 대기업 사원과 같이 어느 정도 사회적으로 인정받는 직장이다. 대부분의 청년들은 변호사, 의사, 회계사 등과 같이 '사' 자가 붙는 전문직, 공무원, 교사, 공기업 등의 직업안정성이 높은 자리, 금융기관과 대기업 사원 등을 원한다. 이런 일자리는 매년 10만 개 이상을 창출하기가 쉽지 않다.

중장년층의 직업안정성을 약화시키거나 임금을 줄여 청년들에게 좋은 일자리를 더 많이 공급하는 것도 쉬운 일이 아니다. 청년실업 문제의 원인을 알고 있다고 해도 그에 대한 해결책을 만들기는 쉽지 않은 것이 현실이다.

더욱이 청년들은 일자리가 부족하다고 하지만, 청년층의 중소기업 및 제조업 회피로 인해 제조업 분야의 중소기업은 인력난에 직면해 있다. 구직난과 구인난이 동시에 존재하는 미스매치mismatch 문제가 심각한 상황이다. 중소기업 및 제조업은 임금 수준 등 근로조건이 구직자의 기대와 맞지 않거나 구직자가 기피하는 직종이기 때문에 국내 인력을 구하지 못하고 있다. 통계청에 따르면 2012년 6월 기준으로 국내 상주 15세 이상 외국인은 111만 명에 달하며, 이 중 취업자는 79만 명으로 대부분 중소기업에 종사하고 있다. 특히 외국인 취업자들 가운데 약 37만 명은 제조업에서 일하고 있는 것으로 조사되었다.

노동시장의 미스매치 문제를 해결하기 위해서는 먼저 대학교육과 산업수요의 미스매치를 해결해야 한다. 젊은 취업희망자들의 80퍼센트가 대학(전문대 포함)졸업생이고 20퍼센트 정도만이 고졸인데, 산업 수요의 상당 부분은 고교졸업생을 요구하기 때문에 인력 공급과 수요의 양적 불일치가 발생한다. 대학을 산업인력 수요에 따라 유형화하고 변화해가는 대학에 대해서는 정부가 나서서 지원해야 한다. 대학을 자체 역량과 학생 수준을 고려해 범용실무인력, 특정 분야 · 현장애로기술인력, 중견실무 · 기능인력 등으로 구분해 특성화하는 것도 가능하다.

　지방대학의 경우, 지역산업 수요를 반영해 취업난을 해소해야 한다. 이를 위해 각 지역 소재 국립대학과 사립대학이 지역의 경제와 산업 발전에 기여할 수 있도록 대학에 대한 지원을 일부 광역자치단체에 위임할 수 있다.

　산학융합단지, 즉 산업단지 내 대학을 설립해 높은 취업률을 유지하는 전략도 추진해야 한다. 한국에서 유일한 산업단지 내 대학인 경기도 시흥시 시화공단의 한국산업기술대학은 시화공단의 기업과 연계해 엔지니어링 하우스와 가족기업 등의 특화된 교육프로그램으로 우수한 인재를 배출하고 높은 취업률을 유지하고 있다.

　중소기업의 인력난을 해소하면서 청년들이 취업을 원하는 일자리를 만들기 위해서는 중소기업 일자리를 '괜찮은' 일자리로 전환시키는 정책적 지원도 시급하다. 중소기업 근로자의 경우, 아파트 분양 시 가산점 부여, 중소기업 밀집지역이나 산업단지 내 공공문화예술시설 설립, 국공립 보육시설 확충, 출퇴근 교통수단 지원, 산업단지 업종규제 철폐 등이 필요하다. 중소기업 취업희망 대학생에게는 장학금 우선지원 및 학자금대출 우대 등의 지원도 긴요하다.

고등학교의 중소기업 현장 실습 및 연수 등 취업연계 교육프로그램을 개발하고, 고졸 중소기업 취업희망자에게는 졸업 후 중소기업 취업보장 및 졸업 후 취업자 병역특례 기회를 확대해야 한다. 취업연계 프로그램에 참여하는 중소기업과 중소기업 취업률이 높은 고등학교에 대한 우선적인 정부 지원도 긍정적 효과를 가져다줄 것이다. 중소기업에 대한 취업욕구를 높이기 위해 우수한 중소기업 및 중견기업의 데이터베이스를 구축하고, 매월 일하고 싶은 중소기업을 선정해 SNS, 방송매체 및 언론 등을 통한 정부의 홍보활동도 필요하다.

7
장

경제

민주화와

기업

생태계

왜 지금 경제민주화를
논하는가

보편적인 민주주의는 학식이나 돈, 나이에 관계없이 국민 모두가 한 표를 행사하는 선거를 통해 실현된다. '1인 1표' 원칙은 근대 민주주의의 근간이다. 그러나 시장에서는 돈의 많고 적음에 따라 발언권이 달라진다. 시장 거래에서는 구매력이 큰 사람의 발언권이 세다. 은행에서 대출을 할 때도 신용도가 높은 사람이 우대를 받는다. 주식회사에서는 주식을 많이 가진 사람이 그만큼 의결권이 더 많다.

시장경제는 '1원 1표' 혹은 '1주 1표'의 원칙으로 작동된다. 하지만 '1인 1표'와 '1원 1표'의 두 원리가 때로 상충하면서 민주주의와 시장경제는 서로 모순되게 된다. 2012년 대통령 선거에서 '경제민주화'가 핵심적인 정책 화두로 등장하게 된 배경에는 바로 이러한 민주주의와 시장경제의 근본적인 모순이 내재하고 있었다.

경제민주화는 시장경제에서 '1원 1표' 원칙의 폐해를 규제하기 위해 돈과 규모에서 나오는 지나친 권력을 억제하겠다는 시도다. 경제민주화를 주장하게 된 데는 한국이 경제성장은 하고 있으나 그 열매가 일부 계층으로만 돌아간다는 인식이 깔려 있다. 소득분배가 점차 악화되어 소위 '양극화'가 심화되고 있다는 것이다.

1990년 이후 한국의 소득 불평등은 다소 악화되는 추세이기는 하다. 소득분배를 나타내는 가장 간단한 지표인 시장소득 지니계수가 1990년 0.266에서 2011년 0.313로 악화되었다. 가처분소득 지니계수도 1990년 0.256에서 2011년 0.289로 다소 악화되었다. 그러나 〈그림 5〉에서 보여주듯 2000년대 후반 기준 다른 선진국에 비해 한국의 시장소득 불평등은 매우 양호한 편이며, 세금과 소득이전을 통해 교정한 가처분소득 불평등도 OECD 국가들의 평균 수준이다.

그러나 국민들이 느끼는 불평등은 복합적일 것이다. 소득이나 재산의 불평등뿐만 아니라 교육이나 사업 기회가 과연 공평한가도 국민의 인식에 영향을 미친다. 정치인들은 국민들이 권력을 가진 대기업과 기득권을 가진 부자에 대해 불만을 갖고 있다고 판단하고, 민심 획득이라는 정치적 목적을 위해 앞다투어 경제민주화를 주장하는 것이다.

경제민주화에 대해 인식하게 된 이유 중 하나는, 1997년과 2008년 두 차례의 외환위기를 겪으면서 위기 타개를 위해 고환율정책(원화의 저평가)을 선택했기 때문이다. 고환율정책은 수출기업에게 유리했으며, 특히 국제경쟁력이 높은 삼성전자나 현대자동차와 같은 대기업에게 추가

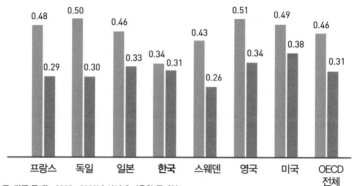

그림 5 OECD 주요 국가 지니계수 비교(2006~2009년)

■ 시장소득
■ 가처분소득

프랑스 0.48 / 0.29
독일 0.50 / 0.30
일본 0.46 / 0.33
한국 0.34 / 0.31
스웨덴 0.43 / 0.26
영국 0.51 / 0.34
미국 0.49 / 0.38
OECD 전체 0.46 / 0.31

주: 각국 통계는 2006~2009년 사이에 가용한 통계임.
자료: OECD Stats

적인 이윤을 가져다주었다. 국민들 간의 소득 불평등뿐만 아니라 기업 간 소득 불평등도 사회적 문제로 인식되게 된 것이다. 이제 국민들은 개인 간 소득 불평등뿐만 아니라 대형할인점과 영세한 소매점, 원청기업과 하청기업, 대기업과 중소기업 등의 관계도 불평등하다고 불만을 표출하고 있다.

기업 간의 교섭력이나 권력은 기술이나 경쟁력과 같은 질적인 면도 중요하지만 양적 규모에 따라 좌우된다. 규모가 커서 큰 구매력을 가진 기업은 시장에서 매우 큰 교섭력을 갖게 된다. 이런 시장의 기본적인 작동원리에 대한 불만의 목소리가 나오면서 2012년의 양대 선거에서 경제민주화가 중요한 화두가 된 것이다. 이는 1987년 정치민주화 이후에 한국 사회가 상당히 투명하고 공평해진 결과라고 할 수 있다. 물론 한국의 시장경제가 이제 60년의 역사를 갖게 되면서 질서가 어느 정도 잡히고 기득권 집단이 누리는 우위가 커졌기 때문이라고 볼 수도 있다.

경제민주화라는 화두가 나오게 된 소득분배의 악화, 정치민주화의 진전, 사회계층의 고착화 등 세 가지 이유 중 어느 것이 더 중요한가는 차치하고, 2012년에 정치권이 이 화두를 던졌다는 사실이 더 중요하다.

2013년 새 정부가 출범하면서 경기침체를 극복하기 위해 경제민주화의 속도를 조정하자는 목소리도 높다. 경제민주화가 자칫 한국경제성장의 원동력이 되고 있는 대기업들에 대한 규제 강화로 귀결될 수 있기 때문이다. 실제 대기업 규제를 위해 정부는 부당 내부거래 규제(일감 몰아주기 규제), 신규 순환출자 금지, 국민연금 등 공적연기금 의결권 강화 등의 법제화를 시도하고 있다.

또한 일부 기업이나 사회지도층의 부적절한 처신으로 인해 이슈화되기 시작한 이른바 '갑을' 논란으로 인해 다양한 규제가 강화될 것으로 전망된다. 사실 한국 사회에서는 갑이든 을이든 계약 당사자들조차 계약관계에 대한 명확한 인식이 아직 부족하다. 이는 한국의 시장경제가 근대적 계약관계보다는 인적관계에 기반한 사회적 관행에 근거해 발전해왔기 때문이다. 심지어 노동시장에서도 고용계약은 대부분 무의미하다. 이러한 계약관행의 부재는 한국 사회의 문화적 특징이라고 볼 수도 있다. 이러한 상황에서 계약관계를 국가가 나서서 규제를 통해 관리하겠다는 발상은 전근대적 방식이다.

정부는 시장에서 계약관계의 정립을 저해하는 규제를 만들 것이 아니라 투명하고 공정한 계약관행들을 정립할 수 있는 제도적 기반을 만들어야 한다. 실제 우리 사회에서 가장 힘센 '슈퍼갑'은 대기업이 아니라 정부 등 공공부문이라는 사실도 간과되어서는 안 된다. 국가부문부터 투명하고 합리적인 계약적 관행을 정립시키는 것이 필요하다.

앞으로 새 정부의 가장 큰 과제는 사회적 통합력을 높이기 위해 약자들을 보호하면서도 경제적 효율성을 저해하지 않는 길을 모색하는 것이다. 이른바 경제민주화를 명분으로 하면서 시장경제를 약화시키고 정부의 역할을 비대화시키는 부작용이 발생되지 않도록 해야 할 것이다.

경제민주화의
세 가지 얼굴

경제민주화정책은 '정부가 나서서 시장에서의 상대적인 약자를 보호해주거나 교섭력을 강화해주려는 정책'이라 정의될 수 있다. 여기서 시장이란 상품시장과 노동시장, 자본시장을 포함한다.

상품시장

경제민주화 논의의 첫 번째 분야인 상품시장에서 약자를 보호하려는 전형적인 정책이 '동반성장정책'이다. 대기업과 중소기업이 하청과 납품 등을 통한 수직적인 거래관계일 때, 상대적 약자인 하청기업을 보호하거나 하청기업의 교섭력을 강화시키려는 정책이 동반성장정책이다.

그러나 중소기업의 소위 '적합업종'을 지정해 일정 규모 이상의 대기업이 이 산업에 진출하지 못하게 막는 것은 전형적인 과잉보호정책이다.

중소기업 적합업종 지정정책은 1979년에 도입되어 2006년에 폐지된 중소기업 고유업종 지정제도의 반복에 불과하다.[32] 중소기업 고유업종 지정제도는 고유업종 중소기업 간 과다경쟁을 유발하고, 구조개선 및 기술개발 투자의 부진 등으로 중소기업의 구조고도화를 지연시켰다는 비판을 받았으며 따라서 폐지되었다.

영세상인이나 생계형 자영업자를 보호하기 위한 대형할인점의 영업시간 제한이나 강제휴업이 과연 실효성이 있는지도 재검토해야 한다. 동반성장정책은 전형적으로 경제적 효율성과 사회적 형평성이 충돌되는 정책이므로 상충하는 두 가지 목표를 조화시키는 현명한 절충이 필요하다. 반면 경제민주화와 관련해 불공정 거래관행을 없애는 것이야말로 시장경쟁 활성화를 위해 바람직하다. 그러나 실효성과 부정적 효과에 대한 엄밀한 고려하에 정책이 입안되어야 한다.

노동시장

경제민주화 논의의 두 번째 분야는 노동시장이다. 한국의 노동시장은

---

32 중소기업 고유업종 지정제도는 1979년에 시작되어 2006년까지 27년간 존속했던 제도로, 중소기업 고유업종으로 지정된 사업에 대기업 신규참여를 원칙적으로 금지했다. 중소기업 고유업종은 1979년에 23개 업종을 지정한 이래 1989년에는 237개로 업종 수가 크게 늘어났으나 1989년 고유업종 지정해제 준비기간을 설정한 해제예시제 도입 이후 1997년 1월 1일에 47개 업종, 2001년 9월 1일 43개 업종, 2006년 37개 업종이 해제되면서 제도가 폐지되었다.

해고가 어렵기 때문에 유연성이 떨어진다. 이에 따라 기업들은 비정규직을 대거 채용하는 방식으로 경기변동에 대처해왔다. 그러나 비정규직 근로자는 생산성에 비해 급여 수준도 낮고 복지혜택도 정규직에 비해 적게 받고 있다. 한국의 노동시장은 '정규직에 대한 고보호 · 고보상과 비정규직의 저보호 · 저보상'이라는 이중적인 구조로 지탱되고 있는 셈이다.

이러한 불평등 문제는 개개인의 고용보장 및 급여와 직결될 뿐만 아니라, 기업도 경기변동과 기술 변화에 따라 고용의 유연성을 확보해야 하기 때문에 간단하게 해결책이 나올 수 없는 구조적인 문제다. 이제 와서 정규직이 이미 받고 있는 보호와 혜택을 축소하기는 어려우며, 이는 결국 각 사업장에서의 교섭과 개별 기업의 상황에 따라 결정될 것이다.

정부가 나서서 비정규직이 받는 사회보장혜택을 확대하는 인센티브를 주거나 일정한 형태의 비정규직에 대해 고용안정을 보장해주는 정책은 이미 시행되고 있다. 비정규직 대책은 시장의 작동원리에 정부가 개입해 상대적인 약자를 보호하려 한다는 점에서 경제민주화정책이다. 노동시장에 대한 논의는 앞서 6장에서 소개했으므로 여기서는 간단히 줄이기로 한다.

자본시장

경제민주화 논의에서 세 번째 분야는 자본시장, 특히 대기업의 소유 및 지배구조와 관련된다. 대기업의 지배구조는 한국의 문화적 · 정치경제적 환경의 산물로, 길게 보면 이제 60년이 되었다. 그리고 이 기업제도가 나름대로 순기능을 한 덕분에 한국경제가 지금과 같은 성장을 했다고 볼 수 있다.

한국의 대기업집단 혹은 재벌은 '가족지배 아래 있는 다각화된 기업집단'이라고 정의될 수 있으며, 이는 가족지배와 비관련 다각화라는 두 가지 특징을 반영한 것이다. 어떤 형태의 다각화전략이 좋은가는 기업이나 자본시장이 선택할 문제이지 정부가 관여할 사안은 아니다. 따라서 재벌 지배구조의 핵심은 바로 가족지배의 문제로 귀결된다. 현재 재벌의 지배구조에 대한 비판의 핵심은 지분을 5퍼센트 미만, 때로는 1퍼센트밖에 갖고 있지 않은 창업자와 그 가족이 절대적인 경영권을 행사하고 있다는 점이다.

기업의 지배구조에서 가장 이상적인 지배구조는 '주인이 직접 챙기는 구조'이며, 이렇게 되면 소위 '대리인 비용'이 발생하지 않는다. 대주주가 기업의 주식을 100퍼센트 소유하면서 기업을 직접 경영하는 경우는 지배구조에 있어서 아무 문제가 없다. 그러나 지분이 적은 창업자 혹은 그의 가족이 적은 지분으로 경영권을 행사하는 데서 문제가 생긴다. 창업자와 그 가족이 어느 정도의 창업자 프리미엄을 누리는 것은 사회적으로 용인되고 있으나 그 프리미엄이 얼마나 되어야 하는가는 불분명하다.

대기업 중심의 경제인 한국이나 중소기업 중심의 경제인 대만이 둘 다 지난 50~60년간 지속적인 성장을 해왔다는 사실은 기업구조와 산업조직이 경제성장에 결정적인 요인이 아님을 보여준다. 다만 각국의 독특한 경제적·정치적 여건 아래 기업제도가 진화되어온 것이다.

그럼에도 불구하고 현재 여야 정당이 모두 '재벌개혁'을 핵심적인 정책과제로 채택하고 있는 것을 보면 국민들이 현행 재벌체제의 변화를 요구하고 있는 것으로 보인다. 특히 대기업집단이 3세 경영으로 넘어가는 시점이 되면서 과연 현재 대기업의 소유 및 지배구조가 타당한가에 대한 논의가 필요할 것이다.

경제민주화를
다시 생각해보자

새 정부 들어 경제민주화를 입법화하기 위한 논쟁들이 숨가쁘게 전개되고 있다. 지속적인 경제침체 속에서 경제민주화의 부정적 효과에 대한 잠재적인 불안감이 커지고 있지만, 갑을논쟁이 사회적 이슈로 급속하게 부각되면서 경제민주화 관련 입법화가 속속 이루어지고 있다. 국민들이 부당하다고 느끼는 사회적 · 경제적 질서에 대한 개선은 필요하지만, 문제는 이를 해결하기 위해 만들어지는 법들이 진정한 해결책이 될 수 있는가가 불확실하다는 것이다.

새 정부 경제민주화 1호법으로 불리는 '하도급거래 공정화에 관한 법률' 개정안은 기술탈취 행위에만 3배 범위 안에 적용하던 징벌적 손해배상제를 부당 단가인하, 부당 발주취소, 부당 반품행위 등으로 확대했다. 문제는 하도급법이 강화되어 징벌적 손해배상이 5배, 10배가 된다 할지라도 납품하려는 중소기업은 많고 대기업은 소수인 상황에서 대기업을 상대로 소송할 중소기업은 많지 않을 것이라는 점이다. 따라서 대기업과 중소기업의 공정거래를 위해서는 대기업의 인식 변화도 필요하지만, 결국은 중소기업의 경쟁력 강화만이 해결책이 될 수 있다.

더욱이 공정거래위원회의 전속 고발권 폐지의 경우, 행정적 낭비와 기업활동의 저해를 동시에 초래할 수 있다. 불공정거래에 대한 정확한 지식이 없는 감사원, 중소기업청, 조달청 등이 고발을 남발할 우려가 크며, 기업들은 부적절한 이유로 고발을 당할 가능성이 높아지기 때문이다. 공정거래를 위한 전문적인 정부부처가 있는 상황에서 다른 부처들에게 관련 권한을 부여하면 관료조직의 속성상 성과를 위해 불요불급한 고발이 많아질 것은 명백하다. 물론 해당 부처들은 조직을 더 키울 수 있는 기회로 활용할 것이며, 부처 간 알력다툼도 커지게 될 것이다. 기업들은 슈퍼갑인 정부부처가 한 개에서 네 개가 되면서 관료들의 눈치 보기에 많은 시간을 투입해야 하는 상황이 발생할 것이다.

프랜차이즈 본부와 가맹점주 사이의 불공정 행위 해소를 목적으로 하는 프랜차이즈 규제는 유통사업의 대형화와 시장경쟁을 가로막게 될 것이다. 프랜차이즈 본부의 부당한 횡포는 예방해야 한다. 그러나 원칙적으로 가맹점이 부당하다고 생각하면 프랜차이즈 계약을 맺지 않으면 된다. 더욱이 가맹본부가 가맹계약 체결 시 가맹점사업자의 영업지역을 설정해 영업지역 안에서는 또 다른 직영점이나 가맹점을 설립하지 못하게 하는 것은 기존 가맹점의 독점적 영업권을 보장해주는 반경쟁적 발상이다. 그러면 프랜차이즈 가맹점으로 인해 소멸되고 있는 동일 업종의 동네 자영업자들을 어떻게 보호해줄 것인가의 문제가 제기되게 된다. 프랜차이즈 규제는 형평성의 관점에서도 부적절하다.

일감 몰아주기 규제의 경우에도 '부당한' 내부거래가 무엇인지에 대해 판단하기가 어려워 과연 적절한 적용이 가능하겠는가가 의문시된다. 이윤극대화를 목표로 하는 기업은 비용을 줄이고 기업 내 비밀유지나 투자 확대 등을 위해 일정한 내부거래를 필요로 한다는 것은 상식이다. 기업이 규모의 경제와 효율성을 추구하는 방식을 대기업의 중소기업 영역 침범이라든지 재벌의 증여 과정으로만 매도하는 것은 부적절하다. 결국은 규제 대상을 재벌 총수 일가가 지분을 갖고 있는 계열사와의 거래로 국한하는 것으로 입법화되었지만, 이는 기업활동의 효율성을 심각하게 저해하게 될 것이다.

시장에서의 불공정거래 문제는 힘의 불균형이 해결되지 않는 한 아무리 강력한 규제를 하더라도 해소될 수 없다. 힘이 약한 사람이 힘이 강한 사람과 대등해질 수 있는 방법은 운동을 통해 스스로의 힘을 기르는 것이다. 정부의 역할은 힘이 약한 사람이 체력을 기를 수 있도록 체육관과 같은 인프라를 만들어 스스로 단련하도록 하고, 필요하다면 트레이너를 지원하는 것이다. 상품시장과 연관된 경제민주화 관련 입법화는 최소화되어야 할 것이다. 상품시장에서의 가장 좋은 정부 정책은 경쟁이 촉진되도록 하는 것이다.

경제민주화의 핵심으로 여겨지는 재벌의 지배구조에 대해서도 이제 객관적으로 숙고할 필요가 있다. 기업의 지배구조는 형평성과 효과성의 두 가지 관점에서 검토되어야 한다. 지금의 경제민주화 논의에서는 형평성이 가장 큰 이슈가 되고 있으나, 기업은 기본적으로 사적이윤을 추구하는 조직이지 공공성을 실현하는 조직이 아니라는 점을 잊어서는 안 된다. 따라서 기업의 지배구조에 대한 균형 잡힌 접근을 위해서는 형평성과 효과성을 어떻게 조화시킬지 항상 염두에 두어야 한다. 즉 재벌의 지배구조 개혁의 핵심은 '기업이 제대로 돌아가게 하는 동시에 공평한 구조'를 만드는 것이다.

주식회사제도는 보통 소유지분을 30~50퍼센트 정도 가진 대주주가 기업 지배권을 갖는 것을 허용한다. 다만 소액주주는 주식시장을 통해 직간접적으로 대주주의 의사결정에 영향을 미친다. 상장회사의 경우, 지배주주가 반드시 소유지분에 정비례하는 지배권을 가지는 것은 아니다. 따라서 핵심은 소유지분과 지배권 사이에 어느 정도의 '괴리'를 인정할 수 있는가와 소액주주나 기관투자자가 대주주의 지배권에 대해 어떤 견제장치를 가지고 있는가다. 이를 지배구조의 '형평성'이라 정의할 수 있다.

지배구조의 '효과성' 기준은 어떤 지배구조가 더 좋은 성과를 가져다주는가의 문제다. 한국의 일부 대기업, 특히 글로벌화에 성공한 대기업은 탁월한 성과를 올리고 있다. 기업의 성패에 영향을 주는 변수는 매우 많기 때문에 이러한 탁월한 성과가 오너체제 때문이라 단정할 수는 없으나, 적어도 이들 기업의 지배구조가 기업성과에 순기능을 했다고는 할 수 있을 것이다.

오너체제가 갖는 일반적인 장점은 장기적인 안목, 신속한 의사결정과 리스크 감수 등이며, 추가로 한국 기업의 경우 대기업 그룹 회장의 집요함과 목표지향성도 장점으로 작용했을 것이다. 지난 20년간 한국

기업의 성공적인 글로벌 성장에는 오너체제가 크게 기여했다고 평가할 수 있다.

현재 한국의 대기업이나 비영리조직의 지배구조와 관련되어서는 세 가지의 큰 대안이 있다. 가족 중심, 정부 중심 그리고 독립된 전문체제다. 이 세 가지 대안 중에서 어느 것이 더 바람직한가는 형평성과 효과성이라는 두 가지 기준에 준해 평가해야 한다. 그리고 이 문제를 논의하는 데 있어서는 경로의존성을 고려해야 한다. 규제나 정책의 변화가 필요한 경우에도 기업들이 적응할 수 있도록 매우 점진적으로 변화가 이루어져야 한다는 것이다.

현실적으로 한국 대기업의 지배구조는 가족 주도와 정부 주도의 두 가지 형태가 주류이며, 가족이나 정부의 지배를 받지 않는 '전문형 지배구조'는 매우 제한적이다. 포스코가 한국의 가장 대표적인 전문형 기업구조이지만, 지난 몇 년간 CEO의 선임 과정에서 정부의 영향력이 커지는 경향을 보이고 있다. 아직 임기가 남은 CEO가 경영성과가 나쁘지 않은데도 불구하고 정권이 바뀌면서 도중에 사임하는 경우도 있다. 전문형 지배구조가 어느 정도 자리 잡았던 신한은행과 같은 금융회사의 경우에도 내분으로 인해 체제가 흔들리는 모습을 보인다.

정부 주도 기업의 지배구조는 약점이 이미 분명히 노출되었다. CEO의 임기가 3년 정도밖에 되지 않아 CEO가 장기적인 사업에 대한 투자를 하기가 어렵다. 또한 재직기간에 노동조합과 타협하거나 정치권의 압력을 받아 CEO가 기업에 손해를 끼치는 행동을 할 소지도 크다. 4대 혹은 5대 재벌과 같은 대기업집단의 경우 오너, 전문경영자와 주식시장(기관투자자 및 소액주주 포함)의 제3자가 적절한 감시와 견제의 구조를 만들면서 기업의 장기적인 성장과 효율성을 달성할 수 있는 지배구조를 만들어야 한다.

지금 정치권에서 논의되고 있는 정책대안인 '순환출자 제한'이나 '국민연금기금 투표권' 행사 등과 같이 지나치게 형평성에만 집착해서는 안 된다. 특히 정부 관료들이 좌지우지하는 국민연금기금의 주주권 행사는 관치 문제를 초래하고 전문성 부족으로 인해 기업의 경영효율성을 급격하게 저하시킬 것이다. 국민연금의 경우, 주주권 행사보다도 관치화와 정치화 예방을 위한 연기금 지배구조 개선, 연기금의 독립성·투명성·전문성 강화 등이 우선적인 과제다.

사실 현재 정부가 추진하는 재벌의 소유 및 지배구조와 관련된 정책들은 대부분 불필요하거나 정부의 시장에 대한 지나친 개입으로 볼 수 있다. 대기업집단의 경제력 집중에 대해서는 이미 공정거래법에 상당한 법적 근거가 있으며, 개정된 상법에서도 추가적으로 대주주의 이해상충 행위 등에 대해 새로운 제재 근거가 마련되어 있다.

결국 순환출자에 대한 점진적인 억제책을 제외한 나머지 지배구조 규제정책은 다분히 정치적인 제스처로 보인다. 물론 '경제 살리기'를 명분으로 한 재벌의 편법증여나 불법행위에 대한 '봐주기' 식 법 적용에 대해 국민들은 법의 공정성에 대한 회의와 초법적 재벌에 대한 반감을 표출하고 있다. 따라서 기업 혹은 기업인의 탈법행위에 대해서는 법의 형평성 차원에서 적법한 처벌이 필요하다. 그러나 일부 기업 혹은 기업인의 탈법행위를 핑계로 전체 기업을 범법자로 모는 행위나 이를 기회로 규제를 대폭 강화하는 행위는 한국의 자본주의 발전을 저해할 것이다. 현재 국민들은 재벌 해체를 원한다기보다는 재벌들의 준법과 사회적 책임 강화를 원하고 있는 것으로 보인다.

결국 지배구조 개선을 위한 정부나 정치권의 대안이 기업의 성과를 해치게 된다면 그야말로 '황금알을 낳는 거위를 죽이는 어리석음'을 범할 수 있다. 따라서 현재 정치권에서 논의되는 기업의 지배구조에 대한 새로운 정책과 규제를 경제적이고 합리적인 관점에서 재고할 필요가 있다.

재벌의 지배구조는
과연 타당한가

2012년 정치권에서 논의되었던 경제민주화는 주로 대기업집단의 지배구조에 대한 것이었다. 비정규직에 대한 문제는 정치권에서 경제민주화의 화두로 보고 있지 않다. 다만 상품시장거래와 관련되어 '불공정거래행위'라는 차원에서 대기업과 중소기업 간의 거래관행 및 대기업 일감 몰아주기 등이 논의되었다. 그 외에 기업인의 범법행위에 대한 엄정한 법 집행과 대통령의 사면권 행사 억제 등에 대한 논의도 있었다.

2013년 새 정부 출범 이후 재벌의 지배구조에서 가장 핵심적인 사안은 순환출자규제, 지주회사제도 그리고 금산분리규제에 관한 것이다.

사안별로 쟁점을 살펴본다.

순환출자규제

현행 공정거래법에 따라 정부는 매년 4월 '상호출자 제한'과 '채무보증 제한' 대상이 되는 대규모 기업집단을 지정하고 있다. 자산총액이 5조 원 이상 되는 기업집단으로 2012년 4월에 지정된 기업집단은 63개인데, 이 중에서 총수가 있는 기업집단(소위 재벌)은 43개다. 상호출자란 A 기업이 B 기업의 지분을 소유하고 B가 다시 A를 소유하는 소유구조로서 이들 63개 기업집단에 속하는 기업은 상호출자가 금지된다. 상호출자를 제한하는 이유는 자본에 충실을 기하고 '가공의결권'을 제한하기 위해서다.

순환출자는 A → B → C → D에서 다시 D가 A의 지분을 갖는 것으로, 현재의 공정거래법에는 이에 대한 규제가 없다. 순환출자도 엄밀히 말하면 가공자본과 가공의결권 문제를 야기하지만, 현재 기업은 이런 방식으로 신규 출자를 하고 신규 기업을 설립할 수 있다. 순환출자는 재벌이 새로운 사업을 시작하는 것을 용이하게 해주는 반면 총수가 적은 지분으로 그룹 전체를 지배하는 수단도 된다.

따라서 순환출자를 제한하는 정책도 일정 부분 타당성은 있다. 그러나 급격하게 추진되면 비용이 많이 들고, 신규 출자나 신성장산업에 대한 대기업의 투자가 위축되어 그만큼 일자리 창출도 축소될 것이다. 점진적으로 순환출자를 축소하도록 기업집단에게 신호를 보내는 것이 필요하다. .

이를 위해서는 우선 상호출자와 순환출자 제한대상 기업집단을 축소해야 한다. 현행 기준 자산 5조 원 이상을 20조 원 이상으로 하면 2012년 현재 대상기업이 21개사가 되며, 50조 원 이상으로 하면 10개사가 된다. 10개사에는 한전과 토지주택공사가 포함되어 있으므로 실제로 규제를 받는 재벌은 8개사가 된다. 우리나라에서 국민경제적으로 중요한 재벌은 5개사 정도일 것이다. 따라서 10대 재벌만 상호출자와 순환출자를 제한하고 그 외의 작은 그룹들의 가공자본 문제는 주식시장에서 감시와 규율을 하면 충분하다.

현재 정부의 주장대로 기존의 순환출자는 인정하고 신규만 제한하는 것은 형평성에 어긋나는 역차별이라는 비판이 따를 수 있다. 반면 기존 순환출자를 강제로 해소할 경우 대규모 금액이 소요돼 기업의 투자가 위축될 우려가 있다.

따라서 10대 재벌의 경우는 5년 내지 10년의 예고기간을 준 뒤에 그때까지 해소되지 않은 순환출자의 배당에 대한 법인세 부과에서 불이익을 준다든지 하는 방식으로 순환출자를 억제하는 것도 하나의 방법이다. 구체적인 정책은 시뮬레이션을 거쳐 심도 있는 연구와 검토 후 입법되어야 할 것이다.

외국의 경우는 의결권에 차등이 있는 주식(A등급주와 B등급주)을 발행하게 하든지 혹은 1주가 비토권을 갖는 등(소위 황금주)의 방식으로 경영권을 보호해주고 있다. 현재 우리 주식시장은 완전히 개방되어 있으며, 우량주는 외국인 지분이 50퍼센트가 넘는다. 따라서 섣불리 순환출자를 해소하는 경우에 국내 기업이 외국 기업의 적대적 인수 대상이 될 수 있다.

5대 기업집단에는 인재, 기술, 자본 등 자원이 집중되어 있기 때문에 장기적으로 이를 분산시킬 필요는 있다. 이것이 이루어져야 중장기적으로 새로운 산업과 기업이 창출되어 한국경제의 기반이 더 견고해질 것이다. 그러나 이들 소수의 기업집단에 집중된 자원이 바로 한국 기업의 국제경쟁력 원천인 현재로서는 재벌을 인위적으로 해체하면 경제에 상당한 충격이 따르게 된다. 따라서 재벌의 지배구조 개선에는 점진적인 처방이 필요하다.

지주회사제도

지난 2007년 대규모 기업집단의 순환출자구조 개선을 위한 대안으로 대기업집단의 지주회사체제로의 전환을 권장하기 위해 지주회사 행위 제한을 완화하는 법률이 개정되었다. 2012년 9월 말 현재 지주회사는 총 115개사이며, 이 중 26.1퍼센트에 해당하는 30개사가 22개 대기업 집단에 소속되어 있다.

지주회사제도는 상호출자나 순환출자의 문제없이 기업집단의 소유구조를 정리하게 한다. 그룹의 대주주가 지주회사인 모회사를 지배하고 그룹의 다른 회사들은 자회사나 손자회사가 되어 전문경영자가 책임경영을 하게 한 점에서 지주회사제도는 진일보한 소유구조로 평가받았다.

그러나 지주회사제도는 현재까지는 탁월한 경영성과로 연결되지는 못하고 있다. 지주회사는 수입의 근원이 자회사의 배당이므로 그룹 차원에서 대규모 투자를 하는 데는 자본 동원의 한계가 있으며, 계열사의 경영에서도 전문경영체제가 갖는 단점이 일부 나타나기도 하기 때문이다. 결국 지주회사제도는 오너체제가 갖는 장점인 빠르고 과감한 의사결정이나 장기적인 안목이 약화되는 문제를 안고 있다.

따라서 지배구조에서는 모양새가 좋은 것이 반드시 좋은 경영성과로 연결되지는 않는다는 점을 명심해야 한다. 법적으로 여러 대안적인 지배구조를 마련해 기업이 이를 선택할 수 있도록 하고, 자본시장이 대안적인 지배구조에 대해 가치를 부여하도록 유도하는 것이 필요하다. 일반적으로 지주회사는 자본시장에서 제대로 평가를 받지 못하고 있는데(소위 지주회사 디스카운트), 이것이 바로 시장이 평가하는 지주회사의 가치인 셈이다.

이런 관점에서 보면 지주회사의 행위를 규제하자는 주장은 소유 및 지배구조에 대한 정부의 지나친 간섭이다. 지주회사의 부채비율을 더 강화한다든지 혹은 자회사나 손자회사의 지분보유를 더 강요하는 입법은 주식시장이 해야 할 기업에 대한 평가를 정부가 대신하겠다는 발상으로 관치의 폐해를 더 증가시킬 것이다.

또한 2011년 12월 말 기준 지주회사의 평균 부채비율은 42.5퍼센트로 법적 규제 수준인 200퍼센트보다 상당히 낮다. 지주회사 전환 대기업집단 15개사의 자회사 및 손자회사의 평균 지분율도 각각 73.7퍼센트, 77.3퍼센트로 대부분이 매우 양호하다. 지주회사에 대한 추가적인 규제는 실리도 없고 명분도 약하다.

한편 정부의 일반지주회사의 금융자회사 보유 허용은 대기업이 지주회사로 전환하는 데 최대 걸림돌을 제거해주는 조치로 평가할 수 있다.

그러나 보험사를 포함한 3개 이상의 금융계열사를 보유하거나 금융보험사 자산 규모가 20조 원 이상인 대기업이 지주회사로 전환하려면 중간금융지주회사 설립을 의무화하는 조치는 또 다른 규제로 작용할 것이다. 중간금융지주회사의 설립 등 기업 지배구조의 문제는 기업의 선택사항이 되어야지 의무적으로 강제되는 것은 부적절한 관치행정이다. 더욱이 중간금융지주회사로의 전환 과정에서 많은 비용이 들기 때문에 대기업의 투자가 위축될 수 있다.

지주회사로의 전환을 촉진하기 위해 일반지주회사의 금융자회사 보유는 허용하되, 중간금융지주회사의 설립 여부는 각 기업이 자신의 상황에 맞춰 선택할 수 있는 대안 가운데 하나로 추진되는 것이 타당하다.

금산분리규제

지주회사에 대한 규제강화와 마찬가지로 소위 '금산분리'에 대한 규제강화도 실리와 명분 모두 약하다. 2009년에 '은행법'과 '금융지주회사법', '자본시장과 금융투자업에 관한 법률' 등의 개정을 통해 산업자본의 금융회사 소유제한이 일부 완화되었다. 이에 대해 정치권은 대기업의 경제력 집중견제와 소위 '은행의 사금고화' 문제를 제기하며 금산분리규제를 더 강화해야 한다고 주장하고 있다.

가장 대표적인 금산분리규제는 은행에 대한 소유지분 억제정책이다. 산업 자본의 은행 보유지분 한도를 9퍼센트에서 4퍼센트로 낮추는 금융지주회사법과 은행법 개정안이 최근 국회에서 통과되었다. 이는 이명박정부가 4퍼센트에서 9퍼센트로 확대한 보유 한도를 다시 축소시킨

정책적 퇴보다.

그러나 현재의 9퍼센트 제한 아래서도 재벌이 은행의 지배주주가 되는 것은 거의 불가능하다. 더욱이 주로 전문경영체제를 유지하고 있는 우리나라 은행이 과연 국제경쟁력이 있는지에 대한 진지한 검토도 필요하다. CEO의 임명에 대한 정부의 영향력이 큰 한국의 4대 은행의 경우, 임기가 3년으로 제한되는 CEO가 과연 경영 혁신을 제대로 할 수 있을까? 정부의 규제와 노동조합의 견제 등 여러 이해당사자의 압력 속에서 은행 스스로 할 수 있는 개혁과 경쟁력 강화의 여지는 많이 축소되어 있다.

한편 정부의 중간금융지주회사 설립 의무화는 금융과 비금융 간 상호출자를 단절시켜 금산분리를 강화시키는 목적도 있다. 그러나 이러한 방식의 금산분리규제는 실효성이 의문시되고 있다.

금융업은 미래의 성장동력이며 특히 '괜찮은 일자리'를 많이 창출할 수 있는 산업이다. 정치권은 어떻게 하면 국내 금융기관이 더 혁신해 경쟁력 있는 기업으로 성장할 수 있을지에 관심을 가져야 한다. 지금은 금산분리강화정책에 신경 쓸 시기와 상황이 결코 아니다. 개방경제에서 금산분리의 의미는 이미 퇴색했으며, 금융산업에 대한 건전성 감독은 오히려 더욱 강화되고 있어서 금산분리규제와 같은 산업 진입에 대한 규제 강화는 바람직하지 않다.

한국식 자본주의
고쳐 쓰기

경제민주화 논쟁은 크게 보면 한국의 자본주의제
도를 수정해가는 과정이라 볼 수 있다. 한 나라의 경제 성패를 좌우하는
것은 무엇보다도 경제 및 정치제도다. 좋은 경제제도는 경제 주체들이
혁신과 효율화를 추구하도록 인센티브를 준다.

한국경제가 지난 60년 동안 이룬 성과는 나름대로 경제제도가 잘 제
정되고 운영되었던 결과다. 따라서 경제민주화 논쟁에서 우리가 가장
중요시해야 할 기준은 제도를 바꾸었을 때 이 변화가 개인과 기업에게
과연 올바른 인센티브를 줄 것인가의 문제다.

세계의 자본주의체제는 크게 네 가지 형태로 구분될 수 있다.[33] 하나
는 영미식 자본주의로 대표되는 자유시장경제Liberal Market Economy다. 자
유시장경제는 자본시장에서는 주식시장을 통한 자원배분과 기업에 대
한 규율 그리고 노동시장의 유연성을 특징으로 한다.

자유시장경제에 대비되어 정부가 노동시장과 자본시장에 개입해 시
장의 기능을 일부 보완하는 조정자본주의Coordinated Market Economy가 있으
며, 대표적인 예가 독일과 북유럽 국가들의 자본주의제도다. 일본의 제
도는 고용보장으로 인해 노동시장이 경직적이며, 주식시장보다는 은행

---

33 조정자본주의와 자유시장경제에 대한 분류와 설명에 대해서는 Peter Hall, David Soskice,
   Varieties of Capitalism: The Institutional Foundations of Comparative Advantage (New York:
   Oxford University Press), 2001. 참조.

이 더 큰 역할을 한다는 점에서 조정자본주의에 더 가깝다.

한편 신흥경제는 여러 가지 형태가 가미된 혼합시장경제Hybrid Market Economy라고 할 수 있다. 많은 신흥경제에서는 가족지배 하의 대규모 기업집단으로 특징 지워지는 가족자본주의Family Capitalism와 경제 운용에서 정부의 역할이 절대적으로 중요한 국가자본주의State Capitalism 형태가 공존하고 있다. 동아시아와 중남미 국가들이 가족자본주의의 형태를 가지고 있으며, 중국, 베트남과 같은 구사회주의 국가에서는 아직도 국가가 경제를 주도하고 있다.

한국의 경제제도는 1960년 이래 진화되어왔다. 1960~70년대는 정부 주도의 산업화가 제도의 특징이었고 국내시장은 보호를 받았다. 과거 한국은 중상주의적 국가자본주의였으나 경제활동의 주체가 민간기업이었다는 점에서 지금의 중국과는 다르다. 민간기업이 정부 주도 아래서도 상당한 역량을 쌓아온 것이다. 1980년대부터는 정부의 역할이 다소 축소되면서 민간기업의 역량이 더 강화되었다.

한국경제의 결정적인 도약은 1990년 전후의 무역자유화와 개방정책 이후에 이루어졌다. 개방화와 함께 한국의 자본주의는 새로운 모습을 선보이게 되었으며, 특히 1997년 외환위기 이후의 일련의 개혁조치로 인해 상당히 다른 모습의 자본주의로 진화했다.

과거에는 정부가 지배하던 시중은행이 자원 배분을 담당했지만 이제는 주식시장의 역할이 강화되었다. 노동시장은 유연성이 다소 증가했지만 여전히 정규직에 대해서는 경직되어 있으며, 기업들은 이 경직성을 비정규직인력을 활용해 보완하고 있다. 가족 지배 아래 있는 대기업집단이 경제에서 주체적인 역할을 하고 있다는 점에서는 자유시장경제나 조정자본주의와도 다르다. 현재 한국의 자본주의제도는 자유시장경제, 조정시장경제 및 가족자본주의가 결합된 하이브리드다.

이제 2008년 경제위기 이후 대두된 소위 '자본주의 위기론'에 대해 생각해볼 필요가 있다. 세계적인 금융 및 경제위기와 장기간의 경제침체는 자본주의체제 위기론에 대한 논쟁을 야기했다. 그러나 시장경제의 기본인 사유재산제도와 수요-공급을 통한 생산, 유통 및 소비활동 등이 두 가지를 대체할 새로운 제도는 현재로서는 찾기 어렵다. 중앙계획당국에 의한 생산 및 유통은 이미 용도 폐기되었다.

지금 시대에는 정부가 사유재산제도를 위협한다면 그 나라 경제는 얼마 안 가 파탄이 날 것이다. 따라서 시장경제의 근간을 이루는 기본적인 제도는 거의 대체 불가능하다고 볼 수 있다. 시장경제의 구체적인 작동방식도 간단하게 바꿀 수 없다. 제도는 경로의존성을 가지기 때문이다. 예를 들어 유럽의 조합주의corporatism제도를 미국에 적용시키는 것은 거의 불가능하다. 조정자본주의와 자유시장경제의 가장 큰 차이점인 노동시장의 유연성(해고의 용이성과 고용보장)과 근로자에 대한 교육훈련의 책임소재 등 모든 것을 쉽게 바꾸는 것이 가능하지 않기 때문이다.

한국의 자본주의체제도 단기간에 쉽게 바꿀 수 있는 것이 아니다. 자본시장은 당분간 주식시장과 가족으로 대표되는 대주주 그리고 전문경영자가 일정한 역할을 하는 삼각 지배구조로 갈 것이다. 노동시장도 노동조합이 다소 약화되더라도 정규직에 대한 보호는 유지될 것이며, 비정규직에 대한 차별적인 대우는 축소될 것이다. 한국경제의 가장 큰 장점인 재정건전성과 자유무역체제가 유지되고, 조세부담률이 낮은 수준에서 유지되고, GDP에서 차지하는 공공부문의 비중이 크게 증가하지 않는다면 한국경제의 강점은 유지될 수 있다.

결국 지금까지 매우 높은 경제적인 성과를 내고 있는 한국의 자본주의제도를 한순간에 개조하는 것은 큰 부작용을 가져올 수 있다. 또한 급격한 변화가 가능하지도 않을 것이다. 따라서 정치적인 목적 달성을 위해 경제민주화 개혁을 서두르는 것은 상당히 위험하다. 여기에 대한 정치권의 깨달음이 필요하다.

8
장

사 회
복 지 와
재 정
건 전 성

복지 확대,
필요하지만 신중하게

복지 확대는 2012년에 경제민주화와 함께 한국 사회의 양대 쟁점의 하나로 부각되었다. 이제 복지제도를 어떻게 만들어 갈 것인가가 한국경제의 미래를 좌우할 정도로 복지정책의 중요성은 높아졌다. 노동시장과 자본시장뿐만 아니라 복지제도도 한국경제의 향방을 결정할 핵심적인 요소가 되었다.

한국의 60년 성취는 성장 제일주의를 내건 정부와 성공신화를 이루기 위한 국민의 의지가 결합된 결과였다. 1인당 국민소득은 2010년 2만 달러를 상회해 1953년 69달러의 약 300배에 달하는 양적인 고도성장을 기록했다.

그러나 최근 20년간 선진국들에 비해 살인율, 자살률, 이혼율 등 삶의 질과 관련된 한국 사회의 지표는 빠르게 악화되고 있다. 중산층으로 구분되는 중위소득 50~150퍼센트 인구 비중은 가처분소득 기준 1990년 75.4퍼센트에서 2011년 67.7퍼센트, 시장소득 기준 같은 기간 73.7 퍼센트에서 63.8퍼센트로 각각 하락했다.

20대는 비싼 등록금과 실업, 30대는 주택과 보육 문제, 40대는 불안정한 고용과 높은 사교육비, 50대 이상은 건강과 노후 문제 등이 삶의 주요한 문제로 대두되었다. 이러한 상황에서 복지 확대는 우리 사회가 당면한 중요한 과제다.

문제는 예산 제약이 있는 상황에서 무원칙적인 복지 확대로 인한 재정건전성 훼손이나 복지재원 확보를 위한 증세는 지속적인 경제성장을 위협할 수 있다는 점이다. 1980~90년대 이후 선진국들이 복지정책으로 인해 재정위기를 겪은 경험은 '성장과 복지의 선순환'이 미사여구에 그칠 수 있다는 우려를 낳고 있다. 특히 2008년 이후 유럽의 재정위기는 사회복지제도와 고령화가 합쳐지면 재정건전성에 치명타를 줄 수 있음을 여실히 보여준다.

예산총량이 정해져 있는 상황에서 성장과 복지를 위한 재원 배분은 상충관계일 수밖에 없다. 복지제도의 확충 자체가 성장을 유도하는 것은 아니기 때문이다. 가장 바람직한 상황은 성장의 과실이 골고루 배분되어 복지제도의 필요성이 축소되는 것이다.

우리나라의 복지제도가 본격화된 시기는 이른바 양극화 현상이 시작된 1997년 외환위기 이후다. 1998년 이후 3년간 국민연금, 건강보험과 고용보험 등이 전 국민을 대상으로 확대되었으며, 공적부조인 국민기초생활보장제도도 도입되었다.

2008년 기초노령연금과 노인장기요양보험, 2009년 양육수당, 2010년 장애인연금, 2012년 저임금 근로자 사회보험료 지원과 영유아 보육료 전 계층 확대 등이 실시되었다. 반값등록금 논쟁 속에 2011년 저소득층 성적우수 장학금과 2012년 대학생 국가장학금 등도 시행되고 있다. 근로연계복지workfare 실현을 위해 2008년부터 근로장려세제EITC가 시행되고 있고 사회서비스도 확충 중이다.

최근 10년간 복지재정지출은 연평균 10퍼센트 이상 급격하게 증가해왔다. 2013년 정부의 복지지출예산은 102조8,100억 원으로, 총예산 대비 30.1퍼센트로 역대 최고 수준을 기록했다. 그러나 우리나라는 OECD 평균에 크게 미치지 못하는 저부담, 저복지 국가다. 우리나라 복지지출의 수준은 2009년 잠정 기준 GDP 대비 9.6퍼센트로, OECD 주요 국가들의 약 4분의 1에서 2분의 1 수준이다. 국민부담률은 미국, 일본 등과 비슷한 수준이지만 유럽 국가들보다는 낮다(〈그림 6〉 참조). 그러나 2012년 〈OECD 한국경제보고서〉는 1990~2007년까지 한국의 공공사회지출이 연간 11퍼센트씩 증가해 OECD 국가 중 가장 빨리 증가했다고 평가한다.

한편 유럽의 '사회적 시장경제'(혹은 조정형 시장경제)와 아태지역 국가는 다소 다르다는 것을 고려할 필요가 있다. 〈그림 6〉에서 OECD 평균선 우상단에 있는 국가는 모두 서유럽 국가이고, 좌하단에 있는 국가는 모두 아태지역 국가다.

또한 지속적으로 반복되면서 해결될 기미가 보이지 않는 유로존 위

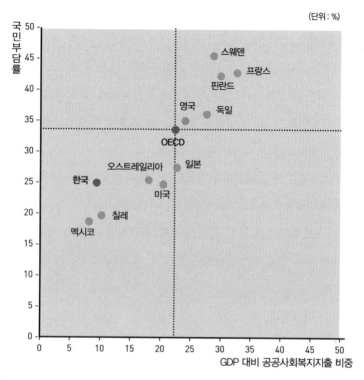

그림 6 GDP 대비 공공사회복지지출과 국민부담률(2010년 기준)

(단위 : %)

자료: OECD Stats

기는 그림에 나타난 서유럽의 복지국가 모형이 지속 가능하지 않을 수 있다는 점을 보여준다. 독일이나 스웨덴은 근로자의 높은 생산성 덕분에 고부담, 고복지 모델을 유지할 수 있다. 그러나 피그스PIIGS(포르투갈, 이탈리아, 아일랜드, 그리스, 스페인) 국가와 같이 생산성이 낮고 경제적 능력이 없는 국가들에서 고복지는 재정위기를 야기한다. 이들 국가는 인구고령화와 복지국가 모델이 결합했을 때 심각한 재정적자 문제가 발생한다는 것을 여실히 보여준다.

한국의 경우, 일본이나 미국의 국민부담률을 크게 상회하는 높은 과세와 사회보험 부담은 입지경쟁력을 약화시킬 것이다. 특히 한국과 직접적인 경쟁관계에 있는 대만이나 싱가포르는 모두 낮은 법인세율 및 소득세율을 유지하고 있다. 따라서 한국은 당분간 2011년 기준 국민부담률인 25.9퍼센트를 크게 상회하지 않도록 복지지출 확대에 신중해야 한다. 현재의 복지제도를 유지하더라도 고령화로 인해 앞으로 복지지출이 급속하게 증가될 수 있다는 사실도 잊어서는 안 된다.

향후 15년은 한국경제가 3퍼센트대의 경제성장을 할 수 있는 마지막 시기다. 이 기간에 경제 규모를 키우고 체질을 전환해 2020년대의 급속한 고령화로 인한 추가적인 복지 부담과 언제가 될지 모르지만 통일 비용을 감당할 수 있도록 준비해야 한다. 적어도 15년 동안은 국민의 조세 부담을 늘리지 않으면서 지금의 복지제도를 유지해야 한다. 새로운 복지프로그램의 도입은 최대한 억제하되 현행 프로그램의 효율성을 높이도록 제도를 개혁해야 한다.

특히 정치권은 득표를 위해 경쟁적으로 복지지출을 늘리는 일을 자제해야 한다. 소득 불평등의 확대에 대한 국민의 불만은 증세와 복지지출 확대보다는 노동시장과 자본시장에 대한 정책을 통해 시장에서 해소되는 것이 바람직하다. 증세를 통한 복지지출 확대는 결국 납세자의 주머니를 터는 것이기 때문에 조세 저항이 커져 사회적 분열만 가중시킬 수 있다.

양극화를 완화하기 위해서는 저소득층을 대상으로 하는 복지정책이 우선시되어야 한다. 무엇보다도 세계에서 가장 높은 빈곤율을 보이는 노인들의 빈곤 문제 해결이 시급하다. 국민 전체에 대한 보편적 복지서비스인 건강보험의 개선도 필요하다. 제한된 복지예산으로 국민들의 복지체감도를 높이기 위해서는 복지프로그램의 우선순위를 정하고 개별 맞춤형 정책을 지향하는 복지전달체계를 만들어야 한다. 재정건전성을 훼손하지 않는 범위에서 복지를 확대해야 하며 복지재정지출의 구조개혁도 필요하다.

늙어갈수록 더 불행한
한국의 노인들

한국인의 연령별 삶의 만족도를 보면 나이가 들수록 만족도가 더 낮아지는 추세를 보인다. 한국인은 늙어갈수록 더 불행한 셈인데, 이는 선진국이 연령과 행복지수가 U자 패턴을 보이는 것과 대조된다.

한국의 노인들이 불행한 가장 큰 이유는 최소한의 삶의 질을 유지하기 위한 소득이 보장되지 않기 때문이다. 2000년대 중반 한국의 65세 이상 노인들의 빈곤율은 45.1퍼센트로 OECD 국가 가운데 가장 높고, OECD 평균 노인빈곤율 13.5퍼센트의 3배가 넘는다(〈그림 7〉 참조). 국가 전체의 상대적 빈곤율이 2010년 기준 14.9퍼센트인 것을 고려해도

그림 7 OECD 주요 국가의 노인빈곤율(2000년대 중반 기준)

(단위 : %)

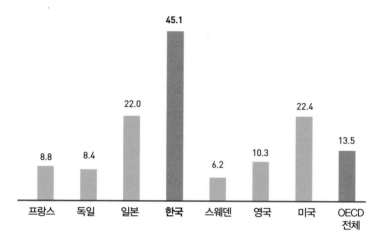

주: 노인빈곤율은 전체 65세 이상 노인인구 중 소득이 전체 가구 가처분소득 중위 수준 50퍼센트 미만
노인인구의 비율
자료: OECD Pensions at a Glance 2011

한국의 노인빈곤 문제는 상당히 심각하다. 한국의 노인 10만 명당 자살
률은 81.8명으로, 일본의 17.9명보다 4배 이상 높은 수준이다.

노인빈곤의 일차적인 원인은 국민연금제도가 시행된 지 얼마 되지
않아 수급자가 많지 않고, 연금의 소득대체율이 낮아 연금의 노후소득
보장기능이 미미하기 때문인 것으로 판단된다. 실제 국민연금의 소득대
체율은 수급자의 평균 국민연금 가입기간이 2009년 기준 8.5년인 현실
을 감안하면 12~25퍼센트에 불과하다. 2020년에도 전체 수급자의 평
균 가입기간은 13년에 그칠 것으로 예상돼 시간이 흘러도 국민연금의
노후소득보장기능은 그다지 나아지지 않을 것으로 보인다. 또한 노인들

은 중장년기에 자녀들의 교육비로 가처분소득의 상당 부분을 지출하고 주택마련 등에 투자해 배당이나 이자와 같이 소득이 발생하는 금융자산을 거의 갖고 있지 않다.

2011년에 만65세가 된 1946년생은 한국의 산업화가 가장 왕성한 시기인 1971년부터 2000년까지 30년 동안 26~55세의 나이로 산업 현장에서 그리고 여러 직종에서 가장 크게 경제성장에 기여한 세대다. 이들은 평균 두세 명의 자녀를 두고 교육비, 결혼비용 등 자녀들을 위해 재정적으로나 시간적으로 많은 노력을 기울였고, 부모세대의 노후까지도 일정 부분 책임져왔다. 이들이 막상 55~60세 즈음이 되어 은퇴를 하게 되자, 정작 자기 자신을 위한 안락한 노후를 누릴 준비가 미흡한 상황에 처하게 된 것이다.

고령화사회를 준비하는 차원에서도 빈곤노인들에 대한 지원정책은 시급하다. 노인빈곤의 축소를 위해서는 현재 노인을 위한 대책과 미래 노인을 위한 대책 모두 필요하다.

2008년 1월부터 노인들의 생활안정을 위해 만65세 이상 노인 중 하위소득층 70퍼센트에게 기초노령연금이 매월 지급되고 있다. 그러나 연금액이 2012년 4월 기준 1인 노인은 최대 월 9만4,600원, 부부의 경우 최고 15만1,400원에 불과해 노인빈곤 완화에 크게 도움이 되지 않고 있다.

2012년 〈OECD 한국경제보고서〉는 기초노령연금제도와 관련해 수혜대상의 선택과 집중, 선별적인 방향으로의 제도 개편의 필요성 등을 지적하고 있다. 이 보고서는 국가의 지원을 필요로 하는 취약계층에게 기초노령연금의 혜택이 돌아가도록 하되, 수혜자 축소로 인한 정치적 반발이 클 때는 연금의 차별화된 급여인상이 필요하다는 차선책을 제시하고 있다.

모든 노인들에 대해 기초노령연금액을 인상할 경우, 국민연금 가입 자체를 꺼리는 문제가 발생하고 재정 부담도 크다. 따라서 2014년 7월부터 65세 이상의 모든 노인들에게 월 최대 20만 원까지 기초연금을 지급한다는 새누리당의 계획은 '저소득층 노인들에 대한 최저생활비에 준하는 연금액 지급'으로 수정할 필요가 있다.

미래 노인을 위해서는 국민연금·퇴직연금·개인연금의 삼층보장 연금체계를 만들어야 한다. 일반적으로 국가는 기초노후보장의 형태로 국민연금을, 직장에서는 퇴직연금을, 개인은 개인연금을 준비하는 것이 미래 노인 세대의 안정적인 노후소득 보장방법으로 알려져 있다.

사적연금 가입을 의무화해 공적연금(소득대체율 30~40퍼센트)과 사적연금을 합쳐 70~80퍼센트의 소득대체율을 확보해야 한다. 임의퇴직연금을 강제 퇴직연금제도로 전환하는 방안도 검토해야 한다. 먼저 사업장 규모별, 신설사업장 혹은 신규근로자 기준 등 차별적으로 퇴직연금제도를 의무적으로 도입하도록 해야 할 것이다. 퇴직금에 대한 기업의 책임준비금의 적립 기준을 매년 조금씩 상향 조정하다가 적립 비율이 일정 수준에 달하면 의무적 퇴직연금제도로 전환할 수 있을 것이다.

고령화시대
건강보험료 인상은 불가피

　건강과 의료서비스는 국민복지의 가장 중요한 구성요소다. 의료는 교육과 더불어 국민들이 보편적인 서비스를 가장 많이 기대하는 분야다. 한국의 보편적 의료서비스의 근간은 국민건강보험이다. 1977년에 시작된 의료보험제도는 1989년 전 국민 의료보험시대를 열었고, 2000년 7월 단일보험제도로 건강보험시대가 시작되었다. 저소득층에 대한 의료보장의 역할은 의료급여가 하고 있다.

　건강보험제도와 관련해 가장 중요한 현안은 재정적자 문제다. 노인인구가 증가하고 의료기술이 발달하면서 의료서비스에 대한 수요가 점차 증가함에 따라 건강보험적자는 갈수록 국가재정에 큰 부담이 될 전망이다. 국가 지원이 현재와 같이 지속되고 수가 인상 없이 현행 보험료율을 유지하더라도 2013년 이후에는 적자가 급속히 확대된다는 것이 국민건강보험공단의 추정이다. 최근 국민건강보험공단은 국민건강보험의 연간 적자 규모가 2030년 28조 원, 2040년이 되면 66조 원에 달할 수도 있다고 전망했다.

　〈표 7〉에 따르면 우리나라의 경우, 가계소비지출에서 의료비 부담이 차지하는 비중은 매우 높다. 반면 전체 의료비에서 공공의료비 비중은 2010년 기준 약 59.5퍼센트로 OECD 주요 국가들에 비해 낮은 편이다. 게다가 국민들은 건강보험의 보장성이 부족하다고 느끼고 있다. 보장항목의 꾸준한 확대에도 불구하고 보장률이 정체되거나 하락하는 것은

주요 국가 국민의료비의 재원별 구성(2010년 기준, 국민의료비=100)

(단위 : %)

	캐나다	프랑스	독일	일본	한국	미국
공공부문	70.2	77.6	77.2	80.2	59.5	49.1
일반 정부	68.8	3.9	6.7	8.6	12.0	5.8
사회보장기금	1.4	73.7	70.5	71.6	47.5	43.3
민간부문	29.8	22.5	22.8	19.9	40.4	50.9
본인부담금	15.0	7.6	12.4	16.3	33.8	12.3
민간보험	13.2	14.2	9.6	2.5	5.9	34.7
비영리단체	0.0	0.0	0.4	0.0	0.6	3.7
기업	1.6	0.7	0.4	1.1	0.1	0.2

주: 일본은 2009년 기준
자료: OECD Health Data

보장률 자체가 낮아서가 아니라 의사와 병원 등 공급자들이 비급여를 늘리거나 비급여로 들어오는 신기술의 도입 속도가 빠르기 때문이다.

실제 우리나라 병원들은 비급여를 증가시키는 고가설비 장비율이 높은 편이다. 2011년 기준 인구 100만 명당 컴퓨터단층촬영장치CT 보유 대수는 프랑스 12.5대, 독일 17.7대, 미국 40.7대인 반면 한국은 35.9대다.

의료서비스의 사각지대도 존재하고 있다. 2011년 말 기준 약 170만 세대, 222만 명이 건강보험료 체납으로 인해 급여를 제한받아 의료보장을 받을 수 없다. 행려가출, 주민등록 말소 등으로 의료의 실질적인 사각지대에 놓여 있는 계층도 약 3만 명에 이르는 것으로 추정되고 있다. 국가

의료비 지원사업은 주로 특정 질병의 일부분만 대상으로 하고 있어 고액의 진료비 부담에 대한 대책으로 충분하지 못해 긴급의료지원제도 내에서도 사각지대가 존재하고 있다.

향후 인구고령화가 진행되면서 국민의료비가 급격히 증가할 것이므로 공공의료비 지출에 따른 건강보험 적자를 우선적으로 관리해야 한다. 건강보험 관리 주체의 책임성 강화, 재정운용의 투명성과 예측 가능성 제고, 타 사회보험과의 형평성 있는 재정제도 확립 등이 필요하다. 건강보험의 수입과 지출을 통합재정에 포함시켜 국제 기준에 부합되는 재정통계를 생산해야 한다.

현행 건강증진기금과 의료급여제도도 건강보험체계에 통합해 급여체계를 총체적으로 관리하는 것이 바람직할 것이다. 의료안전망을 보장하고 재정운용의 투명성을 제고시켜 지속 가능한 건강보험제도를 만들기 위해 '국민건강보험기금(가칭)'의 설치도 고려할 수 있다. 국민건강보험기금은 보건복지부가 사회보장성기금으로 운영하면 되고, 재원은 현행 건강보험과 마찬가지로 보험료 수입, 담배세 등 국고지원금 등으로 구성하면 될 것이다.

〈표 7〉에서 보면 우리나라는 공공부문에서 일반 정부의 부담 비중이 다른 국가들에 비해 높은 편이다. 캐나다를 제외하고 다른 주요 국가들의 재원은 주로 보험료에 기반한 사회보장기금이다. 따라서 건강보험의 재정건전성을 위해서는 건강보험료를 적정 수준으로 인상하는 것이 필요하다.

의료비의 본인부담률을 낮추려면 공공부문 부담률 증대와 민간보험 활성화를 동시에 추진해야 한다. 현재 국민건강보험은 보험료 부담은 낮지만 의료서비스에 대한 접근성은 매우 높은 구조다. 간단한 병은 본인 부담을 더 늘리고, 비용이 많이 드는 질환에 대해서는 공공 부담을 높여야 할 것이다. 저소득층에 대해서는 빈발하는 질병을 중심으로 국가의 급여서비스를 받을 수 있도록 해야 한다.

비급여를 보험급여로 확대하고, 보험급여의 표준을 정해 급여표준으로 모든 진료가 가능하도록 만드는 것도 필요하다. 표준을 벗어나는 진료에 대해서는 환자가 선택하도록 하고, 표준에 들어가야 하지만 지나치게 고가인 경우 일정 상한까지는 보험을 적용하고 초과분은 환자가 부담하는 것도 고려해볼 수 있다. 1차안전망인 건강보험과 2차안전망인 의료급여로도 충분하지 않은 부분에 대해서는 긴급의료비 지원 등 저소득층 의료비 지원사업을 활성화해 사각지대를 해소해야 할 것이다.

복지전달체계 개선으로
복지체감도 높이기

복지전달서비스의 효율화를 통해 기존 제도를 내실화하고 사각지대를 축소해나간다면 국가재정이나 개인의 조세 부담 증가 없이 복지체감도를 높일 수 있을 것이다. 복지전달체계의 맞춤형 구축을 통해 최소한의 예산으로 복지정책 사각지대를 최소화하면서 수요자들이 원하는 서비스를 제공하는 것이 필요하다. 복지급여의 부정 및 중복 지원을 차단하면서도 복지혜택에서 누락된 빈곤층을 지원하고 담당 공무원들의 급여 횡령 등을 방지할 수 있는 복지전달체계를 만들어야 한다.

복지체감도를 높이기 위해서는 복지전달체계를 유연하게 운용해 개인별 맞춤형 복지전달체계를 구축해야 한다. 또한 기존 복지정책의 사각지대에 있는 잠재적 빈곤층에 대한 빈곤예방체계도 필요하다. 실제 위기상황을 겪고 있지만 정부의 지원기준에 해당되지 않아 지원을 받지 못하는 위기가정에 대해 '선 지원, 후 자격조사' 등 유연한 복지행정을 적용해야 한다.

재산 및 소득수준과 상관없이 갑작스런 위기에 직면한 가정에 대해서는 무료법률, 의료서비스, 학원학습, 현금지원 등 상황에 맞는 다양한 형태의 복지혜택을 제공해야 한다. OECD 등의 상대적 빈곤 개념을 도입해 중위소득 50퍼센트 계층까지 복지정책의 대상을 확대하는 방안도 검토해야 한다.

복지체감도를 높이기 위해서는 지역성과 참여성을 강화한 지역복지전달체계를 구축하고, 직접 서비스를 제공하는 민간 전달체계도 확대해야 한다. 복지행정은 표준화하기 어려운 다양한 욕구를 파악하고 재량적 자원을 활용해야 하기 때문에 민간 전문인력의 활용이 중요하다. 기존의 사회복지시설, 노인장기요양사업, 바우처사업 등에 대한 평가를 통합해 복지서비스의 품질관리를 체계화해야 한다. 복지서비스업에 다양한 사회서비스 사업기관이 진입하고 사업운영 관리, 지도점검, 서비스 품질관리에 대한 업무영역도 활성화되어야 한다.

소득, 일자리, 보건의료, 교육, 주거 등의 분야별 연계를 통한 통합적 서비스 전달체계도 필요하다. 고용과 복지의 연계를 강화하기 위해서는 보건소, 고용지원센터와 지방자치단체 일자리 관련 업무의 긴밀한 협력이 필수적이다. 읍면동 주민센터와 희망복지지원단으로 이원화된 구조도 개선해 공공복지전달체계의 효율성을 높여야 할 것이다.

국가 재정건전성을
위협하는 것들

우리 사회에서 자기 부담만 늘지 않는다면 복지 확대를 반대할 사람은 한 사람도 없을 것이다. 문제는 재원 확보 및 재원 조달방안이다. 복지제도의 확대와 관련해 가장 중요한 쟁점은 재정건전성을 유지하면서도 어떻게 복지체감도를 높일 수 있는가다.

재정건전성은 한국경제의 강점 중 하나다. 다른 OECD 국가들에 비해 한국은 재정적자나 누적된 공공부채도 적은 편이다. 2011년 정부부채는 468.6조 원으로 GDP 대비 37.9퍼센트다. OECD 국가들의 GDP 대비 국가채무 평균 수준이 100퍼센트를 넘는 것과 비교하면 한국의 국가채무 수준은 양호한 편이다. 그러나 한국의 재정에 대한 향후 전망은 그리 밝지만은 않다. 국민들의 복지욕구와 고령화, 북한의 급변사태 등이 향후 재정건전성을 위협할 수 있기 때문이다.

무엇보다도 사회복지지출의 증가는 불가피할 것이다. 2012년 한국

조세연구원의 연구에 따르면 현행 복지제도를 유지만 하더라도 급속한 고령화의 영향으로 GDP 대비 국가부채는 2020년 42.5퍼센트, 2030년 61.9퍼센트로 증가하고 2050년에는 137.7퍼센트까지 높아진다.

따라서 지금부터 15년간 한국은 재정을 매우 보수적으로 운영해 관리대상수지의 적자를 최대한 억제하고 국가부채가 일정한 수준을 넘지 않도록 해야 한다. 지금의 남유럽 국가들이 겪고 있는 재정위기를 답습하지 않기 위해서는 재정건전성을 유지하면서 지속 가능한 복지제도를 만드는 것이 당면한 과제다.

또한 지속 가능한 복지를 위한 재원은 부당한 복지수급 방지, 재정낭비 축소와 재정지출의 효율화 등으로 조달해 조세부담률의 증가 없이 확보되어야 한다. 세입이 경상경제성장률보다 빠르게 증가하기 어렵다면, 늘어나는 복지지출에 대한 해답은 현행 정부예산에서 낭비요소를 적극적으로 축소해나가는 것이다. 세출증가를 억제하기 위해서는 작고 효율적인 정부를 실현하고, 정부 조직 및 인력을 조정해 불필요한 재원 낭비를 해소하며 공기업을 민영화해야 한다.

현재 우리나라의 재정건전성을 가장 크게 위협하고 있는 세력은 정치권이다. 정치의 본질상 정치가들은 득표를 위해 포퓰리즘을 추구할 수밖에 없기 때문이다. 특히 2012년 총선과 대선에서는 여야를 막론하고 모든 정치인들은 재원조달 방안도 없이 득표만을 위해 재정지출을 필요로 하는 복지 확대를 주장했다. '무상無償' 복지를 주장하면서 복지 확대에 따른 비용이 얼마인가를 둘러싸고 정치권이 논쟁을 하는 상황도 벌어졌다.

2012년의 무상보육대란은 정치권의 포퓰리즘적 복지 확대정책의 왜

곡된 결과가 무엇인지를 여실하게 보여주었다. 2011년 말 국회는 여야를 불문하고, 2012년 총선과 대선을 앞두고 만0~2세 영아에 대한 보육료 및 양육수당의 지원 대상을 소득수준 70퍼센트 이하 가정에서 전 계층으로 확대했다. 보육시설을 이용할 경우, 지원되는 보육료가 가정 내 양육 시 지원 양육비보다 약 10~20만 원이 많아 가정 내 양육이 가능한 가정마저 너도나도 어린이집에 자녀를 보내는 상황이 초래되었다. 따라서 정작 보육시설을 꼭 이용해야 하는 맞벌이 가정의 자녀들이 어린이집을 이용하기 힘들어지는 부작용도 발생했다. 또한 각 지방자치단체는 국회의 일방적인 정책 결정으로 인해 보육지원 재정을 감당하지 못하는 상황까지 초래되었다. 지금도 보육비용의 부담을 둘러싼 중앙정부와 지방자치단체들의 갈등은 진행 중이다.

재원 확보 방안도 없이 득표 전략으로 만들어지는 포퓰리즘 정책의 확대는 단기적으로는 수혜자들을 만족시키지만, 중장기적으로는 재정건전성을 악화시켜 재정파탄을 초래한다. 특히 일단 도입된 정책이나 제도를 없애는 것은 어렵기 때문에 포퓰리즘 정책의 폐기는 쉽지 않다. 결국 포퓰리즘으로 인해 도입된 제도들은 국가채무나 재정적자를 증가시키거나 국민들의 세금 부담을 높여 유지될 수밖에 없다. 어떤 경우이든 포퓰리즘 정책에 따른 최종 피해자는 국민들이다.

그러나 포퓰리즘 정책을 '공짜점심free lunch'으로 생각하고 지지하는 국민들의 인식도 문제는 있다. 세상에 '무상'은 없다. 한 사람의 주머니에서 나온 돈이 다른 사람을 지원하는 것에 쓰이기 때문에 사회 전체로 보면 공짜는 없다. 내가 공짜로 누리는 복지혜택은 다른 누군가가 부담한 세금

덕분이다. 따라서 국민 모두를 위한 보편적인 '무상'복지란 원칙적으로
불가능한 정책이다.

민주주의사회에서 정치권의 포퓰리즘적 경향을 없애는 것은 불가능하
다. 따라서 최선의 방안은 포퓰리즘의 폐해를 최소화할 수 있도록 다양한
제도를 만드는 것이다. 예를 들어 객관적 재정 소요비용과 재원 조달방안
을 구체적으로 제시하지 못하는 선거공약은 발표되지 못하도록 중앙선거
관리위원회가 통제해야 한다. 후보들 간의 사전적인 정책협약을 통해 공
항, 항만, 도로, 도시개발 등 대규모 지역개발사업은 공약에서 배제시키는
것도 가능할 것이다.

건강한 사회와 경제를 만들기 위해서는 포퓰리즘 대두 및 확산 요인이
되는 경제적 · 사회적 갈등, 정치에 대한 불신, 이미지 정치 문제 등에 대
한 사회적 해결 방안도 필요하다. 새로운 복지제도의 도입 시에는 장기적
인 재정소요와 재원 확보방안을 의무적으로 명시화하도록 한다. '세상에
공짜점심은 없다'는 사실에 대한 대국민 홍보 및 교육 강화도 필요할 것
이다. 진정한 형평성은 각자가 대가를 지불한 만큼 혜택을 누리는 것이다.
물론 사회적 약자에 대한 배려는 필요하다. 그러나 비용은 다른 사람이
지불하고 혜택은 자신이 누려야 한다는 발상이야말로 정의로운 사회 발
전과 시장경제의 정립을 가로막는 것이다.

재정건전성을 유지하기 위해 국회는 재정준칙을 법제화해 운용할 필
요가 있다. 관리대상수지를 기준으로 재정적자를 일정 수준 이하로 유
지해야 한다. 재정적자에 대한 EU의 가이드라인은 GDP의 3퍼센트다.
그러나 우리나라는 급속한 재정적자의 증가 가능성이 매우 높으므로,

재정적자의 한도를 GDP 대비 1~2퍼센트로 보수적으로 정하는 것이 바람직할 것이다. 국민의 사회복지부담금 중에서 기금으로 적립되는 흑자분이 가져오는 유출을 고려할 때 관리대상수지와 통합재정수지를 모두 고려한 복합적인 가이드라인도 만들 수 있다.

국가채무의 한도설정도 필요하다. 예를 들면 국가부채를 2020년까지는 GDP 대비 50퍼센트 미만으로 유지하는 것이다. 관리대상수지의 적자 한도와 더불어 현실적인 지침도 필요하다. 국제비교에는 포함되지 않는 보증, 우발채무와 금융채무 등을 일부 포함하는 새로운 공공채무의 개념을 도입해 이를 매년 공표할 수 있다.

중앙정부와 지방정부 모두 지출증대나 세입감소를 초래하는 법안을 제안할 경우에는 이를 상쇄하는 법안을 동시에 제출하도록 하는 페이고PAYGO; pay-as-you-go 원칙도 도입해야 한다.

특히 지방자치시대에 자치단체의 재정 운용을 관리할 필요가 있다. 한국의 지자체는 중앙정부를 최종대부자lender of last resort로 간주하기 때문에 도덕적 해이가 발생할 가능성이 높다. 지자체의 재정자립도가 낮은 상황에서 지자체 재정은 중앙정부에 의존적이기 때문이다. 따라서 지방자치단체나 지방의회는 연성예산제약soft budget constaint으로 인해 지방재정운용의 비효율성과 비생산성을 유발할 수 있으므로 이를 방지할 수 있는 제도가 필요하다.

복지재정의 건전화를 위해서는 공적연금에 대한 중장기 재정안정화 방안이 반드시 마련되어야 한다. 아직은 국민연금기금의 적립금이 쌓여가고 있지만, 앞으로 급여지출이 본격화되면 추가적인 재정 부담으로 이어질 것이다. 기금운용의 투명성, 효율성과 독립성 등의 확보를 위해 민간위탁 등 국민연금의 지배구조 개혁방안도 마련되어야 할 것이다.

공적연금제도를 개혁해 국고보전금 지원을 줄이는 일도 시급하다. 공무원연금과 군인연금의 경우, 정부가 수지적자를 보전해오고 있는데, 그 규모가 2010년 한 해만 3조4,000억 원에 달했다. 이 두 연금의 적자는 금액이 크고 증가율도 매우 높아 2030년에는 국고보조금이 29조 원을 넘어설 것으로 전망된다.

고위직에 장기간 복무한 공무원, 군인, 교직원의 경우, 지나치게 높은 수준의 연금급여가 지급되고 있어 연금제도가 추구하는 노후보장 및 사회보험의 수준을 넘어서므로 이를 조정할 필요가 있다. 사회보장적 성격의 연금 부분은 국민연금과 형평성을 맞추고, 퇴직수당은 민간 근로자 수준의 퇴직금으로 조정해야 한다.

빠르게 증가되고 있는 공기업 부채 규모를 적정 수준으로 통제하는 것도 필요하다. 공기업 부채의 대부분은 정부의 각종 대형 국책사업을 대행하면서 발생한 것이므로 궁극적으로는 국가가 상환책임을 지게 될 것이다. 공기업 부채는 2004년 82조7,000억 원에서 2012년 353조6,000억 원으로 급증했다. 공기업의 금융성 부채는 사업을 무리하게 확대하면서 소요되는 자금을 자체 수익으로 조달하지 못하고 외부자금에 의존해 조달했기 때문에 누적되어왔다.

공기업 부채를 줄이기 위해서는 수익성을 중시하는 방향으로 각종 사업을 재편하고 무리한 국책사업도 금지해야 한다. 공기업이 공급하는 각종 재화와 서비스에 대한 요금을 수익자 부담 원칙에 따라 현실화할 필요성도 있다. 전기 및 가스요금과 같이 시장원리를 무시한 지나친 요금 규제는 원가보상률을 낮출 뿐만 아니라 과잉소비를 유발해 자원 낭비를 가져온다. 또한 부채비율이 높고 재정건전성이 취약한 공기업은 민영화를 통해 경영정상화를 유도해야 할 것이다.

PART

4

남북한
통합시대

9
장

동아시아

공동체와

남북한

통합

지금까지 한국이 이룬 성취는 지정학적인 여건 및 한국인의 땀과 두뇌가 만들어낸 작품이다. 한반도를 둘러싼 20세기의 큰 요동이 평등한 사회를 만들고 국민들을 각성시켜 이처럼 부지런하고 과업지향적인 국민을 만들어냈다.

35년간 일제의 한반도 지배, 해방 후의 혼란과 전쟁으로 인한 민족의 대이동 그리고 1960년대 초반 이후 산업화로 인한 이농과 도시화가 합쳐져 20세기에 한민족은 뿌리가 완전히 뽑히는 큰 변혁을 세 차례나 경험했다. 그 과정에서 계급과 계층이 사라지고, 누구나가 열심히 학습하고 노력하면 성공할 수 있다는 믿음이 생겼다. 이러한 국민의 학습능력과 과업몰입이야말로 한국 발전의 밑거름이 되었고, '열심히 공부하고 치열하게 일하는 것'이 한국인의 유전자가 되었다.

같은 식민지배와 혼란 그리고 전쟁을 경험한 북한이 지금은 파산한 불량국가가 된 것을 떠올려보면, 남북한의 엄청난 격차는 역시 정치 및 경제제도의 차이가 아니고는 설명할 수 없다. 결과적으로 시장경제와 민주주의가 남한 사람들의 높은 성취 DNA와 결합되어 한국인의 잠재해 있던 에너지가 폭발한 것이다. 다시 말하면 시장경제와 민주주의가 노력하는 사람들에게 발전의 기회를 주었기 때문에 이 둘이 합쳐져 지금의 한국을 가능하게 했던 것이다.

비슷한 시기에 한국만이 이러한 발전을 이룩한 것은 아니다. 일본은 세계대전의 패배와 원폭 피투被投라는 엄청난 참상을 딛고 크게 성공했다. 대만도 중국 본토에서 패권 싸움에 져서 피난 온 국민당 정부와 대만인의 기업가정신이 합쳐져 경제적인 성공을 거두었다. 그리고 제2차 세계대전 후에 미국과 서유럽도 역사상 유례가 없는 장기간의 평화와 번영을 구가했다.

이는 역시 미국의 리더십 아래 세계평화가 유지되고 자유무역과 자본이동이 가능한 세계경제 질서가 유지된 덕택이다. 1945~91년의 냉전기간 동안 경제적 침체와 정치적 자유의 제약을 경험한 구사회주의 국가들에 비해 자유진영에 속한 국가들이 운 좋게 누린 혜택이었다. 구사회주의 경제가 1991년의 냉전 종식 이후에 어느 정도 경제적인 추격을 하고는 있으나, 경제적·사회적 발전의 격차는 여전히 큰 편이다.

특히 아직도 공산당 1당 독재와 개인숭배라는 시대착오적인 제도 속에서 고통받고 있는 북한은 세계적으로도 가장 비극적인 나라 중 하나가 되었다. 북한의 현실은 한국의 성취가 반쪽의 성공임을 여실히 보여준다.

한반도의 상황을 독일과 비교하면 더욱 그렇다. 독일은 제2차 세계대전을 일으킨 주범이었음에도 불구하고, 패전 후에 나치와 선을 긋고 경제적인 번영을 이루었다. 그리고 구소련의 약화와 사회주의 붕괴의 조짐 속에 1989년 베를린장벽이 무너지면서 1990년 서독은 전격적으로 동독을 흡수해 역사적인 통일 과업을 달성했다. 이러한 독일 통일의 배경에는 유럽경제통합이 크게 작용했다. 독일은 1957년 로마조약 이후 프랑스와 함께 유럽경제통합을 주도했고, 1992년에 '단일시장(공동시장) 완성'이라는 큰 진전을 이룬 것이 통일 독일에 대한 강대국과 인접국들의 불안을 잠재우는 유리한 여건이 되었다.

이러한 위대한 독일 통일의 달성은 불완전한 점이 있었겠지만 우리에게 시사하는 바가 크다. 일부 전문가는 독일 통일에 비용이 너무 많이 들었다고 지적한다. 그러나 긴 시각으로 볼 때, 비용이 들었다고 하더라도 통일 후 20년 만에 지금과 같은 경제적·사회적 통합을 이루고, 동독 지역 출신의 여성 총리를 배출한 독일 국민의 저력에 경의를 표하지 않을 수 없다.

앞으로 10~20년 동안 한국의 과제는 분명하다. 한반도에 평화를 유지할 뿐만 아니라 한국이 주도하는 남북한 통일을 달성하는 것이 최우선 과제다. 남한의 경제제도의 정립도 중요하고 새로운 경제성장을 달성하는 것도 꼭 필요하다. 그러나 지금 우리에게 주어진 최대의 과제는 남한의 우수한 경제제도와 정치시스템의 혜택을 2,300만 명의 북한 사람들도 누릴 수 있게 하는 것이다.

그러나 통일의 과업은 남한 혼자의 노력으로만 되는 것은 아니다. 동아시아의 정세가 한반도의 평화와 남북한 통합에 유리하게 전개되어야 한다. 특히 앞으로 20년은 미국의 패권에 점차 중국이 도전하는 시기가 될 것이다. 이 두 강대국은 한반도에 직간접적으로 이해관계가 있기 때문에, 이들이 남북한 통합에 있어서 공조하고 협력하게 만드는 것이 매우 긴요하다.

동아시아 안보협력체와 경제공동체 구축하기

불안정한 동북아 정세

2013년 초에 내다본 동아시아의 정세는 매우 복잡하고 불안정하다. 가장 큰 변인은 중국의 부상이다. 중국경제는 2000년 이후 2012년까지 명목달러 기준으로 경제 규모가 6.8배 증가했다. 2000년 기준 일본경제는 중국의 3.9배 규모였으나, 2012년에는 오히려 중국이 일본의 1.4배로 규모가 더 커졌다.

중국은 2017~20년 사이에 경제 규모에서 미국을 추월할 것으로 전망된다. 역사상 20년이라는 짧은 기간에 경제 규모가 6배 이상 확대되어 세계 최대의 경제가 된 나라는 없었을 것이다. 이러한 중국의 급성장은 새로운 세계질서를 요구한다. 그러나 제도와 질서를 새로 만드는 것은 결코 쉽지 않다.

냉전 종식 이후에 미국은 세계의 유일한 초강대국 위치를 갖게 되었으며, 지난 20년 동안 미국의 강력한 군사력과 기술력에 대적할 나라는 없었다. 그러나 2001년 9·11테러 이후 미국은 이라크전을 일으켜 막대한 군비를 쓰면서 재정상황이 악화되기 시작했다. 그런 미국에게 이제 중국은 잠재적인 도전자가 될 정도로 크게 성장했다. 그런데 이러한 미국과 중국의 힘이 직접적으로 부딪히는 지역이 바로 동아시아다.

한국과 일본의 경우, 안보는 미국에 의존하고 있으며, 경제적으로는 중국에 대한 의존도가 높아지고 있다. 특히 지난 100여 년간 이 지역의 최대강국이었던 일본이 중국의 부상으로부터 느끼는 불안감과 박탈감은 매우 크다. 일본은 지금 미국과의 경제 및 안보 연대를 강화해 점증하는 중국의 힘에 대응하려는 전략을 추구하는 듯하다. 그러나 동아시아 정세가 미국-일본의 연합세력과 중국이 대결하는 구도로 전개되는 것은 한국에게는 바람직하지 않다.

이런 최악의 시나리오가 현실화된다면 사실은 모든 나라가 패자가 될 수밖에 없다. 동아시아에 군사적인 긴장관계가 조성된다면 자유무역과 투자의 기반이 흔들릴 것이며, 그렇게 되면 이 지역의 경제적 번영이 끝날 수 있다. 이는 각국을 걷잡을 수 없는 경제침체와 사회불안으로 몰아넣을 것이다.

다행히 지금의 글로벌 환경에서는 각국 간의 상호의존도가 매우 높아 군사적인 긴장을 조성하기는 쉽지 않을 것이다. 미국 정부의 전체 국채발행액 중 중국의 보유비중은 2012년 3분기 기준 10.2퍼센트이며, 미국 외의 국가에서 보유하고 있는 미국국채 중 중국의 보유 비중은 2011년 말 기준 23퍼센트에 달한다. 또한 점차 거대해지고 있는 중국시장에 대한 미국 기업의 의존도도 갈수록 더 커지고 있다. 중국의 염가 공산품

은 미국을 포함한 여러 선진국의 서민생활에 긴요하며 물가를 안정시
키는 역할을 해왔다. 중국도 군사적인 긴장이나 충돌로 인해 수출과 투
자가 크게 위축되는 상황을 감내하기가 쉽지 않을 것이다.

동아시아 안보협력체 구축

우리의 과제는 이런 상황에서 더 적극적으로 나서서 동아시아에 평화
와 안보를 위한 집단안보체제를 만드는 일을 주도하는 것이다. 한국이
주변 강대국에 비해 경제력이나 군사력이 상대적으로 약한 것은 사실
이지만, 이제는 국력과 국제적인 위상이 많이 신장되어 상당한 역할을
할 수 있다.

국제정치에서 중견국가의 역할은 무시할 수 없다. 미국이나 중국이
강대국이기는 하지만 모든 것을 마음대로 결정할 수 있는 것은 아니다.
아태지역에는 한국 이외에도, 캐나다, 호주, 멕시코, 인도네시아 등과 같
은 중견국가가 있으며, 일본과 인도와 같은 강대국도 존재한다. 이들 중
견 및 강대국들이 의견을 모으고 미국과 중국을 설득해 지역 내에 안보
협력체를 만들어야 한다.

이미 아태지역의 주요국 정상들이 매년 모여 평화와 협력을 토론하
는 동아시아 정상회의East Asian Summit라는 틀이 존재하고 있다.[34] 이러한
기존의 대화의 장을 활용해서 더 항구적이고 제도적인 집단안보체제

---

[34] 동아시아 정상회의는 2005년부터 매년 열리고 있으며, 처음에는 아세안과 동북아 3국(한국, 중
국, 일본)이 참여했고, 그 후 인도, 호주와 뉴질랜드가 참여하는 '아세안+6'의 정상회의가 되었으며,
2011년부터는 미국과 러시아가 참여하기 시작해서 현재는 18개국이 참여하는 모임이 되었다.

를 만들어야 한다. 그러기 위해 한국이 적극적으로 나서야 한다.

동아시아 경제협력체 구축

2012년 11월, 프놈펜에서 열린 동아시아 정상회의에서 중요한 결정이 있었다. 2013년부터 역내포괄적경제동반자협정RCEP이라고 불리는 범동아시아 FTA의 협상을 시작하기로 한 것이다.

지난 10여 년 동안 동아시아 지역은 '동아시아'라는 지역에 포함될 나라가 '아세안+3'이 되어야 할지, 아니면 이를 더 넓혀 '아세안+6'이 되어야 할지를 놓고 힘겨루기를 해왔다. 중국은 전자를 선호한 반면에, 일본은 중국의 영향력을 완화하기 위해 인도나 호주의 참여를 선호했다. 그런데 드디어 2012년에 아세안+6이 선택되었고, 더 나아가 2015년까지 RCEP 협상을 완료하자는 목표도 설정되었다.

그러나 RCEP의 전망이 현재로서는 그렇게 밝은 것만은 아니다. 환태평양경제동반자협정TPP이라는 경쟁 대상이 있기 때문이다. 향후 세계경제에서 아시아의 비중이 점차 커질 것은 누구나 아는 사실이며, 이에 미국도 아태지역 경제에 적극 참여하기 위해 TPP라는 또 하나의 FTA 구상을 추진하고 있다.

원래 TPP는 아태지역의 작은 네 나라가 2005년에 시작한 FTA였는데, 2010년에 미국을 포함한 5개국이 새로 참여해 현재 9개국이 협상을 진행 중이다. 2012년에는 캐나다와 멕시코도 참여를 선언해 TPP에는 앞으로 아태지역의 11개국이 참여하게 될 전망이다. 그런데 상황이 더 복잡하게 된 것은 일본의 입장 때문이다. 일본 정부는 이미 2010년부터

TPP에 관심을 표명했지만, 그동안 일본 국내의 반대와 여론 때문에 적극적으로 나서지는 않았다. 그러나 2012년 12월에 아베 수상이 집권하면서 일본 정부는 TPP 참여를 공식화해 추진하게 되었다.

이렇게 되면서 2013년 현재 동아시아 지역에는 RCEP와 TPP가 지역경제협력을 놓고 경합하는 모습을 보이고 있다. 이 경합의 정치적인 배경에는 동아시아 지역의 경제 주도권을 둘러싼 미국과 중국의 경쟁이 있으며, 이 와중에 일본이 미국 쪽에 가담하는 모습을 보이고 있다. 물론 일본이 TPP에 참여하려는 동기는 중국의 견제에만 있는 것은 아니며, 미국과 실질적인 FTA를 체결하려는 의도도 있다. 일본은 한국이 2011년과 2012년에 각각 EU 및 미국과 FTA를 발효시킨 데 상당한 자극을 받았으며, 현재 EU와의 FTA도 추진 중이다.

앞으로 동아시아 지역의 경제협력의 틀이 어떻게 전개될지는 불투명하다. TPP나 RCEP나 모두 특정 국가를 배제하지는 않고 있다. 그러나 두 협상 그룹은 FTA의 범위나 포괄성 면에서 차이가 있다. 요즈음의 FTA는 무역이나 비관세 장벽의 완화만을 목적으로 하는 것이 아니고, 투자, 서비스 개방, 지적재산권 보호, 정부구매, 인적교류, 경쟁정책 공조 등 매우 포괄적인 내용을 포함하고 있다. 따라서 이런 FTA에 참여하는 국가들은 경제제도나 정책을 어느 정도 조율해야 한다.

그런데 TPP는 매우 포괄적이고 강도 높은 FTA를 지향하고 있어 아직도 사회주의 시장경제 노선을 추구하는 중국이 참여하기가 쉽지 않다. 한편 RCEP의 경우 협상이 그렇게 쉽지는 않겠지만, 지금까지 중국이 체결한 많은 다른 FTA처럼 예외가 많고 느슨한 FTA가 될 가능성이 높다. 이렇게 볼 때, 동아시아와 아태지역의 경제통합에는 미국, 중국, 일본의 주도권 경쟁뿐만 아니라 경제제도의 차이도 장애가 되고 있다.

일부 낙관론자는 TPP와 RCEP가 경쟁의 모습을 보이다가 종국에는 이 모두를 아우르는 일종의 범 아태지역 FTA가 탄생할 것으로 예견하기도 한다. 예를 들면 APEC 회원 21개국이 모두 참여하는 FTAAP FTA of the Asia-Pacific 같은 아태지역 FTA로 통합될 것으로 전망되기도 한다. 그렇게 된다면 좋겠으나, 그 과정에 한국은 어떤 입장을 견지해야 할까?

한국은 RCEP에는 이미 참여하고 있으며, TPP 참여는 유보하고 있다. 한국은 TPP에 참여하고 있는 나라와 대부분 이미 FTA를 시행하고 있으며, 특히 미국과는 수준 높은 FTA가 발효 중이므로 TPP 참여는 언제든지 가능하다는 입장이다. 다시 말해 한국은 양쪽 FTA에 모두 참여가 가능하다.

한국은 중국과의 공식적인 FTA 협상을 2012년 5월에 시작해 현재 협상이 진행 중이다. 한·중·일 3개국이 참여하는 FTA도 이미 3개국 정상이 합의했으며, 2013년부터 협상을 시작할 계획이다. 그렇다면 한국은 한·중, 한·중·일, RCEP라는 세 개의 중첩되는 FTA 협상에 참여하고 있는 셈이다. 물론 이 세 FTA는 한·EU나 한·미FTA에 비해 예외가 많고 시행기간이 긴 '약한 FTA'일 가능성이 많기는 하다.

그러나 RCEP이건 TPP이건 동북아 3국이 긴밀한 경제협력체제를 만드는 것은 중요하며, 이는 동아시아 경제공동체 건설의 주춧돌 역할을 할 것이다. EU에서 독일과 프랑스가 경제공동체의 기둥 역할을 하듯 앞으로 한·중·일은 동아시아 경제협력에서 중추적인 역할을 해야 한다.

그런 점에서 세 나라가 영토 문제나 역사 문제로 계속해서 갈등하고 대립하는 모습은 매우 유감스럽다.

한·중·일 세 나라가 역사나 영토 문제를 극복하고 역내에 경제 및 안보협력체를 만드는 데 중추적인 역할을 하는 시점이 빨리 와야 한다. 이를 위해 세 나라 정치지도자와 여론 선도자의 대오각성大悟覺醒이 필요하다.

불안한 북한 정세와 군사적 위협

불안한 북한체제

한국이 직면한 절박한 과제는 불안정한 북한체제가 야기하는 여러 가지 위험과 불확실성을 관리하는 일이다. 북한체제 관리는 군사적 측면과 비군사적 측면 두 가지로 구성된다. 군사적 측면에서의 대북 관리는 한미동맹을 기초로 북한이 군사적 도발이나 모험을 할 수 없도록 억지력을 강화하는 일이다.

비군사적 측면에서의 북한체제 관리는 현재의 불안정한 남북한 관계를 안정적으로 관리하는 동시에 북한체제의 변화를 유도하는 일이다. 북한체제의 변화 유도에는 두 가지 내용이 포함된다. 하나는 북한 당국이 경제개혁을 통해 시장경제를 받아들이고 경제가 회생되는 길을 밟도록 유도하는 것이다. 또 하나는 북한 당국이 그런 선택을 하지 않고 계속해서 남한에 대한 위협이 되는 경우에 북한 권력체제 자체의 변화(regime change)에 영향을 주거나 이에 대비하는 것이다.

향후 한국에 대한 북한 리스크는 북한의 내부 사정과 중국의 대북정책에 달려 있다. 우선은 김정은 체제가 과연 안정될 수 있을지가 문제다. 이와 관련해서는 북한의 권력 엘리트의 분열 여부가 북한의 미래를 결정하는 핵심변수로 등장할 전망이다. 북한 주민 사이에서도 정보의 확산이 상당히 광범위하게 이루어지고 있어, 권력 불안정 등의 여건이 조성되면 북한 사회의 내부 모순이 폭발할 가능성도 있다.

다음으로는 중국의 대북정책이 중요하다. 현재까지 중국은 북한의 비핵화보다 체제안정을 우선하는 정책을 선택했다. 중국 역시 북한의 개혁과 개방을 기대하지만, 북한의 체제안정과 충돌할 때는 체제안정을 선택했던 것이다. 그러나 앞으로 북한의 행동여하에 따라 그리고 남한의 설득에 따라 중국의 한반도 정책은 달라질 수 있다.

향후 5년 내에 북한은 핵탄두 소형화 및 대륙간탄도미사일 기술을 확보해 실질적인 핵보유국으로 등장할 것이다. 북한은 핵개발의 명분 및 자금을 확보하기 위해 6자회담 등 비핵화 협상에 참여할 수는 있으나, 정권 및 체제의 유지를 위해 핵을 포기하지는 않을 것이다. 앞으로 북한은 핵보유국이라는 지위를 바탕으로 한국과 국제사회를 상대로 한 강압전략의 수위를 높여 경제회생에 필요한 자원을 얻어내려고 할 것이다.

북한의 개방이나 시장의 확대는 대내 체제불안정으로 연결될 수 있으므로 북한 정권이 스스로 개혁개방을 선택할 가능성은 낮아 보인다.

돈이 아쉽긴 하겠지만 개성공단을 중지한 것도 대내적인 파급효과가 두려워서 그랬을 가능성이 크다. 북한은 현재 체제유지와 경제부흥이라는 두 마리 토끼를 어떻게 잡아야 할지를 고민하고 있다.

북한의 군사적 위협

지난 수년간 북한의 군사적 위협은 증가해왔다. 북한은 2009년 5월의 2차 핵실험 이후 핵 억지력nuclear deterrent을 바탕으로 한 대남, 대미 강압전략coercive strategy의 수위를 점점 높여왔다. 2010년의 천안함 폭침이나 연평도 포격을 단순히 대미, 대남 '벼랑 끝 외교'로만 보기 힘든 이유도 여기에 있다.

한국전쟁 이후 북한의 수많은 도발이 있었지만, 한국의 영토에 직접 포격을 가한 것은 연평도 포격이 처음이었다. 이를 단순히 북한체제의 불안정이나 김정은의 무모함만으로 돌릴 수는 없다. 오히려 그 배경에는 자신들이 가지고 있는 핵 억지력에 대한 나름의 자신감이 깔려 있다고 보인다. 그것은 군사 및 외교적 논리만이 아니라 국내정치적 수요와 결합된 도발이었으며, 남한의 강력한 경고에도 불구하고 향후 이러한 패턴의 도발이 또 일어날 가능성이 있다. 북한의 대외정책에 대한 예측 가능성이 낮을 뿐 아니라 도발수위도 강화될 수 있다.

김정은으로의 권력 이전 과정에서 북한의 대남, 대외행동은 점점 더 예측이 어려운 형태로 전개되었다. 2011년 12월의 김정일 사망 이후 북한은 대외정책 결정에서 냉정한 국익보다는 군부 등 국내 유력세력을 달래는 데 주력했다. 또한 북한 주민의 불만을 외부로 돌리려는 시도도 있었던 것으로 보인다.

더욱이 북한은 핵무기 제조를 위해 기존의 플루토늄 통로에 더해 우라늄 통로까지 확보한 것으로 보인다. 북한의 핵무기 숫자는 과거보다 더 빠른 속도로 증가할 것이고, 핵실험의 지속과 장거리미사일 개량화 과정을 거쳐 북한의 핵전력은 외교적 위협을 넘어 실질적인 군사적 위협으로 다가올 전망이다. 오바마 대통령이 북한의 핵과 미사일을 '직접적 위협'으로 부르고 있는 이유도 여기에 있다. 한미 양국이 확고한 군사적 억지력과 외교력을 통해 북한의 핵전력을 봉쇄하고 핵 강압전략을 무력화시키지 못할 경우, 연평도 포격처럼 전戰과 부전不戰 사이를 아슬아슬하게 오가는 도발이 계속될 수 있다.

종합해볼 때, 현재의 북한체제는 전망을 하기가 쉽지 않다. 김정은 체제의 불안정성 및 북한 내부의 불만 확산이라는 불안정 요인과 실질적인 핵보유국 지위 획득 및 중국의 경제적 지원이라는 지속가능 요인이 동시에 작용하고 있기 때문이다.

문제는 한국이 북한체제 관리에 실패하면 그동안 이룬 경제적, 정치적 성취를 일거에 파괴 내지는 위협받을 수도 있다는 점이다. 바로 이 이유로 인해 우리에게는 적절하고 명확한 북한체제 관리 방안이 필요하다. 한편으로는 남북한관계를 안정적으로 관리하면서 다른 한편으로는 북한체제의 변화에 대비해야 하는 것이다.

북한의 급변사태
가능성

■남북한 통합의 최선의 시나리오는 북한이 핵을 포기하고 개혁과 개방을 통해서 경제가 회복되면서 남한과 정상적인 교류와 협력을 해나가는 것이다. 그러나 이러한 최선의 시나리오가 실현되지 못할 가능성도 매우 크다. 따라서 한국은 북한에 권력공백 상태가 오고 치안이 극도로 불안해지면서, 다수의 난민이 남한 혹은 다른 인접국으로 넘어오는 사태가 발생하는 북한의 급변사태에 대한 대응방안을 준비해야 할 것이다.

북한의 급변사태 시나리오

앞으로의 한반도 정세는 정말로 예측이 어렵다. 현재는 중국과 미국이 남북한 간의 군사적 충돌의 확대를 막아주는 역할을 하고 있다. 중국은 북한의 생명줄인 식량과 원유를 주로 공급하고 있기 때문에 북한에게 상당한 영향력을 미칠 수 있다. 미국은 한국군의 전시작전권을 갖고 있고, 해군과 공군의 지원 그리고 군사정보도 통제할 수 있기 때문에 남한의 군사행동에 상당한 영향력을 행사할 수 있다. 북한과 남북한 관계의 장래는 매우 불확실하지만, 남북한 간에 전면전이 발발할 가능성이 낮은 이유는 바로 미국과 중국의 역할 때문이다.

북한체제는 주민 통제가 매우 강력한 만큼 주민봉기에 의해서 붕괴될 가능성 또한 그리 크지 않다. 따라서 북한의 급변사태는 북한 권력구도의 내부 균열에서 올 가능성이 가장 높다. 구체적으로는 김정은 체제가 정착하지 못하고 권력장악을 위한 암투가 벌어지거나 군부 등 권력 핵심부의 이반이 일어날 경우다.

권력 암투나 쿠데타의 과정을 거치면서 북한 내에 권력의 공백이 생기면, 이는 불만에 가득 찬 주민들을 자극하게 될 것이다. 또한 치안이 불안해지고 식량 등 생필품의 공급이 제대로 안 되면 북한 주민의 이탈이 가속화될 것이다. 치안이 해이해지고 군 자체의 통제력도 약화되면 북한 주민의 동요나 대규모 피난을 통제할 수 없게 된다. 이것이 가장 가능성 높은 북한의 급변사태 시나리오다.

북한에 급변사태가 났을 때 정치적 · 외교적 · 군사적 · 국제법적 고려를 통해 어떤 대응을 해야 하는지는 매우 복잡한 문제다. 북한의 내부 붕괴 상황에서 남한이 어떤 법적 근거로 북한에 진출할 수 있는지에 대해서는 연구가 필요하다. 유엔안보리의 결의에 의해 평화유지군PKO이나 연합군의 깃발 아래 북한에 진출할 것인지, 아니면 남한의 단독 결정으로 북한을 관리할 것인지 그리고 미국과 중국 등 이해당사국과 어떤 사전협의가 필요한지를 검토해야 한다. '작전계획 5029'와 같은 치밀한 사전계획을 마련해야 한다.

북한에 급변사태가 발생하는 경우에는 2단계의 대책이 필요할 것이다. 단기적으로는 유엔안보리의 승인 아래 남한이 주도적으로 북한의 치안 및 주민 안전을 확보하는 것이다. 장기적으로는 북한 경제를 부흥시켜서 남북한이 하나의 경제 및 정치체제로 통합하는 정책을 준비해야 한다.

북한의 급변사태에 대한 대책

북한 급변사태 관리의 제1단계는 다음과 같은 행동과 준비를 포함할 것이다. 첫째, 국제적으로 합법적인 절차를 거치고, 미국과 중국 등 이해당사국의 지지와 참여를 바탕으로 북한의 행정 및 군을 접수한다. 둘째, 최단기간에 북한의 대량살상무기WMD를 접수하며, 북한군을 무장해제시켜 북한의 무기와 탄약을 확보한다. 셋째, 북한의 인민보안부(경찰)와 국가보위부의 지도부를 확보해서 다국적군 혹은 계엄사령부의 지휘하에 둔다. 넷째, 북한 주민의 기본적 생활수요(식량, 의료, 주거, 교육)를 최단 시일 내에 안정시킨다. 그러나 제1단계의 구체적인 내용을 논의하는 것은 민감하기 때문에 자세한 논의는 생략한다.

북한 급변사태의 제2단계의 관리 목표는 북한의 경제부흥을 통해서 남북한이 경제공동체를 만들어 궁극적으로는 북한 주민의 생활수준이 남한 국민소득의 일정 수준(예로 60~70퍼센트) 혹은 최저생계비 수준에 이르도록 하는 것이다. 이를 위해서는 다음과 같은 과제가 포함된다.

1. 북한의 화폐_ 지금 북한에서 통용되는 화폐를 일정한 비율로 새 화폐로 바꿔주어야 할 것이며, 새 화폐로 남한의 화폐를 쓸 것인지 아니면 새 북한 화폐를 발행할 것인지를 검토해야 한다. 이 결정은 북한 경제를 일정 기간 남한 경제와 분리시킬 것인가 말 것인가를 결정하는 데 달려 있다.

2. 북한의 재정_ 초기에 북한의 재정은 거의 100퍼센트 대한민국 정부가 부담해야 할 것이다. 북한 경제가 정상화되면 차츰 북한의 자

체 재정 수입의 비중이 커질 것이다.

3. 북한의 국유재산 처리_ 북한의 기업은 거의 쓸모가 없을 것이기 때문에 민영화가 큰 의미는 없으나, 북한의 광산과 토지 등 유형자산에 대해서는 빠른 시일 내에 민영화하는 것이 바람직하다.

4. 시장경제 도입_ 북한에는 이미 시장(일종의 grey market)이 형성되어 있다. 급변사태 관리 제1단계에서는 생필품을 배급하고 가격을 관리하겠지만, 그 후에는 가격이 시장에서 결정되도록 하고 충분한 공급이 이루어지도록 해야 한다. 문제는 소득이 없는 북한 주민이 어떻게 돈을 벌어서 시장에서 생활용품을 살 수 있느냐다.

5. 일자리 창출_ 빠른 시일 내에 북한에 일자리가 만들어져야 하는데, 이를 위해서는 남한의 기업들(대기업 및 중소기업 포함)이 북한에 공장을 짓고 판매망을 만드는 등 사업을 시작하게 해야 한다. 초기에 북한의 치안 불안이나 불확실성 때문에 기업이 투자를 주저할 것이기 때문에, 일정 기간 동안에는 북한에 투자하는 기업에 대한 인센티브(공단의 저가 혹은 무료 공급, 조세감면, 전력요금 할인 등)를 부여하는 것이 필요할 것이다.

6. 인프라 투자_ 북한 경제가 제대로 작동되려면 인프라 투자가 시급하다. 제일 급한 것은 전력과 통신이다. 전력은 우선 송배전 설비를 확충해 남한에서 제한적으로 공급해야겠지만 빠른 시일 내에 발전소를 건설해야 할 것이며, 통신은 우선 무선통신 중심으로 보급하는 것이 좋을 것이다. 다음에는 도로망과 항만 및 비행장 건설이 필요하다. 철도는 우선 기존 노선을 보수해서 써야 할 것이다.

고속철도는 상당한 시간과 투자가 필요할 것이다. 엄청난 규모의 인프라 투자를 위해서는 민자 및 외자 도입을 적극 유도해야 한다. 그중에는 세계은행이나 아시아개발은행과 같은 국제개발은행의 자본 유치도 포함된다.

7. **민간투자 유치_** 북한 경제의 부흥은 결국에는 얼마나 많은 산업이 자리 잡느냐에 달려 있다. 우선 북한은 싼 임금을 활용할 노동집약 산업의 입지로서 매력이 있을 것이다. 인구가 많은 지역을 중심으로 경공업 단지를 건설해서 남한의 섬유나 신발과 같은 경공업업체와 북한의 내수를 위한 소비재 생산기업의 유치가 가능할 것이다. 그다음으로는 중국의 동북3성을 겨냥한 대규모 공장을 북한과 중국의 국경에 가까운 지역(예를 들면 나진, 선봉)에 유치해야 할 것이다.

8. **교육과 인력 훈련_** 북한 주민의 생활수준 향상은 이들의 생산성에 달렸으며, 이는 다시 교육과 훈련에 따라 달라진다. 초중등 및 대학교육의 강화는 필수적이며, 나아가서는 20대 중반부터 40대까지의 인력에 대한 대대적인 직업교육과 훈련이 이루어져야 할 것이다.

남북한 통합방식

남북한 통합방식에는 급진적 통합과 점진적 통합의 두 가지가 있다. 북한체제가 갑작스럽게 붕괴될 경우 상황에 따라 통합방식을 결정해야겠지만, 사전에 어떤 방식으로 통합하는 것이 유리할 것인지에 대해 국가적 차원의 방안을 가지고 있어야 한다.

소위 통일비용을 생각하면 점진적 통일이 바람직하다. '통일비용'은 북한주민의 생활수준을 남한의 수준에 접근시키는 데 드는 비용으로, 복지비용(기초생활보장, 의료 및 교육 등의 무상공급, 실업보상 등), 사회간접자본투자, 기타 행정 및 치안 확보 비용 등이 포함된다.

남한과 북한의 두 체제를 분리시킬 수 있다면, 북한의 임금과 물가를 남한의 수준과 다른 낮은 상태로 유지할 수 있기 때문에 가격경쟁력을 유지할 수 있을 것이다. 북한 주민의 생산성에 맞추어 임금을 지급하고 북한 주민은 그 소득으로 생활할 수 있을 것이기 때문이다. 중국과 홍콩이 '1국가 2체제—國家 二體制'의 예이지만, 홍콩은 붕괴된 것이 아니고 1997년에 중국에 양도되기 전까지 수십 년간 매우 효율적인 행정의 혜택을 누린 국제적이고 안정적인 도시국가였기 때문에 북한의 경우와는 많이 다르다.

남북한이 정책적으로 혹은 사태가 급변하는 바람에 선택의 여지 없이 단일체제가 되면 남북한은 급진적인 통합방식을 택할 수밖에 없을 것이다. 이 경우에는 단기간 내에 북한 주민의 생활수준을 남한에 맞춰야 하므로 많은 비용이 소요될 것이다. 그 대신에 남북한의 통합이 빨리 이루어지는 장점이 있다.

1989년 베를린장벽이 무너진 후에 서독과 동독이 통합한 방식이 여기에 해당한다. 서독 정부는 최단기간 내에 동독 주민의 소득을 서독의 80퍼센트로 끌어올린다는 목표를 세우고 엄청난 자원을 동독에 쏟아부었다. 그 결과 '통일비용'은 많이 들었지만, 통일이 된 지 20년이 지난

2010년의 시점에서 보면 통일 독일은 정치적 · 경제적으로 단일국가가 되었고, 동독 출신의 정치인이 수상이 될 정도로 사회통합도 어느 정도 달성되었다. 통일이라는 민족적 과제를 단기간에 완수한다는 면에서 보면 초기에 비용이 많이 들더라도 급진적인 통일방식도 장점이 있다.

점진적 통합을 이루기 위해서는 급변사태 이후 북한 전역을 장기간 '특별행정구역'으로 설정하고, 초기 단계에서 남북 간의 이동성을 최대한 억제할 필요가 있다. 동서독의 급진적 경제통합은 계획적 선택이 아닌 국경통제 실패에 따른 결과[35]라는 해석도 있다. 베를린장벽 붕괴 이후 동서독 지도부는 급진적 통합의 폐해를 예견하고 점진적 통합 계획을 세웠으나, 동독 주민들의 대규모 이주가 시작됨으로써 계획에 실패했다는 것이다.

사실 급변사태 후에 과연 북한 주민의 남한 이주를 통제할 수 있을지는 의문시된다. 조속한 남북통합을 위해서는 북한의 급변사태 이후 일정한 기간이 지난 후에는 남북한 간에 자유로운 왕래를 허용해야 할 것이다. 자유로운 왕래가 된 상태에서 두 지역 간 임금이 큰 격차가 있으면 당연히 많은 수의 북한 주민이 남한에 남아 있으려고 할 것이다. 따라서 현실적으로는 빠른 시일 내에 1국가 1체제로 가야만 할 것이다.

---

35 고일동, 《남북한 경제통합의 새로운 접근방법》, 제2장 참조. 이런 점에서 남북 간 경제통합에서도 급진적 방식과 점진적 방식의 선택 문제는 국경봉쇄를 통해 주민과 물자 이동을 제한할 수 있는가 그리고 국경봉쇄에 따를 정치적 어려움을 돌파할 정치적 리더십이 있는가에 의존한다. 이상만, 《남북한 경제통합과 북한의 경제구조》; 북한경제포럼, 《남북한 경제통합론》, 오름출판사, 1999.

남북한 통합을
위한 준비

■통일이 우리 민족 최대의 과제라면, 통일을 우리의 손으로 이루어낸다는 목표하에 북한이 변화할 수 있는 환경을 적극적으로 조성해나가는 것이 필요하다. 무엇보다도 기존의 대북사업을 정비할 필요가 있다. 이명박정부에서 많은 부분이 정리되었지만, 분명한 목표를 설정하고 이에 맞춘 사업들의 정리가 우선돼야 한다.

남북한 협력의 상징이었던 금강산관광사업과 개성공단사업은 우여곡절 끝에 중단 상태다. 다음으로 인도적 지원사업의 개념을 전환해야 한다. 향후 통일 한국을 대비해 지금부터 실행해야 할 분야로서 대북지원 개념보다는 우리의 필요에 의해서 추진해야 할 분야들을 우선적으로 진행시킬 필요가 있다.

예를 들면 영유아지원사업에 주목해야 한다. 북한은 이미 고령화사회로 진입했기 때문에 10년 후 절대노동력의 부족은 물론 노동력의 질적 저하와 통합 시 갈등 심화 등이 심각할 것으로 예상된다. 더욱이 영유아들의 경우 오랜 식량난으로 인해 기초체력은 물론 지적 수준의 저하까지 우려되고 있는 상황이다. 따라서 향후 노동력 확보 문제까지 고려하면 영유아지원사업을 인도적 지원사업의 핵심사업으로 해야 한다.

산림녹화사업도 대단히 중요하다. 북한산림의 황폐화 정도는 심각한 수준으로 10년 후 북한의 산업화를 추진할 때 절대적으로 용수가 부족할 가능성이 높기 때문에 지금부터라도 산림녹화사업을 진행해야 한다.

자본을 통한 북한시장 내부로의 진입 전략도 필요하다. 기본적으로는 북한 내에 확산되고 있는 시장의 힘을 강화하는 것이다. 과거에는 북한시장으로 진입해 들어갈 수 있는 여지가 없었지만, 화폐교환 실패 이후 시장 진입 가능성은 더욱 확대된 상태다. 북한지도부의 상당수가 시장의 필요성을 역설할 수밖에 없도록 하는 실질적 접근을 실행에 옮겨야 한다.

이를 위해 북한시장이 필요로 하는 물자를 공급할 수 있는 루트를 확보해야 한다. 북한은 현재 각 기관별로 필요물자를 중국으로부터 수입해 들어가고 있다는 점을 활용할 수 있다. 중국 기업은 북한의 필요물자를 6개월 연불 등의 방식으로 조달해주면서 북한 시장 자체에 접근하고 있다. 이는 북한 내 자본가그룹이 형성될 수 있도록 직간접적으로 지원하는 효과가 있다. 북한은 이미 이른바 '돈주' 그룹들이 형성되어 있으나, 아직 자본력이 미흡한 상태다.

통일비용 확보를 위한 3가지 방안

통일비용을 확보하기 위한 방편으로 세 가지 측면을 고려해야 한다.

첫째는 급변사태 발생 시에 꺼내 쓸 수 있는 다양한 돈주머니를 확보하고 있어야 한다는 점이다. 이를 위해 통일펀드를 고려할 수 있다. 단순한 통일펀드보다는 도로펀드, 철도펀드 등 SOC(사회간접자본)펀드, 에너지펀드, 수목펀드 등의 다양한 형태를 개발하고 이를 국민운동으로 전개해야 한다. 예를 들면 소득의 1퍼센트를 향후 통일에 대비한 투자의 개념으로 투자할 수 있도록 유도하는 것이다. 법정 이자율 이상의 수익률을 보장할 수 있도록 펀드 운영 전문가 및 전문기관을 영입하는 한편, 이에 대해서는 연말정산 시 세금혜택을 주는 것도 효과적일 수 있다. 해외 자금을 통일펀드에 영입할 수 있는 방안도 모색할 수 있다. 이를 통해 범국민적인 통일운동도 전개할 수 있을 것이다.

둘째는 세원 확보다. 통일세 관련 법령을 제정해놓고, 통일 상황 및 그에 준하는 상황이 발생할 경우 대통령의 결정에 의해 통일세를 바로 징수할 수 있도록 사전적으로 준비하는 것이다. 세율 및 형태는 많은 공론화 과정을 거쳐서 결정해야 할 것이나, 가장 좋은 방법은 부가가치세 세율을 현재보다 2퍼센트 포인트 정도 올려 통일 재원으로 활용하는 것이다.

셋째는 무엇보다 중요한 것으로 한국경제의 능력을 제고하기 위해 노력하는 것이다. 남북한의 경제력 격차는 약 100배 이상인 것으로 추정된다(한국은행의 추정치는 38배). 향후 경제력 격차는 더욱 확대될 수밖에 없다. 따라서 북한 경제를 한국경제의 수준에 맞추는 방식보다는 북한 경제 자체가 돌아갈 수 있도록 지원하는 방식이 적절하다. 이는 한국의 경제적 능력을 제고해서 필요재원을 조달해야 가능하다.

결론적으로 통일을 위해 미리 재원을 확보하는 방법보다는 경제 운용에 있어 통일에 대비한 여유(slack)를 갖는 방식이 더 바람직하다. 세율도 어느 정도 낮은 수준을 유지하면서 남한 경제의 활력을 유지하고 가능한 성장을 추구하다가 북한의 유사시에 통일비용의 재원으로서 통일세를 징수하는 것이 바람직하다.

통일 대비 정부 조직 정비

현재 통일부는 남북대화 및 현상관리와 장기 통일 대비라는 두 가지 핵심 과제를 동시에 담당하고 있다. 그러나 통일의 대상인 북한이 존재하고 있기 때문에 상반되어 보이는 두 가지 임무를 병립시키기는 쉽지 않다. 따라서 대북 대화를 위한 기관과 장기 통일 대비 기관을 분리해 운영하는 것이 바람직하다. 통일부는 중장기적인 통일 환경을 조성하고 급변사태 발생시 곧바로 북한의 지역정부를 지원할 수 있는 역량을 갖추면서, 위기관리시스템을 범정부적으로 관리 운영하는 부처로 전환해야 한다.

통일 대비 기관들은 통일부 산하에 설치해야 한다. 예를 들면 통일부 산하에 북한재산사유화위원회(가칭)를 설립해 북한의 토지 소유권과 관련된 법제를 마련하고, 사전 토지비용 및 각종 주요 산업시설의 평가 등 기본적인 가이드라인을 만들어야 한다. 그리고 이를 바탕으로 매년 갱신작업을 진행하는 한편, 국내 토지가격 등과 연동된 가격 산정, 가구별 토지분배 방식 등을 사전에 정해둘 필요가 있다.

반면 대북협상 및 대화는 외교통상부 혹은 독립적인 '회담기구' 등과 같은 별도 전담기구를 마련해 운영하는 것이 바람직하다. 이 기구는 국제관계 및 남북관계를 현상적으로 유지, 관리하는 기구로서 운영되어야 한다.

핵심인력 양성

남북한 통합작업은 결국 사람에 의해 이루어진다. 따라서 전문인력의 확보 및 양성 또한 대단히 중요하다. 북한의 급변사태에 대한 대비는 돈을 쌓아두는 것보다는 여유 있는 전문인력의 확보와 행정적인 준비 등 시스템과 인력의 대비가 더 중요하다.

우선 정부 각 부처 내에 통일 전문인력의 확보 및 양성이 시급히 요청된다. 정부는 통일기획요원이라는 명목으로 인력을 양성해왔으나 유명무실한 상태. 따라서 각 부처 인력의 약 10퍼센트를 통일 대비 요원으로 양성하는 프로그램을 운영함과 동시에 이들을 지속적으로 관리해 각 부처별 인적 클러스터를 형성해야 한다. 순환보직을 하더라도 언제든지 투입될 수 있도록 인적 네트워크를 형성해야 한다.

일련의 인적자원 육성작업은 행정 각부에 통일 관련 업무를 통해 네트워크를 형성할 수 있는 계기도 마련할 것이다. 국가공무원(경찰, 군 등도 포함) 연수원, 대학 위탁교육, 해외연수 등의 10퍼센트 정도를 통일 관련 연수 프로그램으로 만들고, 고위공무원단 교육과정에 필수적으로 통일 관련 프로그램을 운영하는 것이 필요하다. 통일부를 중심으로 각 부처별로 통일연수를 받은 인적자원들을 지속적으로 관리 및 재교육할 수 있는 시스템을 구축해야 한다.

교육자와 의료인력 역시 상당수가 필요하다. 점진적으로 북한의 교육시스템을 전환시켜 나가야 하겠지만, 가장 시급한 것은 교과내용이라고 할 수 있다. 사전에 북한 교과내용을 분석하고 이를 바꾸고 대체할 교과과정 등을 마련해놓아야 한다. 또한 이를 주도적으로 이끌 수 있는 교육자들을 퇴직교원 및 희망자들을 중심으로 육성해야 한다. 교육자들의 교육이수 과목 및 전공 중에 북한지역 교육 분야를 활성화할 필요도 있다.

의사와 간호사 등 의료서비스 인력을 현재보다 20퍼센트 이상 더 확보하고 있어야 한다. 의사 양성에는 적어도 6~10년의 시간이 소요된다. 통일에 대비해 의과대학과 간호대학 등 의학계의 정원을 늘려야 한다. 특히 한국 사회의 고령화를 감안할 때 정년퇴직자들을 북한시스템 전환작업에 투입할 수 있는 방안을 강구하는 것도 좋다.

북한인력 양성 프로그램도 가동해야 한다. 예를 들면 연간 수천 명 이상의 북한인력을 남한의 대학에서 수용하는 방안도 모색되어야 한다. 초기 단계에서는 탈북자들을 대상으로 프로그램을 운영하는 한편, 점진적으로 북한인력을 흡수할 수 있는 여력을 확대해나가는 것이다. 정부 및 기업 연수원 등도 활용할 수 있을 것이다.

이미 2만 명이 넘는 탈북자 활용 방안도 강구해야 한다. 통일 한국에 대비해 남북한 갈등요소, 북한지역 순화 방안 등을 위한 프로그램 개발에 탈북자들을 적극 활용하고, 국내 심리상담 및 운영 시스템을 발전시켜 향후 사회 통합에 대비해야 한다. 이들 가운데 엘리트를 집중 육성하는 프로그램은 별도로 운영할 필요가 있다.

통일 논의 일원화 작업

국가가 주도해 통일 논의를 합리적으로 이끌고 나가면서 국민적 차원에서 통일 준비를 해나갈 수 있는 방안을 만들어야 한다.

국내적으로는 남북문제와 관련해 대통령이 주관하는 여야 영수회담의 정례화가 필요하다. 남북문제는 민감한 사안임과 동시에 정쟁의 대상이 되어서는 안 되는 사안이다. 종래의 양태를 보면 북한 문제는 대선 이전과 이후에 항상 정쟁의 대상이 되었을 뿐만 아니라, 국민들의 관심도에 비해 지나치게 과열되는 양상도 연출되었다. 따라서 남북문제만큼은 여야 정치지도자들의 원활한 정보 및 의견교환 채널을 구축하는 것이 필요하다. 여야 영수회담의 정례화 등을 통해 야권의 정보소외로 인한 문제 발생을 예방하고, 특히 북한이 이러한 간극을 이용해 남남 갈등을 유도할 가능성을 최소화해야 한다.

국제적으로는 주변 4강 외교를 적극 추진하는 한편, 미·중·일·러 4개국 전문가그룹의 한반도 연구를 지원하는 시스템을 구축할 필요가 있다. 4개국의 전문가들을 중심으로 친한 인사그룹을 형성하기 위해 민관합동의 지원재단을 설립하고, 각종 연구프로젝트를 지속적으로 지원하는 것이다. 지원재단에는 민간기업의 참여가 필수적이므로 전경련 등의 기업조직의 참여가 필요하다. 기존의 국제교류재단 등의 활동을 재정비하는 작업도 추진함과 동시에 1.5트랙, 2.0트랙 등 민간의 대화 트랙도 체계적으로 운영해야 할 것이다.

통일의 비전 제시

독일 통일 이후 통일에 대한 경제적 부담을 이유로 우리 국민들 사이에 통일에 대한 거부감이 상당히 높다. 통일에 대한 거부감은 국민소득이 올라갈수록 더욱 심해질 수 있기 때문에 다양한 방식의 통일 논의의 활성화를 통해 국민들에게 통일의 긍정적 부분을 부각시켜야 한다. 남북 통일의 당위성에 대해 국민들을 설득하기 위해서는 통일 한국의 비전이 명확해져야 한다.

통일 한국은 두 가지의 비전을 가진다. 하나는 통일의 시기가 빨라질수록 통일 이후 한반도에 투입되는 비용은 줄어들게 된다는 점이다. 현재 남북한 경제력 격차는 한국은행 추계 기준으로 약 38배이며 매년 격차가 확대되고 있다. 한국경제의 발전 속도와 북한 경제의 침체 정도를 감안할 때 향후 남북 간 경제력 격차는 더욱 커질 것이다. 통일비용은 남북한의 격차를 줄이는 데 들어가는 비용이기 때문에 오히려 통일의 시간을 앞당김으로써 비용을 줄일 수 있다.

다른 하나는 통일을 통해 한국이 동북아 경제권의 중심으로 도약할 수 있는 기회를 가질 수 있게 된다는 것이다. 통일이 되면 한반도는 중국의 동북3성, 러시아 연해주, 일본의 홋카이도 및 동해안 지역과 몽골을 연결하는 동북아 경제권의 중심이 되고 북한 경제에는 새로운 역할이 주어질 것이다. 북한은 한국 및 일본으로부터 발산되는 경제력이 중국 동북3성, 러시아 연해주 등으로 확산되는 데 차단막 역할을 하고 있다. 통일이 될 경우 북한 경제는 한국, 미국, 일본 및 서방자본들의 투입으로 서방권의 경제력이 동북아지역으로 확산되는 중심적 역할을 하게 될 것이다.

10
장

효율적

정부

공공부문의 비대화 경향과
작은 정부의 필요성

우리나라가 이처럼 발전할 수 있었던 원동력은 자유시장경제가 한국인의 성취동기를 유발했기 때문이다. 성취동기는 인센티브 시스템 덕분에 잘 발현되었다. 개발연대에 정부의 역할이 크기는 했지만, 정부가 잘하는 기업과 기업인을 밀어주었기 때문에 높은 경제적 성과를 올릴 수 있었다.

또한 1990년 전후에 경제를 개방한 것은 세계적인 흐름이기도 했지만 타이밍이 절묘했다. 국내 기업이 국내시장에 안주할 수 없게 만들었기 때문이다. IMF 외환위기 이후에 기업들은 더 강한 성과주의를 도입하기 시작했다. 21세기에 들어서 삼성전자나 현대자동차 등과 같은 한국의 대기업이 세계적인 기업의 반열에 오른 것은 강력한 인센티브의 역할이 컸다. 기업의 인사관리시스템에서 업적평가와 보상제도가 강화되었기 때문이다.

지난 60년의 한국의 발전 원동력이 되었던 가치는 일몰입과 학습, 실력주의와 성과주의, 개방과 작은 정부였다. 그리고 정부와 관료들이 잘한 일은 정부가 너무 커지지 않게 하면서 재정건전성을 유지한 점이다. 그런데 이제는 이런 성공의 기반이 흔들릴 위험이 커지고 있다. 공공부문이 비대해지면서 성과주의가 약화되고, 정부가 이익집단화하거나 이익집단에 포획될 가능성이 높아지고 있는 것이다.

현재 우리나라의 공공부문이 커지는 속도는 너무 빠르다. 특히 사회복지 재정지출이 최근 10년간 연평균 10퍼센트 이상 급격하게 증가해왔다. 2013년 정부의 복지지출예산은 102.8조 원으로 총예산 대비 30.1퍼센트로 역대 최고 수준이다. 정부의 예산과 별도로 국민연금과 건강보험의 규모도 급속히 커지고 있어, 결국 국민의 가처분소득을 정부가 가져가고 있다. 공기업의 부채도 빠르게 늘어나고 있으며, 언제부터인가 '공기업의 민영화'라는 정책은 정부 단어집에서 빠져버렸다. 과거에 민영화를 해서 정부가 주식을 한 주도 가지고 있지 않은 포스코나 KT 같은 기업에 대한 정부의 간섭도 여전하다.

이처럼 한국의 공공부문은 중앙정부 및 지방자치단체의 예산, 정부가 통제하는 각종 기금, 공기업과 정부가 직간접적으로 통제하는 각종 단체, 정부가 간섭하는 민간부문 등을 합치면 GDP의 절반을 넘는 규모다. 공정거래위원회가 2013년 4월에 발표한 상호출자제한 기업집단 62개 중에는 공기업집단이 11개 그리고 '총수 없는 집단'이 여덟 개가 포함되어 있다.

　이러한 공공부문의 비대화는 한국경제의 효율성을 저하시킬 위험을 내포하고 있다. '공익'이라는 목적을 달성하기 위해 공공부문이 필요하지만, 정부는 기본적으로 비효율적일 수밖에 없다는 점을 잊어서는 안 된다.

　민간과 비교해볼 때, 공공부문이 비효율적인 원인은 크게 세 가지로 정리할 수 있다. 첫 번째는 정부나 공기업은 도산할 위험이 없기 때문에 경영이 방만해진다. 더욱이 세금으로 사업들이 운용되며, 성과에 대한 책임을 지는 시스템이 약하기 때문에 효율적인 예산 운용에 대한 고민도 별로 없다. 세금이 부족하면 국채를 발행할 수도 있기 때문이다. 국회에서의 예산과 결산심사는 부처의 성과나 실적과 상관없이 이루어지고 있다. 정부예산은 정치권과 관료조직의 담합의 결과이기도 하기 때문이다.

　특히 공무원들은 부정비리가 없는 한 업무성과에 대해서 책임을 지지 않는다. 거의 1년마다 보직이 바뀌기 때문에 공무원이 새로운 사업을 기획하고 시작해서 성과를 보기까지 한 자리에 있을 수 없다. 예를 들어 국가의 중요한 정책조차도 정책 입안 담당자, 중간 점검 담당자, 정책 완료 담당자가 다른 경우가 대부분이다.

　관료시스템에서 실적주의와 성과주의가 기본적인 조직운용 원리가 되는 것은 거의 불가능하다. 공무원들은 업무성과와 상관없이 정년이 보장되고 퇴직 후 연금도 확실하게 받기 때문이다. 우리나라의 많은 젊은이들이 공무원 시험에 매달리는 이유가 '철밥통'과 안정적인 노후보장 때문이라는 사실을 생각하면 비대한 관료제도는 국가 인적자원의 배분이라는 관점에서도 비효율적이다.

정부에 비해 민간기업은 경쟁에 노출되어 있어 잘못하면 망하기 때문에 끊임없이 경영효율화를 위해 노력하게 된다. 성과와 실적이 없는 직원은 항상 해고와 탈락의 위협에 시달린다.

정부 비효율의 두 번째 이유는 공공부문을 지배하는 가치는 '규정 준수'와 감사에 걸리지 않는 것이기 때문이다. 공무원들은 효율성보다는 법규와 규정에 맞는가를 우선 따지게 된다. 이것이 바로 관료주의이며 복지부동을 초래하는 원인이다. 관료들은 일을 적게 할수록 감사에 걸리지 않고, 일정한 연수가 지나면 시차는 있으나 자동적으로 승진을 할 수 있다. 공무원은 관료화해야 생존할 수 있다.

반면에 기업은 '관료화'하면 쇠퇴하게 된다. 외부환경에 적응하기 어렵고 유연성을 잃기 때문이다. 민간기업이 효율적으로 움직이는 것은 분권화와 인센티브가 작동하기 때문이다. 가장 효율적인 기업은 주인이 직접 챙기는 중소기업이며, 대기업이 된 다음에는 100~200명 단위의 소집단으로 나누어 자율권을 주고 성과에 따라 강한 인센티브를 주는 것이 민간기업의 효과를 극대화하는 방법이다. 그러나 공공부문에서는 관료제로 인해 분권화와 강한 인센티브가 작동하기 어렵다.

세 번째 비효율의 이유는 한국의 공공부문은 대부분 CEO의 임기가 매우 짧고 순환보직에 의존하기 때문에 전문성이 없는 사람들이 계속 돌아가면서 보직을 맡고 있기 때문이다. 한국 정부는 초단기적인 시야를 가진 비전문가들에 의해 움직여지고 있다. 그러한 와중에 정부부처들은 자기 부처의 이익을 우선적으로 챙기는 이익집단화할 가능성이 매우 크다. 항상 자기 부처의 예산과 인력을 늘리려고 하고, 퇴직 후에도 자기 부처 출신들이 계속 일할 수 있도록 끊임없이 산하단체를 만든다. 심지어는 순수 민간조직에도 예산을 주거나 규정을 만들어서 자기 부처 출신을 보내려고 한다.

이처럼 공공부문은 태생적으로 비효율적인데도 불구하고 지난 60년간 정부의 규모와 영향력은 꾸준히 확대되어 왔다. IMF 위기 시에 대기업 집단이 절반 이상 문을 닫거나 주인이 바뀌었는데, 공무원 조직은 건재했다. 아니 오히려 규제를 더 강화해온 면도 있다. 현재 한국경제가 당면한 가장 큰 위험은 공공부문이 너무 비대화하면서 경제 전체의 효율을 떨어뜨릴 가능성이다.

지금까지 한국경제의 성공을 가져다준 일몰입과 학습, 성과주의, 작은 정부, 개방정책 등이 흔들리면 한국은 앞으로 점차 침체의 늪에 빠지게 될 것이다. 사회주의가 몰락한 이유는 사회경제적으로 개인에게 인센티브를 주지 못하고, 관료주의에 찌든 비대한 정부 때문이다. 그런 관점에서 우리가 당면한 가장 시급한 과제는 공공부문의 '공룡화'를 막고 정부를 더 효율화시키는 일이다.

정부가 해야 할 일과
해서는 안 될 일

민간부문에 간섭을 많이 하는 한국 정부의 전통은

상당히 뿌리 깊다. 국가를 '가부장'으로 생각해온 봉건적 문화의 잔재로 인해 우리나라에는 정부가 거의 모든 일에 대해서 책임을 져야 한다는 국민의식이 강한 편이다. 홍수나 가뭄이 와서 농사를 망치는 경우에도 정부가 문제를 해결해주어야 하며, 중소기업이나 영세상인의 어려운 여건도 정부가 해결해주어야 한다. 개인의 사생활 영역이라고 할 수 있는 결혼이나 성생활, 출산 등에서도 문제가 발생하면 국민은 정부를 쳐다본다.

한국 국민의 극도의 '정부에 기대기' 성향을 바탕으로 관료들은 여러 가지 규제도 만들어냈다. 관료들이나 정부부처로 봐서는 규제를 많이 만들어야 자신의 권한이 강화되기 때문에 시민사회나 언론의 당면문제 해결의 요구가 있을 때마다 새로운 규제를 만들어내곤 했다. 한국에서 규제는 대체로 '공공성' 실현과 불균형의 시정을 명분으로 도입되지만, 공공성이 무엇인지 불균형은 어떤 상태인지도 불분명한 경우가 많다. 그럼에도 불구하고 정부의 많은 규제는 나름대로의 논리가 있으며, 이를 뒷받침하는 이익집단(해당 산업)이 있고, 또 이를 잘 활용하는 관료집단과 정부 부서가 존재하고 있다. 규제의 생태계는 나름대로 상당히 강한 논리와 지원세력을 거느리고 있다.

문제는 시장경제 질서가 어느 정도 확립된 지금까지도 정부의 역할에 대한 국민들의 기대감이 크고 정부 스스로의 과신도 크다는 것이다. 경제민주화나 '갑을' 문제를 둘러싼 논쟁에는 힘센 사람 때문에 내가 힘드니 정부가 힘센 사람들을 억압해달라는 국민들의 요구, 시장개입에 대한 정부의 욕망, 정치권의 포퓰리즘 등이 상호작용하고 있다.

그러나 1990년 이후 글로벌화의 확대로 정부의 시장 개입의 부작용은 점차 커지고 있다. 권위주의적 통치는 더 이상 가능하지 않고, 개방경제의 정착으로 국가가 자본을 쉽게 통제할 수 없게 되었다. 기업들은 개방화되고 세계화된 조건에서 국가가 적절한 기업환경을 제공하지 못한다고 판단하면 더 좋은 환경을 찾아 해외로 나간다. 시장에 대한 정부의 무원칙한 규제는 오히려 경제활성화에 역행하고 역효과를 초래한다. 예를 들어 공정거래위원회의 프랜차이즈 규제는 신규 창업을 저해하고 있다.

노동에 대한 국가의 통제력도 상실되어 국가가 주도하는 노사관계 관리가 어렵게 되었다. 이제는 노사 간의 대화가 중요하며, 정부가 일방적으로 노조를 탄압하거나 노사관계에 개입하는 것은 불가능하게 되었다. 세계 10대 경제강국으로 부상한 한국의 경제성장은 국가보다는 자본과 노동이 상호작용하는 시장질서에 의해 좌우되게 되었다.

개방화의 진전으로 인해 더 이상 국가가 국민경제를 직접 관리하고 조정하는 것도 쉽지 않게 되었다. 한 국가의 국민경제는 국내 내부요인보다는 세계경제의 변동이라는 외부 충격에 의해 더 큰 영향을 받는 시대가 되었다. 세계경제가 글로벌화되면서 한 국가의 위기와 충격은 급속하게 다른 나라로 전파되고 있다.

한국과 같은 개방경제는 세계시장의 변화에 유연하고 신속하게 대응하는 것이 가장 중요한 과제며, 이는 민간기업이 잘할 수 있는 일이고 정부는 조직 특성상 어렵다. 세계 어느 정부도 시장보다 더 많은 정보를 정확하게 파악하고 기업보다 앞서서 국제적·국내적 환경 변화를 감지해서 이에 대응하는 정책을 추진하기는 어렵다.

그러나 예산과 조직에 대한 끊임없는 욕구를 가질 수밖에 없는 관료 집단은 국가적 명분하에 가장 먼저 하는 일이 새로운 사업을 기획하고 조직을 만들거나 확대하고 예산을 확보하는 일이다. 지난 정부의 녹색 성장도 정부가 나서서 법을 만들고, 중앙정부부터 지방자치단체에 이르기까지 녹색성장 5개년 계획을 수립하게 하고 녹색성장위원회를 설치 했으나 실제 구체적인 성장전략으로서는 큰 성과를 거두지 못했다. 결국 기존의 예산사업들에 '녹색' 라벨을 붙이는 것에 그치고 만 감이 있다. 현 정부도 창조경제를 주창하면서 부처를 신설하고 정부 주도의 계획부터 만들고 있다. 한편에서는 자칫하면 기존의 '녹색' 대신 '창조'로 라벨만 바뀔 수 있다는 우려도 있다.

특히 우리나라 정부부처에는 복지, 환경, 도시, 교통, 지역계획 등 분야별로 세분화된 계획들이 정합성도 없이 수립되어 있다. 교통과 같은 분야는 철도, 도로, 자전거 등으로까지 세분되어 별도의 계획을 가지고 있고, 수많은 분야별 관련 위원회들까지 난립되어 있다. 이러한 체제는 중앙정부에만 그치는 것이 아니라 각 부처들은 지방자치단체들이 관련된 계획들을 세우고 위원회를 만들도록 법으로 강제하고 있다. 이러한 정부의 행태는 개발연대적 잔재가 아직 우리 사회에 남아 있기 때문이다.

정부의 역할 최소화

경제성장을 통해 시장경제는 급속하게 발전되었지만 의식이나 제도의 변화 속도는 그에 비해 상대적으로 늦다. 그러나 향후 15년간 한국경제가 민간의 창의성에 기반한 혁신적이고 창조적인 경제성장을 하기 위해서는 정부 역할의 재정립이 시급하다. '창조'가 중요한 키워드이자 유행어인 현 상황에서는 정부 역할의 축소가 더욱 필요하다. 관료는 불합리한 현실을 개혁하고 파괴하는 창조적 활동보다는 현상유지를 가장 선호하는 집단이기 때문이다.

정부가 어떠한 역할을 해야 하는가를 규정하는 것은 어렵다. 기업은 이윤극대화를 명확한 목표로 하고 정부는 국민 다수의 이익을 목표로 내건 상황에서 국민 다수의 이익이 무엇인가부터 규정하기란 쉽지 않기 때문이다. 자칫하면 국민의 이름으로 관료들의 이익을 극대화하거나 일부 특정 집단의 이해관계를 반영할 수도 있다. 더욱이 거대한 국가조직을 모두 투명하게 하기도 어려울 뿐만 아니라 성과를 평가하기도 쉽지 않다. 국가 운용에 투입되는 비용인 국민들의 혈세는 관료들에게는 걱정 없이 쓸 수 있는 '눈먼 돈'이 될 가능성도 높다.

그럼에도 불구하고 정부의 역할을 부정하는 나라는 어디에도 없다. 정부는 시장이나 기업, 혹은 개인과 다르게 일정 정도 사회에서 중립적이고 객관적인 조정자의 역할을 하는 것으로 이해되기 때문이다. 오늘날 국가를 대표하는 정부는 어떤 역할을 담당해야 하는가? 특히 한국의 지난 60년의 성취를 지속시키기 위해 향후 15년 동안 한국 정부는 어떤 역할을 할 것인가?

무엇보다도 시장경제가 발전되고 시장제도가 작동되고 있는 상황에서는 경제에서 차지하는 정부의 역할은 축소되어야 한다. 경제성장의 원동력은 민간기업이 될 수밖에 없고, 선진국의 문턱을 넘고 있는 한국경제의 성장전략이나 산업정책을 정부가 '계획적'으로 추진하는 것은 더 이상 가능하지 않다. 날로 커지고 있는 경제 규모와 급변하는 세계경제의 환경하에서 정부가 신속하게 경제 전체를 총괄하는 것은 거의 불가능하다. 정부가 꼭 해야 할 일을 확실히 하고, 나머지 부분에서는 정부가 관여하지 않는 것이 기본 방향이 되어야 한다.

정부는 국가 경제의 총괄자이자 조정자로서 거시경제의 안정, 특히 물가, 고용과 환율 안정이라는 3대 거시경제 목표를 잘 관리해야 한다. 그리고 확고한 재정준칙하에서 불황 때는 재정확장, 호황 때는 재정긴축을 유연하게 실시하면서 장기적으로 재정건전성을 유지해야 한다. 그러나 어떤 경우에도 시장이 자율적으로 작동할 수 있도록 시장에 대한 정부 개입은 최소화되어야 한다.

시장의 기본적인 원리는 열심히 노력해 경쟁에서 살아남은 사람이 승자가 되는 것이다. 열심히 하고 잘하는 사람과 기업에게 보상이 더 돌아가는 실적주의가 근간이 되어야 경제가 발전한다. 따라서 경제는 시장에게 맡기고 정부는 시장원리가 작동하기 어려운 분야에 집중해야 한다.

21세기 한국 정부가 역량을 집중해야 하는 분야는 시장이 담당할 수 없는 외교, 국방과 사회복지정책 등이다. 외교와 국방은 국가 존립의 문제이기 때문에 정부의 역량이 가장 필요한 분야다. 복지정책은 사회적 안정과 사회적 통합의 제고를 위한 형평성의 관점에서 정부가 주도적으로 추진해야 할 정책이다. 또한 정부는 '공익'을 실현하기 위해 특정 경제 주체를 억압하는 규제를 만드는 것이 아니라 경제 주체들 간의 공정경쟁을 위한 제도들을 만들어야 한다. 기회의 불평등에 대한 사회적 불만이 높아지고 있는 상황에서 평등성을 제고하는 방법은 다수의 국민들이 미래가 현재보다 더 나아진다는 희망을 느끼도록 하는 것이다.

성취욕구가 강한 한국 국민들은 열심히 일하면 성공할 수 있다는 개발연대의 성공신화에 대한 꿈과 욕구를 여전히 가지고 있는 것으로 보인다. 경제민주화나 사회복지에 대한 요구는 성공을 위한 사다리가 없다고 느끼는 국민들의 좌절감의 반영이다. 따라서 교육과 사회에서의 공정한 기회를 확대하는 것이 정부가 해야 하는 역할이다. 공교육을 강화하고 장학금을 확충하며, 사회에서는 연고와 배경이 아니라 능력과 노력에 따라서 보상과 대우를 받을 수 있도록 해야 한다. 기회균등을 강화하기 위해 고등학교까지 국가가 책임지고 질 높은 교육을 제공해 동등한 출발선을 만들어야 한다.

시장경제의 유지와 발전을 위해 정부가 담당해야 하는 또 다른 중요한 역할은 법치주의를 확립하는 것이다. 그러나 법치주의의 명분하에 정부의 시장개입 권한을 보장하기 위한 복잡다기한 법률을 제정해서는 안 된다. 규제 만능주의도 경계해야 한다. 시장경제에서 경제 주체들의 협력에 의해 충분히 실행할 수 있는 것들은 법제화를 하기보다 시장과 경제 주체들에게 일임해야 한다.

우리에게 필요한 법치주의란 민간부문에 대한 정부의 재량적인 개입을 원천적으로 봉쇄하고, 개인이 노력한 만큼 정당한 보상을 보장하는 시장주의적 법률들에 기반한 사회적 질서를 의미한다. 정부의 투명성과 책임성을 제고하고 경제 주체들이 마음껏 경쟁할 수 있는 자유롭고 공정한 시장경제를 구축하기 위한 법들이 필요하다. 따라서 민간의 자유로운 경제활동을 억압하고, 인센티브를 박탈하며, 시장의 활력을 저해하는 반경쟁적이고 불필요한 규제적 법률들은 폐지되어야 한다. 이러한 관점에서 경제민주화 관련 법이나 공정거래법 등에 대한 좀 더 근본적인 고민이 필요하다.

분권화할 것인가
집권화할 것인가

분권화가 좋은가, 집권화가 좋은가 하는 문제는 조직의 영원한 숙제다. 기업의 경우 분권화는 현장(공장이나 시장)의 사정을 제일 잘 아는 단위조직이나 직원에게 권한을 줌으로써 의사결정을 신속하게 하고 상황 변화에 신축적으로 대응하게 하는 장점을 가진다. 또한 하부조직에 더 많은 권한을 주면 조직 전체가 자율성을 갖게 되고, 조직 상부의 비대화와 관료화의 폐해를 줄일 수 있다.

그러나 정부 행정조직에서의 분권화 논의는 기업과 다른 점이 많다. 상대적으로 환경이 안정적이기 때문에 스피드와 신축성은 덜 중요하다. 하지만 현장과 지역에 맞는 정책을 도출하는 것은 중앙정부보다 지자체가 더 잘할 수 있을 것이다. 중앙집권이 적절한지 지방분권이 적절한지는 역사적·문화적 조건의 문제도 있다.

사실 우리나라는 중앙정부가 모든 권한을 가지는 중앙집권적인 전통을 가진 나라다. 역사적으로 삼국통일 이후에는 봉건영주제나 연방제와 같은 분권체제를 경험한 적이 없다. 지방자치의 경험이 거의 없는데다 중앙정부가 권한과 기능을 지방에 이전하기를 주저하는 면도 있다. 또한 서울에 많은 자원과 역량이 집중되어 있기 때문에 상대적으로 비수도권 지역의 재정이 빈약하고 역량도 제한적이다. 교통과 통신의 발달은 거리와 시간을 단축시키고 있기 때문에 '중국의 하나의 성省'만 한 면적과 인구를 가진 나라에서 '지방분권화'를 논의하는 것이 점차 적합성이 떨어질 수도 있다.

국가가 중앙집권화를 하면 중앙에서 의사결정을 해서 전체 조직이 같은 목표를 향해 일사분란하게 움직이면서 효율성이 더 높아지고 조직 전체의 통합과 조정이 용이해진다. 또한 최근에는 정보기술이 확산되어 여러 지역에 분산된 조직 간에 정보전달과 의사소통이 용이해짐에 따라 과거보다는 훨씬 더 강력한 중앙의 통제와 관리가 가능하다.

지방분권화도 원칙적으로 많은 장점을 가진다. 선거를 통해서 지역의 행정책임자를 선출함으로써 지역의 특성에 맞는 정책을 개발하고 주민의 요구에 더 잘 대응할 수 있다. 국민의 교육과 복지 등의 공공서비스를 현장에서 담당함으로써 주민의 필요need와 현지 실정에 맞는 행정도 가능하다. 지방선거를 통해 '풀뿌리 민주주의'를 정착시키고, 아울러 행정의 경험을 가진 리더들을 많이 양성해 국가의 행정 인재 '풀pool'도 확충시킨다. 지역별 특성을 강조하는 지방자치는 주민들의 지역 정체성 강화 및 지역별 고유한 문화 조성에도 기여한다. 주민의 자치의식 성숙과 참여 확대로 지역시민운동이 발전하고 아래로부터의 민주주의가 발전된다. 분권화된 업무수행과 책임성 강화에 따라 지방공무원들의 역량이 강화되고 행정서비스가 개선되는 등 지방행정의 질도 제고될 수 있다.

하지만 지방분권화로 인해 지방의회에 지역의 이해관계자가 다수 진출하거나 혹은 행정책임자가 지역 이익집단과 유착해 지방행정이 이권화하고 부패가 심해질 수 있다. 지자체들의 재정독립성이 취약해 중앙정부의 재정지원에 의존하다 보니, 지방의 재정운영이 오히려 더 방만해져 호화청사 신축과 같은 부작용도 낳고 있다. 중앙정부의 재정지원으로 지방의 숙원사업인 인프라를 확충하기 위해 과시형의 여러 국제행사를 유치하는 등 상당한 재정낭비도 있다. 선출된 지자체 단체장의 공약에 따라 지역사업들이 추진되어 사업의 연속성도 없고 단체장 교체에 따라 사업들이 중단되거나 새로운 사업들이 우후죽순으로 만들어져 지역의 중장기적 발전을 위한 비전 정립이 어렵고 예산낭비를 초래하기도 한다.

하지만 1995년 이후 지금까지 진행되어온 지방분권화의 흐름을 역행하기는 쉽지 않다. 우리나라에서 지방분권의 추세는 되돌릴 수가 없다. 또한 교육, 사회복지, 지역 발전 등은 중앙정부보다 지방정부가 담당하는 것이 주민들의 이해를 더 잘 반영할 수 있다. 특히 중앙정부가 획일적으로 행정을 하는 것보다는 분권화를 하면 지방자치단체 간에 경쟁이 되어 국민들의 수요를 더 충족시킬 수도 있다.

따라서 중앙정부는 분권화와 다양성, 자율적 책임, 감시와 규율 강화 등의 원칙하에 지방분권을 확대하는 방안을 추진해야 할 것이다. 지방분권화의 많은 장점들을 활용할 수 있도록 재정분권을 비롯한 실질적인 분권을 확대하면서도 지방정부 및 지방의회와 지방의 이익집단과의 유착 및 부정을 막기 위해 감시와 사법제도를 강화해야 한다.

먼저 과부하에 걸린 중앙정부의 기능을 지방정부에 이양해 지역의 발전을 지역 스스로 개척할 수 있도록 지방정부의 행정적·재정적 및 정치적인 역량을 확대하는 것이 필요하다. 중앙정부는 전국적인 통일성이나 국가정체성과 안전을 유지하기 위한 기능을 제외하고는 시도로 나머지 기능을 이양해야 한다. 단순한 집행권의 이양뿐만이 아니라 사무처리 프로그램에 관한 입법권의 이양도 필요하다. 특히 지방자치, 지방문화, 지방교육, 지방경제, 지방산업, 보건 및 의료 등에 대해서는 지방정부의 입법권과 행정권을 모두 보장해주는 것이 필요하다.

특히 교육에 대한 책임을 일원화시키고, 지역의 교육역량을 결집해 지역 간 교육경쟁을 활성화하기 위해 지방자치단체장을 중심으로 하는 교육분권화가 필요하다. 교육 문제는 주민들의 가장 큰 관심사 중 하나임에도 불구하고 교육기관과 행정기관이 분리되었다는 이유로 어느 누구도 지방교육 문제에 대해 정치적으로 책임지는 사람이 없는 것이 현실이다. 시·도지사가 교육철학과 정책을 공유하는 인물을 교육부시장(교육부지사)으로 임명해 지방자치단체장과 교육수장 간의 협력을 강화해야 한다. 교육행정의 전문성을 존중하고 교육행정공무원을 교육직렬로 인정해 교육행정업무를 전담하도록 해야 한다.

차등적 분권화도 필요하다. 현실적으로 '지방'으로 통칭되는 지방자치단체들은 인구, 경제, 재정 상태와 역량, 지형적 여건 등의 측면에서 상당한 차이가 있다. 특히 지방세와 세외수입으로 지방자치를 꾸려나갈 수 있는 자치단체와 재정자립도가 20퍼센트대 수준이고, 중앙정부의 교부세와 보조금으로 지방자치를 영위하는 자치단체들이 동일하게 재정의 자율성이 제약되는 분권 환경에서는 재정분권의 이념과 장점을 제대로 구현할 수 없다.

따라서 인구 · 경제 · 재정 · 자연 환경적 특성(경우에 따라서는 노력과 성과 포함)이 상이한 지방자치단체들을 두 개 혹은 그 이상으로 유형화한 다음 차등화된 분권을 시도해야 한다. 일정한 성과와 역량을 갖춘 지자체에게 더 많은 자율권을 준다면 이는 지자체에게 인센티브가 될 것이다. 인구 규모가 크고 재정상태와 경제적 역량이 양호한 수도권에 대해서는 중앙정부가 업무를 포괄적으로 대폭 이양하고, 지방세 과세권(세율, 과표 조정 등), 기채권, 기타 재정집행 권한을 확대해주는 적극적인 재정분권을 실시할 수 있다. 반면 재정력이 취약하고 중앙정부의 지원이 필요한 지역에 대해서는 객관적 조건을 고려해 점진적으로 분권화를 추진할 수 있다.

정부 조직의
질적 효율성 높이기

정부가 효율적이라는 의미는 정부가 하는 일에 있어서의 투입 대비 성과outcome가 얼마나 되는가의 문제다. 정부의 효능efficacy은 예산과 공무원의 수 등 중앙정부의 양적 규모뿐만 아니라 사업을 하고 있는 영역과 성과의 질로 평가되어야 한다. 정부가 하는 일은 다양하고 범위도 넓기 때문에 업무성과를 평가하기가 쉽지 않다. 그래서 전통적으로 정부의 효율성을 측정하는 하나의 잣대는 정부의 규모였으며, '작지만 효율적인 정부'가 이상적인 정부의 모습이었다. 그러나 정부가 할 일을 하지 않고 규모만 작다고 좋은 정부는 아니며, 또 하지 말아야 할 일을 많이 해도 좋은 정부가 아닐 것이다.

정부의 실무자인 관료들은 단기적인 성과에만 매달리고 장기적인 정책 결과에 책임을 지지 않아도 되기 때문에 복지부동하고 있다. 부처와 조직 간의 조정을 어렵게 만드는 부처 이기주의와 복잡하고 경직적인 행정적인 절차 등은 정부의 비효율성을 가중시킨다. 이러한 상황에서 정부의 질적 효율성을 높이는 문제는 한국경제의 미래를 위해 매우 중요한 과제다.

정부의 효율화란 공무원들이 일을 잘하느냐의 문제이기 때문에 결국 인사제도와 인적자원을 관리하는 것이 핵심이다. 현재 정부의 인적자원 관리의 문제는 인적자원의 확보 시 전근대적 방식인 고시제도, 철밥통에 복지부동, 공무원의 전문성 부족 등에서 비롯된다. 특히 행정이 효율화되기 위해서는 시험에서 높은 점수를 받고 지식만 많은 공무원이 아니라, 국민과 소통하고 토론해서 국민의 의견을 국정에 잘 반영하는 공무원이 필요하다.

향후 15년 동안 한국경제 및 사회의 새로운 패러다임을 만들기 위해서는 정부가 변화해야 한다. 이제는 국민 위에 군림하고 민간을 통제하는 정부가 아니라 일 잘하고 책임지는 효율적인 정부가 필요하다. 행정직 중심으로 필답고사에 의존하는 전근대적이고 폐쇄적인 임용체제, 연공서열에 따른 승진방식, 전문성을 저하시키는 순환보직제, 능력계발을 가로막는 후진적인 교육시스템 등을 개선해야 한다.

공무원 제도의 효율화를 위해 정책관료와 관리관료로 이원화해 3급 이상의 정책부서에 개방형 인사제도를 도입하고 업적평정제도와 보상제도도 강화해야 한다. 관리직의 경우 업무를 표준화하고 전산화해서 업무가 계속성이 있도록 해준다. 필답고사 중심의 '5급 공채' 선발을 지양하고, 대학 및 대학원의 교육경력 및 경험을 바탕으로 인력을 선발해야 한다. 고시제도를 점진적으로 폐지하고, 개방형 임용제도를 확대하며, 정책담당인력 수요 중 '5급 공채' 출신의 비중을 50퍼센트 이하로 정해 민간전문가의 정부 참여를 확대해야 한다.

행정부의 책임과 권한 강화 및 국정의 탈脫정치화로 책임정책을 구현하는 것도 필요하다. 대통령의 권한을 국무총리와 장관들에게 분산해 헌법에 명시된 대통령과 국무총리의 국정총괄 기능분담을 적극 활용해야 한다. 동시에 부처의 이기주의와 칸막이 행정을 철폐하기 위해 청와대는 부처 간 정책을 조정하는 강력한 기능을 담당해야 한다. 지방분권 시대에 중앙정부가 국가적 관점에서 지방자치단체들의 이해관계를 조정하는 것과 마찬가지의 원리다. 분권화와 중앙집권화를 상충시키기보다는 동시에 강화해야 한다. 예를 들어 기업은 인사와 재무는 집권화하고 마케팅, 개발, 생산은 분권화한다.

정부 조직에서 대부처주의를 견지하고, 시민단체와 민간기업의 의견을 적극 수용하는 위원회 조직은 계속 활용해야 한다. 총리 및 장관의 임기는 최소한 대통령 임기의 절반을 보장하고, 장관 중심의 부처별 성과평가도 해야 한다. 장관이 책임을 지고 해당 부서의 사정에 맞는 인사관리, 업적평가와 보상·보직제도를 정착시켜야 한다.

정부 조직별로 성과목표의 관리원칙에 입각한 조직개편도 필요하다. 각 부처에 우선적인 정책목표를 부여하고, 해당 장관에게 목표달성의 책임을 주어 이에 근거해 평가해야 한다. 예를 들어 기획재정부는 4퍼센트의 경제성장과 재정건전성, 보건복지부는 복지정책의 체감도 증진과 소득불균등 시정, 미래창조과학부는 신성장산업의 육성과 기존산업의 경쟁력 강화, 고용노동부는 일자리 창출 및 고용률 제고 등을 목표나 지표로 만들어 업무를 평가할 수 있다.

한편 관료들에 대한 과도한 특혜를 축소시켜 관료집단의 이익집단화를 막아야 한다. 우리나라의 관료집단은 한국경제의 비약적 성장을 이끌어온 세력이지만, 21세기 한국경제에서는 시장경제 운영을 저해하는 관치官治 세력화할 우려가 크다. 정부의 각 부처는 심각한 '자기 밥그릇 챙기기'에 매달려 있는 것같이 보이며, 그 결과 일부 정부부처 및 기관들이 이익집단화되고 있는 경향도 보인다. 특히 부처의 이해 관철을 위해 민간 이익집단을 활용하거나 민간 이익집단이 퇴직관료들을 활용하는 문제가 심각하다.

최근 KDI의 연구에 따르면 공직임용제도의 폐쇄성이 증가하면 공직부패의 가능성이 높아질 수 있다.[36] 공직임용제도가 폐쇄적이면 공직의 전임자와 후임자 간의 친밀도가 높아지게 되고, 전임자의 후임자에 대한 영향력이 커지므로 민간은 퇴직공직자를 고용하게 되기 때문이라는 것이다. 우리나라의 경우, 퇴직공무원의 민간 재취업이 규제부처와 사업부처일수록 활발하다는 사실은 이를 반영한다. 일반적으로 공직 개방성이 높은 국가일수록 정부효율성이 높고 정부 부패 정도가 낮은데, 우리나라는 공직 개방성과 정부효율성의 두 가지 측면에서 모두 OECD 평균보다 낮은 것으로 평가된다. 관료집단의 이익집단화 및 관료집단과 민간 이익집단의 유착을 막기 위해서도 정부의 효율화를 위한 관료제도의 전면적 개혁이 필요하다.

글로벌시대
새로운 지역 개념 정립하기

한국에서 대표적으로 효율성을 고려하지 않는 정책분야가 지역정책이다. 지방마다 골고루 나누어주기 식의 정책은 막대한 예산낭비를 초래하고 있다. 경제자유구역정책과 국제과학비즈니벨트사업 등은 지역균형발전의 명분하에 지역별 안배정책으로 변질되었다. 국책사업들을 유치하기 위한 지역 간 갈등이 커지면서 국가정책의 원래 목적은 퇴색되고 지역 간 감정의 골은 깊어지고 있다.

지방분권의 확대와 함께 지방정부가 주체가 되는 새로운 형태의 지

---

36 이하 논의는 김재훈 · 이후준, 〈공직임용제도와 공직수행에 관한 연구〉, KDI, 2012를 참조.

역정책이 필요하다. 그동안 정부의 지역정책은 형평성의 관점에서 수도권과 비수도권의 지역 격차 완화를 목표로, 수도권의 성장을 억제하고 지방을 지원하는 것이었다. 정부는 우리나라 지역불균형의 핵심을 수도권과 비수도권 간의 산업, 소득, 교육과 삶의 질 등의 격차라고 인식한 것이다. 사실 세계 어느 국가에나 지역 격차는 존재하는데, 한국 정부는 이를 명분으로 한국경제성장의 중추가 되는 수도권의 발전을 억압하고 있다. 영국, 프랑스, 일본 등이 실패해 폐기한 지역균형발전이라는 정책 목표를 한국은 21세기 글로벌 경쟁시대에도 추구하고 있는 셈이다.

그러나 서울 내에서도 강남과 강북의 격차가 크고, 수도권 내에서도 서울과 경기 동북부의 격차가 큰 것이 현실이다. 서울과 경기 북부의 지역격차는 서울과 부산의 지역 격차보다 훨씬 크다. 이러한 객관적 현실을 무시하고 수도권과 비수도권만으로 지역 격차를 평가하는 것은 적절한 지역정책을 수립하지 못하게 만든다.

사실 경제적 관점에서 우리나라의 수도권과 비수도권의 격차는 다른 선진국들에 비해 크지 않다. 더욱이 지역 격차의 본질은 농촌과 도시의 격차 문제다. 자연적 현상인 지역 격차를 정치적 득표수단으로 활용하면서 지역 간 갈등은 고조되고 국민적 통합력은 현저하게 저하되었다. 그러나 객관적으로 평가되는 지역 격차의 정도와 상관없이 국민들이 이를 느낀다면 특정한 정책을 실행할 수밖에 없을 것이다.

지역균형 발전정책의 '화룡정점'은 공공기관 이전과 세종시 건설이다. 2013년부터 본격화되는 공공기관 이전과 세종시로의 정부부처 이전은 벌써부터 비효율과 예산낭비를 초래하고 있지만 되돌리기에는 쉽지 않은 상황이 되었다. 더욱이 이로 인해 특정 지역의 소외감은 완화될 수 있을지 모르지만, 이러한 혜택을 받지 못하는 지역들의 반감은 더욱 커지면서 지역 간 갈등이 더욱 첨예해질 수도 있다.

개방화와 세계화의 흐름에서 국내 지역 간 경쟁은 의미가 없다. 기업들은 원하기만 하면 언제든지 중국이나 동남아시아로 이전할 수 있기 때문이다. 이런 상황에서 수도권에 대한 기업투자를 못하도록 규제하면 기업들이 지방으로 투자할 것이라는 사고는 매우 안이하다. 1980년대부터 지금까지 수도권 규제가 정도의 차이는 있으나 지속적으로 유지되고 있음에도 지방들은 여전히 지역 격차를 이야기하고 있는 현실이 이를 보여주고 있다. 많은 기업들은 더 좋은 기업환경을 찾아 끊임없이 해외로 빠져나가고 있다.

수도권은 국내의 다른 지역들과 경쟁하는 것이 아니라 일본의 동경권이나 중국의 상해권 등의 해외 주요 대도시권과 경쟁해야 한다. 수도권의 입지경쟁력이 결국 한국의 입지경쟁력을 좌우할 것이기 때문이다. 따라서 지방분권의 확대에 조응하면서 글로벌시대에 맞는 새로운 지역구상이 필요하다. 특히 남북한의 통합이라는 민족적 과제까지 고려한다면 우리나라의 지역정책은 근본적으로 새로운 그림을 그려야 한다.

우리나라는 중국과 일본이라는 이웃 국가들에 비해 영토나 인구가 훨씬 작다. 따라서 이웃 국가들과 경쟁할 수 있는 규모의 지역경제를 갖는 것이 중요하며, 개방경제적 특성을 고려해 중국 및 일본 경제와 연계를 강화시킬 수 있는 지역정책이 필요하다.

산업연관표에 근거하면 우리나라는 수도권과 부산, 울산, 경남을 중심으로 한 동남권이라는 두 개의 경제적 핵을 가지고 있다. 따라서 수도권을 중심으로 충청남북도 및 강원도를 포함하는 '중부광역권'과 부산, 울산, 경남을 중심으로 전라남북도와 대경권이 포함되는 '남부광역권' 등 두 개의 대광역권을 고려할 수 있다. 중부광역권은 한반도를 세계와 연결시키는 기능을 하는 동시에 인천을 기점으로 중국 발해만 지역 등 북부지역과의 협력중심지가 된다. 남부광역권은 일본과의 경쟁 및 협력의 중심지가 됨과 동시에 상하이나 홍콩과 긴밀한 협력을 유지할 수 있다.

통일이 된다면 북한에도 두 개 정도의 광역경제권을 구상해 한반도 전체에 네 개 정도의 대광역권을 구상해볼 수 있다. 장기적으로 북한이 개방되거나 혹은 통일이 되는 경우에는 북한과 동북3성을 포함하는 제3, 제4의 경제권의 부상이 가능하다.

새로운 지역정책을 정립하기 위해서는 무엇보다도 지방자치단체들의 의식개혁이 필요하다. 지역경쟁력은 지역의 자조적 노력에 의해 달성되는 것이지 중앙정부의 많은 예산지원이나 다른 지역의 성장을 억압하는 정책으로 얻을 수 없다. 단적으로 해외의 성공한 지역들은 이미 기업들의 클러스터링으로 일정한 잠재력을 갖춘 지역들이었으며, 중앙정부에 대한 의존보다는 지역의 민간부문과 공공부문의 자발적인 노력에 근거해 발전을 추진한 지역들이다.

지역 발전을 위해서는 중앙정부의 의식개혁 또한 필요하다. 이제 중앙정부가 더 이상 지역정책을 직접 만들기는 어렵다는 것이 개방화 시대의 이론적, 경험적 교훈이다. 따라서 중앙정부는 국가경제 전체의 비전을 제시하고 전략 및 로드맵을 투명하게 제안해 각 지방정부들이 그에 맞추어 지역정책을 확립할 수 있도록 해주어야 한다. 지방정부가 경제적 효율성에 근거해 지역경제정책을 기획·집행하고, 중앙정부는 정치적 형평성에 근거해 낙후지역 지원정책을 기획하고 실행하는 역할분담이 필요하다.

감사의 글

미래를 전망하는 것은 어려운 일이다. 그러나 우리는 매일 일상에서 미래에 대한 나름대로의 가정과 전망을 한다. 개인은 부를 창출하기 위해 금융자산을 어디에 배분하고, 기업은 미래 성장동력을 확보하기 위해 어떤 품목에 투자하며, 국가는 재정 지출을 어떤 부문에 투입할 것인지를 결정할 때, 모두 미래에 대한 일정한 가정을 한다. 미래에 대한 전망은 검증할 수 없기 때문에 과학은 아니다. 그러나 일상에서 우리는 알게 모르게 미래를 전망하며 살고 있기 때문에 미래에 대해 좀 더 체계적으로 접근할 필요가 있다.

경영학자가 미래에 대한, 그것도 국가의 미래 전략에 대한 책을 쓰게 된 배경을 설명할 필요가 있을 것이다. 내가 미래에 대해 본격적으로 관심을 갖게 된 것은 1989년부터다. 그해 6월에 대통령자문 21세기위원회가 발족했으며 나도 경제 분과 위원으로 참여했다. 전공과 배경이 다양한 위원 40여 명이 모여 5년간 논의한 결과가 《21세기의 한국》이라는 책으로 1994년에 출간되었다.[37] 당시 우리 위원들은 2020년을 목표 연도로 삼고 더 바람직한 한국의 미래를 위해 국가가 선택할 정책을 중심으로 토론하고 연구했다.

1989년부터 1994년까지 6년간 '대한민국 미래 내다보기'를 경험한 후로 나는 수시로 미래를 전망하는 습관이 생겼다. 매년 연초에 10년을 내다보면서 연간 계획을 세웠고, 큰 사건이나 개인적으로 중요한 계기가 있을 때마다 10년을 염두에 두고 생각을 발전시켜나갔다. 그것도 10년 후의 세계경제와 정치, 한반도의 정세 변화, 한국경제의 전망을 체계적으로 정리했다. 그런 오랜 습관이 이 책을 쓰게 된 배경이 되었다.

1992년부터 1997년까지 5년간은 연세대 동서문제연구원장으로 일했다. 연세대의 사회과학 분야의 종합적인 연구원인 동서문제연구원은 주로 지역을 연구했다. 하지만 한 나라나 지역의 정치, 사회, 안보, 경제 및 기업 경영을 종합적으로 다루는, 요즘으로 말하면 '통섭'적인 접근을 시도하는 연구원이었다. '서당 개 삼 년에 풍월을 한다'는 속담도 있듯 두 기관에서 보낸 10년간 나는 정치, 경제, 안보, 기술, 통일과 북한 문제 등 다양한 주제를 접하게 되었다.

그 후 2003년부터 2009년까지 근 6년간 삼성경제연구소장을 맡게 되면서 나의 '인접 학문 넘나들기' 버릇은 다시 한 번 나타났다. 삼성경제연구소는 국내 경제 전망, 세계경제와 지역 경제 분석, 기업 경영의

---

37 대통령자문 21세기위원회, 《21세기의 한국》, 서울프레스, 1994.

여러 분야에 대한 연구와 컨설팅을 비롯해 기술 변화, 국가정책, 남북한 문제 등 매우 다양한 주제의 연구를 하고 그 결과를 발표하는 연구소다. 그곳에서 나는 여러 분야의 연구, 발표 및 출간에 관여하면서 다시 한 번 학문적인 관심이 확대되는 경험을 할 수 있었다.

그러던 중에 우연한 계기로 2009년 9월부터 3년간 국가의 전반적인 정책에 대해 심도 있는 분석과 전망을 하게 되었다. 주로 경제제도와 성장정책, 인구문제와 사회복지, 교육, 지역발전, 남북한 문제와 외교 및 국방정책 등과 관련된 21개 주제를 다루었다.

이처럼 광범위한 문제를 다루다 보니 여러 전문가의 도움을 받게 되었다. 삼성경제연구소 상근고문으로 있었던 처음 2년간은 그 연구소의 여러 연구원의 도움을 받았으며, 이후에는 경기도 선진화위원회의 공동 대표로 참여하면서 경기개발연구원의 연구원 및 전문가들과 자주 토론을 했다. 2011년 9월부터는 경기도 선진화위원회의 공동 위원장인 김문수 지사님을 비롯한 여러 위원들과 거의 매월 한 차례씩 다양한 주제로 심층 토론을 벌였다. 또한 이와는 별도로 황창순 순천향대 교수와 김인춘 연세대 동서문제연구원 교수에게는 사회복지와 관련된 자문을 받았고, 박태규 연세대 교수와 이창원 한성대 교수에게는 정부 재정 및 행정 효율화를 주제로 도움을 받았다.

이러한 3년간의 연구를 바탕으로 2012년 8월부터 이 책의 집필 작업을 시작했는데, 이 과정에는 경기개발연구원 김은경 박사의 헌신적인 도움이 있었다. 김 박사는 내게 책을 써볼 것을 권유하고 일부 원고의 집필을 도와주었으며 편집 과정에도 많은 도움을 주었다. 이 자리를 빌려 김은경 박사의 노고에 감사드린다. 이처럼 여러 분야의 전문가와 토론을 거치고 자문을 받았지만, 이 광범위한 분야에 걸쳐 한 사람이 모두 잘 알 수는 없는 일이다. 따라서 이 책에는 이론적인 틀이 부족하거나 논리가 정연하지 못하고 또한 검증이 덜된 주장이나 내용이 많을 것이다. 이러한 오류나 부족함은 전적으로 내 책임임은 당연하다.

이 책의 추천사를 써주신 다섯 분의 원로들께 감사를 드린다. 평소에 나를 격려하고 후원해주시는 분들이다. 이분들 외에도 지난 35년간 연세대와 한국경영학회 그리고 여러 연구회와 모임에서 내게 가르침을 주신 선배와 동료들께도 감사하는 마음을 전하고 싶다. 나는 2011년부터 카이스트 테크노경영대학원에서 초빙교수로 강의하고 있다. 강의와 연구를 위해 이처럼 좋은 여건을 마련해주신 경영대학의 이병태 학장님과 동료 교수 여러분께도 감사를 드린다. 이 책의 출판을 흔쾌히 수락해주신 청림출판사의 고영수 사장님과 편집진에게도 감사의 마음을 전한다. 마지막으로 내 연구와 사회봉사 활동을 항상 지지해주는 아내에게 감사를 표한다.

정구현

정구현

카이스트 경영대학원 초빙교수이자 전 삼성경제연구소장이며 연세대학교 명예교수. 서울대학교 경영학과를 졸업하고 미시간대학교에서 경영학 박사학위를 받았다. 미시간대학교 객원교수를 거쳐 1978년부터 연세대학교 경영대학에서 교수로 재직하며 동서문제연구원장, 경영대학원장, 상경대학장을 역임했다. 이후 삼성경제연구소로 자리를 옮겨 소장 겸 대표이사를 지내며 학교에서 오랫동안 경영학을 연구한 경험을 현실에 접목하는 기회를 가졌다. 현재 카이스트 경영대학원에서 초빙교수로 재직하고 있으며 서울국제포럼 회장과 자유경제원 이사장, 경기개발연구원 이사장을 맡아 봉사하고 있다. 저서로 《한국의 기업 경영 20년》《금융위기 이후를 논하다》《한국기업의 글로벌 경영》(이상 공저) 등이 있다.

우리는 어디로 가고 있는가

1판 1쇄 발행 2013년 8월 19일
1판 5쇄 발행 2014년 7월 16일

지은이 정구현
펴낸이 고영수
펴낸곳 청림출판
등록 제406-2006-00060호
주소 135-816 서울시 강남구 도산대로 38길 11(논현동 63)
　　　 413-120 경기도 파주시 회동길 173(문발동 518-6) 청림아트스페이스
전화 02)546-4341 **팩스** 02)546-8053

www.chungrim.com
cr1@chungrim.com

ISBN 978-89-352-0975-0 93320